일생 최대의 행복

윤백중 기행에세이

교음사

| 책머리에 |

몇 년 전 산수를 기념하는 의미로 수필집을 출간했다. 졸저 통권 11번째가 된다. 글을 마감하면서 이 책이 마지막이 아니기를 바란다는 끝을 맺은 바 있다.

1988년에 첫 번째 기행수필을 썼다. 통권 12권을 쓰는 데 34년이 걸렸다, 생각의 약속을 지켜야겠다는 일념으로 시간과 건강이 허락하는 대로 집필을 계속했다. 아직은 건강하지만, 미래는 알 수 없기에 마른 수건 짜는 마음으로 피를 말리는 심정으로 열심히 준비했다.

2021년 6월에 50년 가까이 운영하던 법인 회사를 직원들에게 물려주고 현역을 졸업했다. 고문을 맡고 보니 생각보다 시간이 많이 남았다. 하지만 세기의 질병으로 외국도 자주 못 나가고 여러 모임도 거의 사라졌다. 다시 무엇을 해야겠다는 계획을 세웠다. 그간 틈틈이 써 모은 원고와 여러 문학지에 기고한 원고를 포함해서 책을 내야겠다는 생각을 했다.

글을 쓰다 보면 몸도 마음도 피곤하고 힘들 때도 많다. 이럴 때 마음속으로 다짐하는 찬송가를 부른다. “지금까지 지내온 것

주의 크신 은혜라 (중략) 자나 깨나 주의 손이 항상 살펴 주시고 모든 일을 주안에서 형통하게 하시네.”

다시 새로운 힘이 생긴다. 글쓰기를 계속했다. 건강을 유지하는 골프도 계속하고 있다. ‘시냇가에 있는 나무는 죽지 않는다’는 성경 구절을 공유하면서 양평 용문사 남쪽 산 중턱에 있는 1100년 된 은행나무도 흐르는 냇물 옆에 있어 오래 산다는 것을 오래전에 알게 되었다. 사람도 자연 조건이 맞아야 장수할 수 있다는 의미다.

스마트폰의 급속한 보급으로 모든 학문의 지식전달 수단은 의미가 없어졌다. 독창적이고 창의적인 글로 자기 생각을 쓰는 것이 중요하다. 모든 내용이 전부 훌륭한 글로만 된 책은 없다. 수필도 책 속에 몇 줄의 좋은 구절만 있어도 그것만으로도 좋은 책으로 평가받을 수 있다는 원로 교수 주장에 공감한다. 저자의 지식과 생각을 활자화해서 국회도서관이나 국립중앙도서관을 통해 온 국민들에게 읽을 기회를 드리고 영구 보존하는 것도 출판의 의미가 있다 생각했다.

어느 노교수의 말씀이 생각난다. 65세 때 정년이 되어 퇴직하면서 몇 년 편히 쉬다가 생을 마감해야지 했다고 한다. 그런데 어영부영하다가 보니 95살이 되었다. “이렇게 오래 살 줄 알았으면 새로운 학문을 공부해도 몇 개의 학위를 취득할 수 있는 시간인데” 하시며 크게 후회하신다는 말씀을 들었다. 그날 특강에서도 독일 시를 5분여 동안 원고 없이 암송하셨다. 10여 년 전 문학회 축사에서 하신 말씀을 교훈으로 삼고 살고 있다.

여러 나라를 다니면서 느낀 것을 메모하고 안내인의 설명을 듣고 현장을 보고 사기나 실록 등 전문서적을 찾아보며 이를 수필 형태로 정리한 글이 대부분이다. 외래어는 대체로 그 나라 말을 발음 그대로 썼다. 글 속에 사실과 다른 부분이 있거나 잘못된 표현이 있으면 바로잡아 주시기 바란다. 내용 중에는 졸저 『중국을 알면 미래가 보인다』『러시아가 움직이고 있다』에서 많은 부분을 인용했다. 또한, 인터넷과 현지 설명인 및 가이드북에서 필요한 부분을 참고했음도 밝혀둔다.

책이 나오기까지 몸이 안 좋아 힘든데도 항상 웃는 얼굴로 교정도 도와주고 함께 고민하며 물심양면으로 도와준 시인이며 수필가인 사랑하는 아내 최학용 선생에게 한없이 고마운 마음을 드린다. 아울러 아내 산수(팔순)기념문집으로 의미를 두고 싶다.

이 책이 나오기까지 많은 수고를 해 주신 교음사 · 월간 『수필문학』 강병욱 발행인께 감사드린다.

2022년 7월

저자 태랑(太郎) 윤백중(尹伯重)

윤백중 기행에세이

- 차 례
- 책머리에

동굴 구경

지방 고속도로를 달리던 차가 시골길로 접어들면서 갑자기 거북이걸음으로 변했다. 하노이에서 4시간을 달려 하롱베이 가는 선착장에 도착했다. 넓은 주차장과 수백 명이 대기할 수 있는 선착장은 현대화된 시설로 선진국을 생각하게 했다. 4년 전에 왔을 때는 선착장이나 휴게실이 없었다.

버스에서 내려 길가에서 기다리다가 비탈진 길로 내려가 배를 탔는데 많은 불편을 겪었던 생각이 났다. 지금은 갑판시설도 잘 되어 있어 수십 척의 배가 동시에 접안할 수 있다. 승선 계단도 잘 만들어져 있어 배 타기가 아주 편리해졌다. 100여 명이 탈 수 있는 유람선은 내부 구조도 좋아졌고 선상 갑판도 여러 가지 안전시설을 해서 전에 탔던 배와는 비교가 안 되게 좋았다. 일행 40여 명이 목적지인 하롱베이를 향해 선착장에서 출발했다. 바로 가면 한 시간도 안 걸리는 거리인데 중간중간 구경하며 가니 두

시간은 걸린 것 같다.

중간에 촛대 같은 바위가 있다. 물이 빠지면 삼발이로 받쳐 놓은 것 같은 바위가 너무 잘 생겨서 베트남 화폐 뒷면에 올라있다고 한다. 갑판 위에서 바위 구경을 하고 선실로 내려오니 이곳에서 잡히는 해산물로 점심을 차렸는데 그야말로 진수성찬이다. 꽃게 바닷가재 전복을 비롯하여 싱싱한 여러 가지 생선회 등이 푸짐했다. 음료수도 여러 종류가 있어서 남녀 모두가 즐거운 시간을 보냈다.

건배를 하며 즐기는데, 갑판 위로 올라오라는 긴급 호출이 왔다. 모두 포만감으로 즐거운 시간에 갑판 위로 올라가니 조금 전과는 전혀 다른 두 개의 바위가 마주보고 있는 장면이 나타났다. 배가 천천히 옆으로 움직이니 두 바위는 가까워지며 조금 지나니 남녀의 입맞춤과 같은 장면이 된다. 속칭 키스바위라고 한단다. 배는 서서히 키스바위를 한 바퀴 돌며 바위의 변화무쌍한 장면들을 보았다. 생선도 되고, 호랑이 머리도 되고… 주변의 여러 바위와 섬을 보면서 즐거운 시간을 보냈다.

얼마 후 배가 정박하면서 넓은 갑판으로 내리라고 했다. 앞에는 4인승 보트 수십 대가 대기하고 있다. 나누어 주는 구명복을 입고 보트를 탔다. 낮은 수심이고 사방이 산으로 둘러싸인 바다다. 주변을 돌면서 구경하는데 노 젓는 노인은 조금 위험한 행동도 하고 익살맞은 행동을 하면서 산 밑에 굴을 통과한다는 신호를 하기도 했다. 산 아래 뚫린 터널을 통과하여 다음 산의 터널도 지나는 관광코스인데 엄지손가락을 올리며 기대해도 좋다는 얼굴 표정이다. 그러나 터널 근처까지 와서는 뱃머리를 돌렸다. 물이 빠져서 터널이 육지가 되어서 배가 통과할 수 없게 된 것이다.

바닷물은 하루에 6시간 단위로 두 번 들어오고 두 번 나가는 지구의 자전을 모두 알지만, 날짜와 시간대에 따라 굴을 통과할 때도 있고 할 수 없을 때도 있다. 우리 일행은 통과할 수 없는 날에 배를 탄 것이다. 바닷물은 음력으로 1일 전후와 15일 전후 3일이 사리 때로 바닷물이 많이 들어오고 많이 나간다. 7일과 8일 22일과 23일은 조금이라 부르는데 이때는 물이 조금 들어오고 움직임도 느리고 수면이 사리 때보다 3~4m는 낮다. 우리가 양력(陽曆) 4월 7일에 하롱베이를 갔는데 이날이 음력 22일 조금 때였다. 그래서 동굴을 통과하는 스릴을 맛볼 수 없었다. 4인승 보트를 타고 적당한 시간을 뱃놀이로 즐긴 후 다시 큰 배를 타고 동굴을 향해 떠났다. 한참 후 동굴 앞에서 내려 동굴을 향해 100여 계단을 올라갔다.

이 동굴은 바닷물 밑에서 만들어진 동굴이 수십만 년 전에 융기하여 지상으로 솟구쳐 올라왔다는 해설인의 설명을 들었다. 석순이나 종유석이 다른 동굴과 다른 것이 증명한다고 설명했다. 석순은 위에서 석회석 물이 떨어지면서 100년에 1밀리 정도 자라서 몇십만 년 자란 석순이 몇 미터가 되는데 이 동굴은 식물같이 아래서 위로 올라가는 형상이다.

4년 전 왔을 때는 여러 색깔의 조명을 비추어 굴 안이 장관이었었고 호랑이 사자 사람 등 생물의 형태도 보았는데 이번에는 백색등만 있었다. 동굴의 크기도 많이 좁아 보였다. 이유를 물으니 동굴이 두 개인데 몇 년에 한 번씩 변화를 준다는 설명이다. 20여 분 구경했는데 출구가 나왔다. 출구 계단을 올라 산 위를 나오니 정자가 있고 휴식처와 기념품을 파는 몇 개 점포가 있다. 160여 계단을 내려오니 선착장이 나오고 배는 우리를 기다리고 있었다. 육지에 나와 버스에 오르니 오후 3시가 다 되었다. 다시 꾸불꾸불한 길을 지나 고속도로를 달려 하노이에 오니 저녁때가 다 되었다.

하롱베이 동굴 20분 보려고 12시간을 보냈다. 그래도 세계에 하나밖에 없는 특이한 동굴을 보았으니 의미도 있고 재미있는 하루를 보냈으니 마음도 즐거웠다.

2018. 4. 27.

자랑스러운 선대애국(先代愛國)

중국 상하이에 있는 루쉰 공원은 중국의 대문호이며 근대화의 아버지라고 불리는 루쉰을 기념하기 위해 만든 공원이다. 이곳에는 루쉰의 기념관이 있다. 기념관 앞에는 주은래 전 총리가 쓴 '노신공원'이란 팻말도 있다. 기념관에는 루쉰이 살아 아용하던 물건과 유물 업적 기록 등이 전시되어 있다. 루쉰의 동상이 있고 그가 만년을 보낸 집도 있다. 뒤쪽에는 묘가 있고 앞에는 근대 국부 모택동의 '노신 선생 지묘'라는 친필이 있다. 몇 년 전에 갔을 때는 루쉰 공원 입구 근처까지만 갔다가 시간이 없어 들어가지는 못했다.

중국인들은 루쉰 공원을 윤봉길 의사의 폭탄 투척 의거 현장으로 더 많이 기억하고 있다고 말한다. 공원 안에 남향으로 좋은 자리에 윤봉길 의사를 기념하는 2층 기념관이 있다. 1층에는 매정(梅亭)이란 현판이 붙어 있다. 참배객을 위한 윤 의사의 흉상도

있다. 주변에는 의사의 간단한 역사적 사실을 설명한 글들이 꽉 차 있다. 2019년 6월 14일 참배하면서 일행은 의사를 기리는 묵념을 했다. 일행 중에서 오성건 시인이 조금 긴 자작시를 실감나게 낭송하기도 했다.

2010년 갔을 때는 서향의 낡은 기념당이 너무나 초라했었다. 1층에는 도끼, 낫, 호미, 바소구리 등 농기구가 어지럽게 방치된 헛간이었다. 2층에 모조품 유물이 있다는데 출입을 못하게 해서 보지도 못했던 생각이 난다. 들어가는 문도 없어 아무 곳으로나 들어갔었다. 지금은 출입구도 따로 만들고 공원 형태로 잘 정돈된 것을 보니 마음이 편안했다. 필자는 윤봉길 의사의 친조카 되는 분이 대종회 회장을 하셔서 사적으로도 친분이 있었기에 더욱 감회가 새로웠다.

기념당 남쪽으로 100여 미터 가면 '윤봉길 의거 현장(尹奉吉義擧現場)'이란 돌 글씨와 짧은 설명문이 큰 돌에 음각되어 있다.

20여 년 전에 왔을 때는 아무것도 없는 풀밭이었는데 우리나라 전 대통령이 다녀간 후 만들어 놓았다는 설명이 있다.

옆에는 큰 호수가 있다. 어느 해 여름에 갔더니 호수에는 뱃놀이하는 사람들로 시끄러웠고, 나무 그늘에는 노인들이 잡담과 장기, 바둑 등으로 시간을 보내는 모습도 보였다. 지금은 주변도 잘 정돈되었고 깨끗하고 조용해서 분위기가 아주 좋았다.

루쉰 공원은 다렌 서로에 북문이 있고 서문은 서천 북로에 있다. 윤봉길 의사 폭탄투척 현장과 루쉰의 묘를 가깝게 가려면 북문을 이용하는 것이 빠르다. 15년 전까지는 홍커우(虹口)공원으로 불렀는데 지금은 루쉰 공원으로 바뀌었다. 20여 년 전에 갔을 때는 상하이에 있는 초등학교들은 매년 4월 29일에는 루쉰 공원에서 행사를 갖고, 윤 의사의 애국충절을 교육시켰다고 한다. 이 행사 때는 일본인들은 공원에 못 들어왔다고 귀띔했다.

'윤봉길 의사는 한국인으로서 일찍이 항일 투쟁에 투신하여 1930년에 중국으로 망명하였다. 그는 1932년 4월 29일 일본 침략군이 이곳에서 상하이사변 전승 축하식을 거행할 때 하객으로 가장하고 행사장에 들어와 폭탄을 투척했다. 상하이 주둔 일본 파견군 사령관 시라카와 대장 등을 폭사시키고 여러 명의 일본 주요 관원에게 부상을 입혔다. 현장에서 체포되어 몇 달 후 일본 가나자와에서 장렬하게 일생을 마쳤다'는 글이 있다.

상하이 시민들이 윤 의사의 의거를 크게 환영했다는데 이유는 대국인 중국에서 일본인들의 학살 착취에 누구도 항거하지 못했는데, 작은 이웃 나라 사람이 중국 땅에서 일본군 대장을 용감하게 저격하고 사망시킨 쾌거를 높이 평가한 것으로 생각한다. 외국 땅이지만 국가를 위해 목숨을 바친 선대 애국지사의 잘 정돈된 기념관과 정원을 보니 마음이 편안하고 흐뭇했다.

2019. 6.

치욕의 석탑

백제의 수도였던 부여 왕궁터 한복판에 있는 정림사지 오층 석탑을 구경했다. 역사의 한을 품은 석탑을 보는 날 하늘도 서러운지 태풍 미탁은 하루 종일 비를 뿌렸다. 비 오는 날을 골라서 관광하기도 쉽지 않은데 운이 좋았는지 비가 많이 오는 날 탑의 여러 장치와 물 흐름을 자세히 볼 수 있어서 안성맞춤이었다.

5층으로 된 석탑을 바로 앞에서 몇 바퀴 돌면서 여러 가지를 관찰했다. 바로 앞에서 보니 육중하게 보였다. 부여가 남긴 유일한 지상 석탑이란 기록이 있다. 탑 가까이서 보니 맨 아래 세 개로 된 지대석이 있고 그 위에는 조금 작은 지석이 있다. 위에는 중석이 5개 있는데 양옆에 있는 돌을 우주석, 양옆에 붙은 돌을 면석, 중앙에 있는 돌을 탱주라 부른다고 설명했다. 위쪽에 지로 두른 것이 갑석이다. 위에서부터는 탑의 몸체로 사리를 봉안하는

정림사지 5층 석탑

탑신부(塔身部)다. 여기에는 한 면에 4개의 석판이 있다. 양쪽에 우주를 만들고 사이에 면석이라는 석판을 끼웠다. 이곳이 사리를 봉안하는 곳으로 예배의 중심이 되는 곳이라고 한다.

탑신 2층부터 아래쪽은 옥개 받침을 두 층으로 했고 탑 위로 올라가면서 크기가 좁아진다. 몸돌 위쪽은 옥개받침을 두 줄로 넣고 위로 올라갈수록 작아진다. 지붕돌은 얇고 넓으며 지붕 받침 아래에는 사각형의 석재를 놓고 윗면을 비스듬하게 다듬어서 간략하게 만들었다. 넓은 옥개석은 위로 갈수록 좁아진다. 탑의 가장 위에 놓이는 상륜부(相輪部)는 가장 좁으며 여러 개의 구성 요소로 노반석등의 장식을 했다. 몸돌에 비해 지붕돌은 폭이 넓고 작은 자재를 사용하여 외견상은 목조탑과 유사하다. 비올 대 위에 물이 몸통을 타고 내려오는 것을 방지하는 장치도 되어 있어 몸채의 손상도 막아준다. 안정감 있는 체감률로 격이 높은 석탑으로 생각했다.

가로 1미터 세로 2미터 정도 크기의 면석 4개가 한 면이다. 4각형의 탑이니 석판이 16개가 된다. 이 돌판을 보았는데 고어 체 한자 글씨가 희미하게 보였다. 자세히 보아도 판독을 할 수 없다. 역사 공부로 이미 알고 있는 대당평백(大唐平百) 제국비명(濟國碑銘)을 찾을 수가 없었다. 비오는 날이라 안 보였으나 구름 없는 날 오후 2시경에 자세히 보면 보인다는 안내원의 설명을 들었다. 최신형 핸드폰으로 여러 장 촬영하여 형태를 보니 글자는 무슨 자인지 알 수 없고 희미한 한자를 볼 수 있었다.

사기의 번역을 보았다며 설명했다. 1층 4면이 2,000여 자에 달하는 비문의 내용을 보았으나 잘 보이지도 않고 내용도 알 수가 없다. 백제 왕조의 지상 5층 석탑으로 유명하기는 하나, 글의 내용을 보면 백제 치욕의 글이라고 한다.

당나라 대장 소정방이 화려했던 백제의 수도 부여를 함락하고 그 전공(戰功)을 이 탑에 기록해 놓은 것으로 유명해진 탑이다. 소정방은 신라군 5만 명과 당나라 군사 13만 명으로 나당 연합군을 만들어 백제의 수도 부여의 사비성을 함락시켰다. 백제 의

자왕을 생포하여 항복 문서를 받은 것으로 기록되어 있다. 항복 문서에는 2,000자에 달하는 내용으로 백제 정벌의 당위성을 기록했다. 당 황제에게 축전과 장군들의 전승을 기록한 글이다. 함락 후 새로 설치한 5개 도독부와 지방기구 편제 내용도 들어 있다. 서기 1028년 건립된 것으로 기록되어 있다.

가까이에서 보니 나무 탑같이 정교한데 돌탑으로 되어 있다. 그러면서도 창의적 조형미를 보여주고 있으며 탑 전체가 대단히 아름답다. 화강암으로 만든 돌탑의 우아한 조형미, 균형과 절제의 미(美), 겸손하지만 누추하지 않고 고도의 균형미를 지니고 있다. 조형의 미와 비례의 미도 지니고 있다. 삼국시대 석탑 연구의 대단히 귀중한 자료로 생각했다. 몇 바퀴 돌며 보아도 천 년 된 탑으로는 볼 수 없고 중간에 몇 차례 미적 감각을 살리기 위한 건축물로 개축한 것으로 생각되었다. 석탑은 사찰 건축의 기본이 된다.

백제는 불교를 통치 이념으로 세워 국가 중흥의 염원이 담긴 정림사지 오층 석탑을 세워 왕의 권력이 현실 사회를 초월한 신성 권력을 보여주는 상징이기도 한 것 같다. 당시 불교는 국가 체제를 정비하는데 있어 종교 이상의 막강한 영향을 끼치고 있음도 알 수 있다.

정림사지 오층 석탑은 뒤쪽에 절터가 있고 남쪽에는 두 개의 작은 연못이 있다. 비를 흠뻑 맞으며 현장에서 오랫동안 관찰했다. 나무 탑같이 정교한 석탑은 완숙하고 세련된 미를 볼 수 있었다. 낙수면의 내림 마루와 나무 탑의 기법을 볼 수 있다. 창의적 변화를 추구하고 완벽한 조형미를 완성하여 국보 반열에 올랐다고 생각했다.

예술적 가치에도 불구하고 탑을 장식한 글의 내용이 소정방의 승전 기록 탑이 되었으니 역사의 한을 남긴 치욕의 탑이다. 조선왕조 16대 인조대왕의 병자호란 완패 후 삼전도 치욕의 비석과 함께, 현세의 국내외 정세를 역사 속에서의 타산지석(他山之石)으로 삼아야겠다.

『백제왕도의 빛과 향기』 2019. 한국문인협회 제39차 대회 전국대표자회의

역사의 현장

마카오에서 제일 유명하다는 사찰에 들렀다. 장수부처와 석가모니, 관음보살의 세 보살을 모시고 있는 곳이다. 정문 지붕 위에는 '광서 2년'이라는 글씨가 쓰여 있다. 이는 청나라 11대 황제 광서제(光緖帝) 때였음을 알 수 있다. 대문 앞에는 사람의 모습이 있고, 뒤쪽은 모란꽃이 새겨져 있다. 정문의 앞문 쪽은 창호지와 같은 것이 붙어 있는데, 100여 년 전에 조개껍질로 만들어진 창문이란 설명이 있다. 가까이서 보니 사람의 손이 닿는 곳에는 조개를 많이 빼어간 흔적이 보였고 닿지 않는 곳에는 아직 그대로 남아 있었다. 이 문을 보니 청나라 시대의 문화 수준을 짐작할 수 있었다.

정문 오른쪽에 좁은 문이 있고 대문 위에는 여러 가지 조각이 있었다. 내용은 재판을 받는 모습이다. 조각이 문 위에 새겨져 있는 것으로 보아 이 문을 들어가면 법을 엄격히 지키라는 뜻으로 해석된다. 문 위에 쓰인 '법우'라는 글자가 상징하듯 법을 비 내리듯하니 법으로 다스린다는 불가의 엄한 규율을 나타내고 있는 듯했다.

대웅전 오른쪽에 종이 걸려 있는 것이 보인다. 주물로 되어 있는데 손으로 만져 보니 5~10센티미터 정도의 두께는 족히 됨직하다. 500여 년 전에 만들어진 종이란 기록이 있다. 절의 건축양식은 뱃머리와 비슷하다. 480년 전 명나라와 청나라에서 청기와를 가져다가 지붕을 만들었다고 전해지는 본당 건물은 세계적인 자랑거리라고 한다. 또한 명나라와 원나라 때 수입했다는 비취색과 초록색 역시 이 절의 자랑거리란다.

대웅전에는 좌불 부처님이 세 분 계시는데, 중앙의 부처님은 양손의 엄지손가락을 가운뎃손가락과 맞대고 있는 것이 좌우의 다른 부처님과 다른 점이다. 부처님의 모습을 가만히 보고 있으면 마음이 고요해지고, 심오한 경지 속으로 나 자신이 빠져 들어가고 있는 것 같은 기분이 들었다. 오른쪽에 모셔진 불상은 그 옆에 있는 문 위에 그려져 있는 그림과 관계가 깊을 것으로 생각했다.

그림은 300년 전에 스님이 그렸다는데 제목은 「태백추지」이다. 내용은 술이 몹시 취한 이태백이 비틀거리는 걸음으로 미녀가 있는 쪽으로 걸어가려 하는데 그의 아들이 가지 말라는 모습을 그림으로 나타낸 것이다. 그 뒤에는 이태백의 부인이 한심하다는 듯이 망연자실한 표정으로 이태백의 모습을 바라보고 있는 그림이다. 당시 부패된 사회상을 나타낸 그림으로 보였다.

왼쪽에 있는 불상은 그 위에 있는 그림과 관계가 있다고 한다. 문 위에 있는 그림의 제목은 「맹모위거」이다. 우리는 「맹모삼천」으로 잘 알고 있다. 맹자의 어머니가 아들의 교육을 위해 세 번 이사를 하였다는 고사는 너무나도 유명하다. 이러한 훌륭한 교육정신을 그대로 나타내고 있는 벽화다. 그리고 그림이 있는 쪽의 부처님상은 바로 교육의 필요성을 상징하는 인자한 모습의 부처님이시다.

오른쪽 문을 나오니 아담한 정원이 있다. 정원에는 몇 가지 화초가 있고, 남쪽 동서 귀퉁이에는 200년 수령을 자랑하는 두 그루의 주엽나무가 있다. 서남쪽에 있는 것이 수컷 나무이고 동남쪽에 있는 것이 암컷 나무라고 한다. 두 나무의 간격은 5미터쯤 되었다. 그런데 이 나무에는 여러 가지 색 종이가 끈에 묶인 채 매달려 있는 것이 색다르게 보였다. 이상해서 그 까닭을 알아보았다.

주엽나무는 은행나무같이 암수가 있는데 서남쪽에 있는 나무가 수컷이고 동남쪽에 있는 나무가 암컷이라고 한다. 수컷 나무에 색종이가 더 많이 묶여져 있다. 이 나무는 남편이 있는 부인들이 색종이를 묶어 놓은 것이라 한다. 남편이 해외 무역 등 외국에 나가서 오랫동안 생활하는 동안 자기 남편이 다른 여자들과 가까이 지내는 것을 방지하기 위해서 수컷 나무에 색종이를 대고 끈으로 꽉 묶어 놓는다는 것이다. 그들의 습관으로는 색종이가 바로 남편의 팬티를 상징하며, 나무에다 색종이를 꽉 묶어 놓는 것은 팬티를 벗지 못하도록 끈으로 꼭 무어 놓는 것과 같음을 상징하는 것이라고 한다. 옛날에도 부인들은 남편 관리를 철저히 했던 모양이다.

반대로 동남쪽에 서 있는 나무도 같은 색종이가 몇 개 묶여 있었다. 이것은 부인이 있는 남편들이 묶어 놓았다고 한다. 자신이 외국에 나가 있거나 지방에 근무하는 동안 부인이 다른 남자와 정을 통하는 것을 방지하기 위한 방편이었다고 한다. 암컷나무에 매달려 있는 색종이는 역시 부인의 속옷을 상징하고 있는 것이다. 남편과 부인 피차가 함께 경계하는 모습을 잘 표현해 놓았다.

동쪽 문으로 들어가니 중국에서 한약재를 이용하여 많은 사람들의 병을 고쳐 유명해진 신농식이라는 의원이 약 만드는 모습을 재현해 놓은 것이 있었다. 주위에는 칠언절구로 된 한시가 많이 있었는데 내용은 알 수가 없었다.

뒷마당으로 나오니 둥근 테이블로 된 큰 들 책상이 있었다. 돌책상 둘레에는 두 명이 앉을 수 있도록 의자가 놓여 있었다. 그런데 이상한 것은 그 둥근 돌 책상이 하필이면 동서로 금이 가 있는 것이었다. 정확하게 절반이라고는 할 수 없었고 북쪽이 조금 작게 갈라져 있는 것이었다. 이 깨진 돌 책상에도 깊은 뜻이 있었다.

1844년 영국과 중국이 아편전쟁을 치른 후에 무역 통상 조약을 체결했는데 바로 이 돌 책상 위에서 했다고 한다. 중국 측이 불평등 조약이라 하여 반대를 하면서 양측이 서로 돌 책상을 치며 흥분했고, 남쪽의 영국 대표는 잘 먹고 국력도 강하여 힘껏 내려치는 반면, 잘 못 먹고 국력이 약했던 중국 대표는 힘이 없어 강력하게 내려치지 못하여 돌 책상의 갈라진 부분이 북쪽에 치우치게 되었다는 것이다. 지금도 한쪽으로 깨진 돌 책상이 있다. 현장은 옛날을 말해 주고 있다.

작은 절 뒷마당이 영국과 중국 사이에 무역 통상 조약을 체결한 역사의 현장이란 사실을 알고 깜짝 놀라며 많은 생각을 했다.

『성동문학』 2019. 8월호

용의 형상은 황제만 사용할 수 있다

상하이 푸동 지구 동방명주 건물 근처 강 건너에 명대 건축물의 우아함을 자랑하는 정원이 있다. 원래는 명나라 때 사천 성 성장이 부친을 위해 지은 집이란다. 중국 5대 정원에 들어간다는 기록도 보인다. 450년의 역사를 자랑하는 중국식 정원이다. 상하이에는 하나밖에 없는 정원이라 외국인이 많이 찾는다고 한다. 대체로 삼수당 · 만화루 · 회경루 · 점춘당 · 옥화당 · 정관당 등 6구역으로 나누어 볼 수 있다.

큰 시장(市場) 중심부 방향으로 가서 우측 좁은 골목길로 들어갔다. 어디가 정문인지 알 수도 없는 복잡한 골목길이 예원의 입구다. 물속에 금붕어가 떼를 지어 다니는 다리를 건너 각진 정문으로 들어가니 50여 곳의 다양한 경관을 블 수 있었다. 200여 년 전 아편전쟁 때 파괴되었던 것을 복원했다는 설명도 있다. 안으로 들어가니 기와 건물인 삼수당(三穗堂)이 보인다. 풍작을 기원

상하이 '예원'

해 붙인 이름이란다. 그래서 앞문에는 농산물이 그려져 있다. 삼수당 오른쪽으로 좁고 꼬불꼬불한 길을 가면 동원 입구가 보인다. 그곳에는 두 마리의 철로 만든 사자가 무서운 얼굴로 문 양쪽에서 지키고 있다. 명나라 철기문화의 수준을 알 수 있는 철사자상이다. 삼수당 뒤로 가니 점춘당(點春堂)이 있다. 문인들의 각론을 주고받았다는 설과 명나라 관리인 반윤단이 부모를 즐겁게 해 드리려고 지은 것이 점춘당이란 고사도 있다. 그 앞에는 태평천국의 난 당시 그에 동조해 봉기한 청나라 말기의 비밀결사대인 소도회(小刀會)의 지휘부가 위치한 곳이라는 기록도 있다.

명나라 때 물 위에 지은 건물인 특이한 조형의 앙산당(仰山堂)이 있다. 앙산당의 의미는 연못 넘어 위치한 인공으로 만들어 놓은 대가산을 바라본다는 의미로 앞에 있는 전망대에 올라서면 못 건너편 가산이 보인다. 조금 지나가면 환경이 아늑한 옥화당(玉華堂)이 있는데, 원래는 예원 주인인 반윤단의 서재로 사용했던 곳이었다고 한다. 옥화당 앞에 있는 태호석(太湖石)은 송나라 때 휘종이 천하의 거석을 수집하면서 얻은 유물로 천년의 역사를 기록하고 있다고 설명했다.

상하이에는 산이 없다. 그래서 별장 저택에는 인공으로 산을 만들기도 한다. 인공으로 만든 성시산성이라는 높이 12미터의 정원 안, 서북부에 대가산(大假山)을 만들어 놓았다. 두게가 2만 2천 톤이나 되는 무강석(武康石)이 퇴적해서 만들어진 돌이라는데 별로 볼품이 없었다. 공사 당시에는 상하이시 전체에서 제일 높은 산이었다는 설명이 웃음을 자아냈다.

산꼭대기에 망강정을 지었다. 정상 북쪽에는 강한 돌을, 남쪽에는 맷돌 석으로 쌓았다고 한다. 망강정 옆을 지나면 미인석이 있다. 복도 통로 중앙에 세워 놓은 잘생긴 이 입석 선돌을 1967년 문화혁명 때 홍위병이 많이 파손시켰다고 한다. 지금도 서 있는 이 돌을 만지면 예쁜 자손을 낳는다는 전설이 있어 오고 가는 많은 남녀들이 너무 만져서 표면이 매끈매끈하다. 필자도 순서대로 서서 만져 보았다. 굴곡진 길을 돌고 돌아 연못도 보고 500여 년 되었다는 나무도 보았다. 동원 바닥은 사람인(人) 자 모양의 벽돌 10만 장을 깔았다고 한다. 이는 동원 주인은 매일 10

만 명 위에서 걷고 산다는 의미로 권위를 좋아하는 중국인의 상징이란 설명이다.

동원을 지나 중원으로 들어가는 문 입구에도 어김없이 돌사자 두 마리가 문 양쪽을 지키고 있다. 그런데 동원의 철 사자와는 달리 활짝 웃는 얼굴을 하고 있다. 즐거운 마음으로 중원을 들어오시라는 인사의 모습이라고 한다. 중원을 들어가면 맷돌 석 같은 2미터 높이에 큰 바위가 서 있는데 이름은 옥영돌이라 한다. 사방 상하에 구멍이 72개 뚫린 바위인데 위에서 물을 부으면 72개 모두의 구멍으로 물이 나오고, 아래서 불을 피우면 72개 구멍으로 모두 연기가 나오는 것도 확인했다.

득월루(得月樓)라는 건물이 물가에 있는데 달빛이 누대에 먼저 비친다는 뜻으로 지어진 이름이란다. 예원 내부에는 오솔길이 40여 곳이나 있고 연못에는 금붕어도 많이 보인다. 여름에 갔는데 시원해서인지 구경꾼이 많다. 전시품 중에는 수석과 그림이 있는데 판매도 하고 있다. 예원 정문 앞 연못 위에는 9번이나 꺾였다 하여 구곡교라 부르고, 이곳은 촬영 장소로 유명하다 해서 많은 사람들이 북적이고 있었다. 한참을 기다려서 몇 장 찍었다.

끝으로 서원을 보게 되는데 내원이란 간판이 보인다. 이곳 입구에도 돌사자 두 마리가 양쪽을 지키고 서 있다. 그런데 왼쪽 사자의 앞발에는 사자 새끼가 울면서 매달려 있는 모습이다. 내원에서 일하는 사람들이 쉴 새 없이 계속 일을 해 피곤해 죽겠는데 철모르는 새끼 사자는 젖을 달라고 우는 형상을 묘사한 것이라고 한다. 일하는 직원들의 아이가 젖을 달라고 울어도 제때 못 주는 의미를 사자상에 담은 것이라고 설명했다.

내원은 성주가 생활하는 집안으로 입구(口) 자 모양의 건축물이 명나라와 청나라 때 지은 건축들이라는 설명이 있다. 정면은 연예인의 무술 경기장이고 좌측 3층집은 주인의 내실이란다. 마주 보는 우측은 허술한 것이 일하는 사람들이 사는 집으로 보였다.

입구 머리 위에는 주인이 마주 보이는 앞에서 무술 구경을 하는 곳인데 성주의 부부는 정중앙에 앉고 보좌관들은 양옆에서 호위했다고 설명한다. 연예장 좌측에 '출장'이란 글씨가 있다. 장수가 나오는 길이라는 뜻이다. 우측에는 배우가 연기하는 장소란 글씨가 있다. 예원의 대무대(大舞台)는 예원 전체 건축물 중의 일품이며 또한 상하이에서 제일 오래되고 완벽하게 보전된 무대같이 보였다. 지붕 위에 기와들은 하나하나가 모두 용의 비늘을 닮아 자세히 보면 몇 마리의 큰 용머리 형상으로 보였다.

청나라 황제가 이곳을 지나다 용이 9마리나 있는 정원을 보고 놀라면서 사천성 재정을 유용했다고 성주를 쫓아냈다. 그리고 전국에 특명을 내려 누구도 이 자에게 밥 등 먹을 것을 주면 삼족을 멸하겠다고 공언했다. 성장 반윤단은 며칠 후 이슬같이 사라졌다.

당시 중국에서는 용의 형상은 황제만 사용할 수 있었다.

『짚신문학』 2019. 가을호

항저우에서 세 가지 자랑 말라

항저우를 가는 중이다. 국도변에 사탕수수 재배 단지가 크게 보인다. 전국에서 유명한 사탕수수 재배 지역이라고 설명했다. 항저우 중심부로 들어가니 전차가 다니고 있다. 두 대가 붙은 전차도 있다. 버스도 2층 버스가 있는데 여자 운전기사가 많이 보였다. 20여 년 전에 갔을 때는 교통이 매우 복잡하고 교통질서가 거의 없었다. 엉망이었다. 반대 차선으로 차가 오기도 하고 건널목 표시도 없는 곳도 많았다. 거리는 다른 도시보다 깨끗하다. 서울 거리와 비슷하다고 할까?

항저우는 온호한 기후와 풍부한 물과 평야가 있어 일찍부터 산업이 발달한 도시라고 한다. 특히 전통적인 견직물은 지금도 세계 각국에 수출한다고 자랑했다. 그 밖에 차와 부채, 비단, 우산 등 공예품도 유명하다고 말했다. 사계절 모두 그림 같은 풍경

항저우 시후호

이 펼쳐지고 역사적 인물들의 무덤이나 사원, 탑 등이 많이 있어 명승지로 계속 발전하고 있는 곳이라고 한다. 항저우는 삼국지에 나오는 월나라의 수도로 유명한 역사 문화 도시다. 중국 7대 고도(古都)의 하나이며 대운하의 종점이기도 하다.

시내 동쪽 변에 위치한 오성급 호텔에 짐을 풀었다. 호텔 옆 대형 슈퍼마켓이 있어 구경 겸 칫솔을 사러 가서 달러나 한국 돈을 주니 안 받는다. 판매 직원도 달러와 원화가 돈인지 무엇인지 모르고 있다. 호텔을 돌아와서 환전을 해 가지고 다시 갔다. 칫솔은 금액으로는 한국과 같은 금액이다. 그러나 국민 소득이 우리나라의 1/4 수준이니 실제 가격은 네 배 비싼 가격이다.

경항 대운하의 종점으로 물의 도시로 부르며 그래서 배 사업하는 사람도 많다고 자랑했다. 농사도 부지런하면 삼모작도 가능한 지방이다. 아열대 지방으로 여름에는 40도가 넘는 날도 있다고 한다. 너무 더워서 부인 없이는 살아도 에어컨 없으면 못 사는 곳이란 농담도 하는 도시다.

특산물로는 수천 년의 역사를 자랑하는 인견 직물과 세계적으로 유명하다는 용정차, 목공예품, 죽제품 등이 있다. 비단을 붙여 만든 서호주산(西湖綢傘)을 비롯하여 백단향으로 만든 항저우 부채, 끝이 둥근 젓가락인 천숙 쾌 등 중국 다른 지방에서 볼 수 있는 것도 함께 보았다. 항저우 사람들은 용정차로 돈을 많이 벌어 잘사는 사람이 많다고 한다.

이곳에는 유명한 저장대학교가 있다. 개교 140주년을 맞는 베이징대학교보다 일 년 앞서 개교했다고 자랑했다. 현재 중국에서 활동하는 정치, 경제, 사회 등의 유명한 인물 가운데 이 대학을 졸업한 사람들이 많다고 한다. 현재도 한국 유학생들이 많고 우수한 학생들이 재학 중이라고 한다. 이곳 대학에서도 개방으로 잘살게 된 등소평을 우러러본다고 엄지손가락을 세웠다.

20여 년 전부터 항저우는 여자가 살기 좋은 곳이다. 남자가 결혼 비용 다 대고 현금도 많이 준다고 말했다. 부엌일은 거의 남자가 한단다. 결혼 다음 날 남자가 시장을 간다고 한다. 출근 전 아침 준비를 하여 여자에게 대령하고 설거지도 남자 몫이라고 한다. 여자 속옷도 남자가 빨아 준다고 했다. 항저우에도 자전거가 많이 보였다. 가짜도 많은 도시란다.

새 돈이 나오면 다음 날 가짜 돈이 바로 나오기도 한다는 나라이다. 물건을 노점에서 사면 거스름돈을 잘 받아야 한다. 가짜가 많으니까. 지금은 많이 달라졌다니까 믿거나 말거나?

항저우에는 산, 물, 나무가 많다. 항저우인들의 최대의 희망은 돈 많은 쑤저우에서 태어나서, 미인이 많은 항저우에서 미인과 살면서, 중국 최고의 요리인 광둥요리를 먹고 살다가, 명당과 관으로 유명한 유주에서 죽는 것이라고 한다.

시후호 근처에 있는 민물진주 양식장을 구경했다. 3년 자란 진주 한 마리에서 20개 정도 많은 진주알이 나왔다. 실제로 조개 한 마리를 쪼개서 보니 여러 개가 나오고 그중 7가지 색이 나오는 것도 보았다.

항저우는 호수와 차만 유명한 것이 아니고 진주 도매 시장으로도 알려진 곳이다. 민물조개는 삼각형 조개가 값다고 한다. 가격도 싸다고 말했다. 시후호에서 배를 타고 멀리 보이는 탑이 보숙탑이라고 하며 45.4미터 높이로 산 위에 있다. 오나라 자서의 눈에 대한 전설이 있는 탑이다.

소동파가 시후호에서 2년을 살면서 항저우 자사를 지냈다. 지금으로 말하면 항저우 시장이다. 그가 정치를 얼마나 잘 했는지를 알 수 있다. 소동파는 돼지고기를 잘게 만들어 먹었는데, 이유는 항주 시민들로부터 선물을 너무 많이 받아서 잘게 썰어 여러 사람이 주는 것을 골고루 먹기 위해서였다고 전해오고 있다. 그 후 이 고기를 '동파육(東坡肉)'이라고 부르게 되었으며 이 음식은 지금도 유명하다고 한다. 고산 시후호변에는 항저우 요리 전문점이 많다. 대를 이어 장사하는 곳도 있다고 자랑했다. 청나라 때 창업했다는 식당도 있다. 이곳에 가면 동파육 등 항저우 요리를 즐길 수 있다. 종류가 많은 특징이 있다. 배로 45분 동안 시후호를 한 바퀴 돌고 설명 듣고 사진도 촬영했다.

항저우에 가서는 세 가지 자랑을 하지 말라고 한다. 눈이 밝다는 자랑, 돈이 많다는 자랑, 오래 산다는 자랑을. 이곳 사람들은 눈이 밝고 차(茶)를 팔아 돈이 많고 거의 백 살을 산다고 자랑했다.

『생활문학』 2019. 가을호

아방궁

옛날 원 건물이 있던 아방궁 자리는 상림원(上林院)의 옛 자리인 조가벽(趙家壁)이었다고 한다. 시안 시내 중심 서성벽(西城壁)에서 서쪽으로 10킬로 거리에 있다고 한다. 지금의 자리는 옛날 삼천궁녀들이 살았던 곳이라고 한다. 시안에 볼 것이 많아 잘 안 가는 곳이라는 안내자의 설명이다. 포장도로가 좋아서 즐겁게 갈 수 있었다.

정문 앞에는 아주 넓은 주차장이 있고 안쪽으로 행랑 격인 건물에 큰 대문이 붙어 있다. 안으로 들어가니 전면에 3층 높이 본건물이 있고 좌우에는 장낭(長廊)이 정사각형으로 본채에 연결되어 있다. 안마당 중앙에는 일자로 중앙 현관을 향해 허수아비 경비용(警備俑)이 일정한 간격으로 10여 명씩 서 있다.

아방궁의 총면적은 99만 평방미터로 옛 실물보다는 많이 축소된 면적이라고 설명했다. 3층 높이의 위쪽 넓은 홀에서 15분 동안 공연을 보았다. 기대에 못 미치는 공연이었다. 시작을 알리는 무대가 열리며 황제가 황후와 같이 무대로 나와서 흥겹게 노래와 춤을 보고 있다가 핸드폰으로 전화가 오니까 전화를 받는다며 무대 뒤로 들어가면서 공연은 끝이 났다.

본관 남쪽에 아름다운 호수가 있다. 호숫가에서 또 한 번의 공연이 있다고 하여 내려갔다. 내용은 황제가 미인 선발대회에 나와 심사를 하면서 선발된 미인을 부인으로 간택하는 과정을 순서대로 재현하는 연극으로 20분짜리 공연이다. 출연자가 35명이나 된다고 설명했다.

궁중 규모에 맞게 제작한 오픈카에 여행객 20명을 한 팀으로 태우고 외곽을 한 바퀴 돌아 호수 근처에서 내려 주었다. 배를 타고 호수를 한 바퀴 돌면서 중국말로 주위를 설명했다. 그리고 다시 차로 아방궁을 한 바퀴 돌아준다. 전체 종업원이 500명이라고 자랑도 했다.

아방궁(阿房宮)은 중국 최초로 통일 제국을 건설한 진(秦)나라 시황제가 세운 궁전이라고 한다. 진나라의 도읍은 통일 전 효공(孝公) 12년(BC 350년)경에 위수강 북쪽 기슭에 있는 함양이었다고 사기는 기록하고 있다. 시황제가 천하를 통일한 기원전 221년 대규모의 확장 공사가 시작되었다고 한다. 다음에는 위수강 남쪽에 신궁(信宮)을 또 북쪽의 함양 궁(咸陽宮)을 영실(營室)로 정하고 위수 강(渭水江)의 다리를 놓아 양쪽을 연결하겠다는 계획을 세웠다고 한다. 진시왕이 황제로 등극하면서 가장 먼저 착수한 것이 아방궁을 짓는 공사였다고 설명했다. 집권 중에 완공을 못 하고 2대 황제가 완공했다는 기록도 있다.

아방(阿房)이란 명칭은 함양에 가까운 궁전이라는 뜻에서 유래되었다는 설과 모양이 입구(ㅁ) 자로 사방에 펼쳐져 있는 궁전이라는 뜻이라는 설이 있다. 사마천의 사기(史記)에는 그때 규모는 지금 새로 지은 아방궁 규모보다 큰 규모였다고 설명했다. 동서의 길이 990미터 남북의 길이 152미터로 15만여 제곱미터의 큰 대궐이 있고 안에 있는 건물에는 만 명이 들어갈 수 있는 방이 있었다고 한다.

발굴 조사에서 대규모의 판축(版築)의 토대는 확인되었으나 아방궁을 포함하여 위수강 남북에 걸친 함양성의 전모는 아직 완전히 밝혀지지 않았다고 설명했다. 현재 그 언덕이라고 추정되는 언덕이 산시성 시안 서쪽 약 2,000미터 근처에 아방촌(阿房村)이라는 이름의 동네가 남아 있다고 한다. 현재 복원 중인 아방궁 자리가 이 지방에서 부르는 아방촌과 같은 곳인지는 확인하지 못했다고 안내인이 말했다.

견본 아방궁을 보면서 당시 진시황제의 생각이 천하를 통일할 만한 통 큰 황제라는 생각을 했다. 그 시대에 궁의 규모가 대단함에 깜짝 놀랐다. 진(秦)나라보다 강한 줄 알았던 춘추전국시대 초(楚) 연(燕) 제(齊) 한(韓) 위(魏) 조(趙)의 여섯 나라를 평정하고 황제로 등극한 것을 보니 정치 전술 전략을 다시 평가하지 않을 수 없었다.

많은 고증을 찾아서 재건했다지만 우리가 상상하는 기원전 건물로 보기에는 품격이 떨어진다는 느낌을 지울 수가 없었다.

『계간문예』「상상탐구」 2020.

나무로 된 궁궐

북경시에는 명청(明淸)시대 황제들이 정사를 보던 자금성이 있다. 총면적은 약 75만 평방미터라고 한다. 성벽 밖으로는 폭 50여 미터의 해자호(垓字戶)로 둘러쳐져 있고 둘레 길이가 3,800미터나 된다는 기록이 있다. 외부의 침입으로부터 성을 보호하는 이 해자호를 중국인들은 호성강(護城江)이라고도 부른다고 말했다. 성벽 동서남북에는 모퉁이에 각루가 있고 각각 문이 하나씩 있다. 남쪽에 있는 오문(午門)은 정문이고 북쪽에 신무문(神武門) 동쪽에 동화문(東華門) 서쪽에 서화문(西華門)이 있다고 한다. 모든 설계는 면남이왕(面南而王)으로 황제는 남쪽을 보고 통치를 해야 한다는 사상을 반영하고 있다고 설명했다.

자금성은 남북의 두 구역으로 되어있으며 남쪽은 공적인 장소로 외조(外朝)이다. 남문인 오문에서 시작하여 북쪽으로 태화문(太

和門), 태화전(太和殿), 중화전(中和殿), 보화전(保和殿)이 중앙에 일렬로 배치되어 있다. 동서에는 문화전(文和殿) 무영전(武英殿)의 전각이 있다. 외조(外朝)의 북쪽은 황후의 거처인 내정(內廷)이다. 건청문(乾淸門)부터 건청궁(乾淸宮), 교태전(交泰殿), 곤녕궁(坤寧宮)이 건축선상 일렬로 줄지어 있다.

그 좌우에 후비(后妃)들이 사는 동서 6궁을 비롯하여 많은 부속 건물들이 있다. 궁내에는 800채 건물에 9,000개 이상의 방이 있다고 한다. 처음 갔을 때는 한여름이라 찌는 듯한 더위로 온몸이 다 젖어 땀이 뚝뚝 떨어지는 고생을 하며 몇 시간을 구경했다. 근처에는 나무 그늘도 없었다. 다음에 갔을 때는 계절에 맞는 복장으로 많은 궁들을 자세히 볼 수 있었다.

영락제가 9,999칸짜리 새 거처인 자금성에 들어간 해는 1421년이고 실제로는 8,886칸이라고 하는데 9라는 숫자가 최고의 양수를 상징하기 때문에 그렇게 부풀려서 전해온 것이란다. 천왕만이 만 칸 집에 살 수 있고 천자는 조금 적어야 된다고 하여 반 칸을 줄여 9,999.5칸을 지었다는 야사가 있다고 안내인이 말했다. 현재는 전당과 누각이 8,700여 칸이라고 한다. 명나라 때는 9,000명의 시녀와 만여 명의 환관이 궁궐 내에서 업무를 보았다고 설명했다. 자금성에서 역대 황제들이 사용하던 70여만 점의 유품은 자금성에는 별로 없다. 거의 대만에 있는 고궁박물원에 보존 전시되어 있다.

유품이 없어 건축물만 설명했다. 정문격인 오문(午門)은 현존하는 중국 최대의 고건축물이며 이 문을 통해 안으로 들어가면 태화전 앞에 금수하(金水河)가 흐르고 있다. 흐르는 물 위로 다섯 개의 아치형 다리가 있다. 이를 금수교(金水橋)라 한다. 금(金)은 금목수화토(金木水火土) 오행설에 의하면 서쪽을 의미함으로 물이 서쪽으로 흐른다는 뜻이다. 중앙에 있는 다리를 오드(午道)라 하는데 이 길은 황제만 다니는 길이다. 다리 중앙에는 용(龍)의 조각이 있는데 이는 황제를 나타내고 횃불 조각은 화(火) 즉 남쪽을 뜻하므로 이 다리는 자금성 남쪽에 있음을 의미한다. 오문은 위에서 보면 말발굽 형태의 거대한 건축물이다. 가운데 성벽에는 기둥 10개가 떠받치는 누각이 있고 이곳에서 해마다 황제가 새

역법을 공표하거나 열병의식을 보는 곳이라고 설명했다.

오문을 지나 궁궐 안으로 들어갔다. 길이 200미터, 가로 130미터 정도 크기에 넓은 뜰이 나왔다. 이곳이 유교에서 말하는 인의예지신(仁義禮智信)을 의미하는 내금수교(內金水橋)이다. 이 다리를 건너니 태화문(太和門)이 3단의 대리석 기단 위에 솟아 있다. 한 쌍의 사자상이 있는 태화문 안쪽으로 들어가니 자금성에서 가장 넓다는 길이 200미터, 폭 190미터라는 넓은 마당이 보였다. 중앙에는 자금성에서 가장 화려하고 웅장한 태화전과 중화전, 보화전이 눈앞을 가로막았다.

보화전(保和殿) 뒤에는 황제만 사용이 허용되는 아홉 마리 용(九龍)을 새긴 대리석 보도와 전각들이 위풍당당하게 서 있다. 장수(長壽)를 의미하는 거북과 학 모양의 향로 등 보이는 하나하나가 모두 중국의 자존심과 명예를 간직한 예술 작품으로 손색이 없어 보였다. 건물 모두가 붉은색과 황금색인 태화전(太和殿) 앞에는 황제의 공명정대한 정치를 뜻하는 두 개의 상징물이 있다. 테라스 왼쪽 작은 건축물 안에 보관된 됫박과 오른쪽 모퉁이에 있는 해시계가 그것이다.

정면 약 60여 미터, 측면 40여 미터 높이 30미터의 태화전은 24개의 기둥이 이중으로 된 지붕을 받치고 있다. 중앙을 받치고 있는 6개의 기둥은 금을 입힌데다 용의 형상을 새겨 넣어 위엄과 화려함이 극치를 이룬다. 태화전에서는 중요한 국사가 거행된다고 한다. 천자의 즉위식, 황제의 결혼식, 10년에 한 번씩 거행되는 황제의 탄신일, 황제가 주관하는 과거시험 급제자 발표식, 주요 법경 낭독식, 출정 전날의 장군 임명식 등이 모두 이곳에서 이루어졌다는 기록도 보았다.

궁전 안에서도 중앙에 7계단을 올라간 연단이 바로 용상이 놓인 자리다. 황제의 보좌 바로 위에는 화려한 장식이 새겨진 천장에 두 마리의 금빛 용이 거대한 여의주를 놓고 다투는 모습을 보았다. 권력 쟁취의 의미를 연상케 했다.

자금성(紫禁城)의 전면을 이루는 궁전(宮殿)인 태화전(太和殿) 중화전(中和殿)이 황제가 정사를 보는 곳이라면, 안쪽에 있는 건청궁(乾淸宮)의 교태전(交泰殿), 곤녕궁(坤寧宮), 어화전(御和殿)은 주로 황제의 사생활이 이루어졌던 공간이다. 이 공간은 건청문을 중심으로 외전과 나뉜다. 성(城)의 건축물은 중앙축을 중심으로 문들이 배치된 점이 특이하다. 내정에서 제일 앞에 있는 건청궁은 명나라 황제들과 청나라 초기 황제들이 살았던 곳이다. 1922년 마지막 황제 푸이의 결혼식도 이곳에서 거행했다고 설명했다. 1987년 아카데미 작품상 등 9개 부문을 휩쓸며, 자금성의 붐을 일으킨 베르톨루치 감독의 영화 「마지막 황제」의 촬영 현장이 바로 이곳이라고 알려 주어 자세히 보았다.

교태전은 황후의 보좌관이 있는 곳으로, 황후는 여기서 방문객을 알현했으며 자신의 생일이나 정월 초하루에 축하 연회를 이곳에서 베풀었다. 마지막 곤녕궁은 명나라 황제들이 거처로 사용했던 궁전이었다. 청나라 때는 만주의 사신들을 모시는 장소로 사용했다고 한다. 이곳에서 모두 24명의 세자가 황제로 등극했다는 교태전의 역사를, 안내자가 자세히 설명했다.

1925년 청나라 왕조가 몰락한 이후 1980년대부터 궁궐 전체를 박물관으로 사용하게 되었다고 한다. 자금성은 중국인들의 자랑거리로 해마다 천만 명 이상의 구경꾼이 찾는다고 했다. 이 중 상당 부분이 내국인들이라고 한다. 과거에는 많은 관광객들이 고궁박물원(故宮博物院)이라고 쓴 북쪽 문으로 들어갔는데 얼마 전에 갔을 때는 남문인 오문(午門)으로 입장하여 구경하고 북문으로 나오는 일방통행으로 바뀌었다. 중국 북경에 있는 자금성은 나무로 지은 현존하는 세계 최대 궁궐 건축물이라고 한다. 여러 번 가 보았는데도 또 가 보고 싶은 관광지다.

국제펜한국본부 『펜문학』 2020. 3,4월호

호화로운 삶

북경 자금성 서쪽 40여 리에 이화원이 있다. 황제의 여름 별장으로도 불렀다고 한다. 서태후는 이곳에서 국가의 중요한 일을 많이 처리했다. 부족한 공간을 채우기 위해 증축을 했다. 궁전과 정원의 두 가지 기능을 모두 갖춘 황족 정원이 되었다. 안내인의 자세한 설명이다. 이화원에서 가장 큰 부분을 차지하는 곤명호는 지금은 겨울에는 스케이트를 타고 여름에는 유람선을 타고 뱃놀이를 즐기는 좋은 호수로 북경 시민들의 낙원이 되었다.

곤명호를 안고 있는 만수산은 인공 산으로 화려한 누각이 있다고 한다. 덕화원(德和園)에는 장랑(長廊)과 불향각(佛香閣)이 있다. 이화원의 주요 명소로는 정문과 동궁문(東宮門) 등 많은 건축물이 있다. 덕화원에는 중국에 현존하는 가장 큰 규모의 경극 극장이 있다. 높이가 21미터인데 상중하 3층으로 되어 있다. 긴 낭하인

복도 건축물도 중국에서 가장 크고 길다고 한다. 모두 둘러보았다.

옥란당은 광서 황제의 침실로 쓰인 곳인데 무술년 정변에 실패하여 서태후에 의해 유폐 감금되어 지냈던 곳이라는 설명이 있다. 현장을 보았다. 서태후는 이곳에 거처하면서 극장에서 연극을 보거나 자신이 몸소 경극에 출연하기도 했었다고 한다. 이화원은 의화단 사건 때 또 황폐해졌으나 다시 복구되어 현재는 호화로운 옛 경관을 보전하고 있다고 한다.

오월 문에서 서쪽으로 석장정까지 모두 273칸이고 길게 이어진 복도는 세계에서 가장 긴 총길이 728미터나 된다는 설명이 있다. 통칭 천간낭하(千間廊下)라 불리는 장랑(長廊)으로 이화원의 명물로 소문나 있다. 복도를 따라가다 보면 양쪽 벽에는 그림으로 꽉 차 있다. 장랑은 건륭(乾隆) 15년에 창건하였고 후에 영국 프랑스 연합군에 의해 불태워졌다고 설명했다.

그 후 광서(光緖) 12년 재건되었다고 한다. 대들보에는 인물(人物), 산수(山水), 화초(花草), 조류(鳥類) 등 각종 채색화 14,000여 폭이 그려져 있고, 이런 화폭은 중국 고전 원림 중에서도 최고를 자랑하는 복도라고 한다. 장랑 중간에는 4개의 8각 처마로의 정자가 있다. 산을 등지고 강을 끼고 있는 배운전(排雲殿)을 중심으로 동서 양쪽으로 만수산을 따라 건물들이 들어서 있다. 긴 복도를 처음부터 끝까지 다 보았다. 많은 그림들도 보고 감탄했다.

곤명호와 만수산

한참 가다 보면 장랑의 중앙쯤에 비운각이 있는데 호수에서 뱃놀이를 하려면 이곳에서 출발하는 배를 타야 된다. 북쪽으로는 불향각(佛香閣), 지혜해(知慧海), 만수산이 나란히 이어진다. 불향각은 이화원에서 가장 높은 곳으로 이곳의 전망은 유명하다. 동궁문(東宮門)을 들어가 인수문(仁壽門)을 지나면 인수전(仁壽殿)이 나온다. 인수전 앞뜰에는 지금은 세상에 존재하지 않는 상상의 동물상이 마당 가운데 서 있다. 마당 앞에는 청지수(靑芝岫)라는 묘한 돌이 있다. 패가석(敗家石)이라 부르기도 한다.

역사 자료를 보면 명나라 관료 미만종(米萬鍾)이 북경의 빙산에서 영지 모양과 비슷한 푸르고 빛이 나는 거대한 돌을 발견하였다. 그 돌을 자기 농원인 미씨작원(米氏勺園)으로 운반하다가 비용이 많이 들어 할 수 없이 길가에 버린 것을 건륭황제(乾隆皇帝)가 이곳으로 옮기고 청지수란 이름을 지었다는 설명이 있다.

이 돌은 중국 최대의 원림 치석이라고 한다. 모두 마귀가 못 들어오게 지키는 수문장 역할을 해 준다고 설명했다.

서태후가 정무를 보던 인수전은 그가 생전에 사용하던 각종 집기들이 전시되어 있다. 전용 극장인 덕화원(德和園)을 우측 뒤로 하고 남쪽 곤명호로 나오면 장랑을 지나게 되고 서쪽으로 계속 가면 호수에 떠 있는 듯한 돌배(石舟)와 돌다리(石橋)가 있다. 돌배 안에는 상품을 파는 판매원들과 관광객이 뒤섞여서 복잡한 돌배 안을 더 복잡하게 만들고 있었다. 여름에 가 보았는데 해당화, 난초, 수양버들과 색채가 선명한 건축물과 적당한 나무 그늘들이 주변의 뛰어난 경관과 조화를 잘 이루고 있었다. 서태후는 이 돌다리를 건너 돌배를 타고 달맞이를 했다고 전해진다. 여기저기 놓여 있는 돌 벤치에서 장기를 두는 광경과 독특한 방법으로 유람선을 움직이는 뱃사공들의 모습 등은 보는 사람들을 즐겁게 했다. 현재는 북경 시민들의 휴식처로 이용되고 있으며 요금만 내면 내국인은 물론 외국인도 자유롭게 들어갈 수 있다. 몇 번 가 보았으나 유람선을 타보지 못했다.

덕화원을 나와서 우측 장낭(長廊)을 가기 전에 왼쪽 물 쪽으로 조금 가면 곤명호의 전경을 볼 수 있는 넓은 공간이 있다. 남동쪽에는 작은 인공 섬을 만들어 조경을 잘해 놓고 다리를 놓아 연결한 곳이 있다. 이곳에서 휴식도 취하고 기념촬영도 하기 좋다. 또 다른 곤명호의 모습과 이화원의 주변을 볼 수 있는 곳이다. 여름에 갔을 때 기념사진도 찍었다.

인수전의 원래 이름은 근정전(勤政殿)이었다. 황제가 이화원에 머무는 동안 정무를 보고 신하들을 알현하는 공적인 장소였다. 그러나 서태후가 정권을 잡은 후 청나라 정치 중심인 자금성에서 이곳 이화원으로 옮기면서 인수전(仁壽殿)이라는 이름으로 부르게 되었다고 기록하고 있다.

서태후는 인수전에서 대신들과 외국 사절을 만나고, 낙수당에서 최고의 음식을 먹으며 생활하고 덕화원에서 희극을 감상하였다고 한다. 낙수당 앞까지 배를 댈 수 있어, 서태후는 매년 음력 4월 자죽원 공원 쪽 수로를 타고 이화원에 와서 10월이 되면 황궁으로 돌아가곤 했다는 기록도 있다.

중국 천하를 50년 가까이 통치한 여걸도, 세월의 흐름을 막지 못하고 역사의 뒤안길로 사라졌다. 그는 1835년 태어나 우여곡절 끝에 권력을 잡고, 대국을 좌지우지하다가 74세를 일기로 아까운 세상을 어쩔 수 없이 하직했다. 세상 떠난 위인의 호화로운 삶을 보면서 유한한 생을 사는 우리는 어떻게 사는 것이 행복하게 사는 삶인지를 깊이 생각하는 계기가 되었으면 좋겠다.

『생활문학』 2020. 봄호

화청지

화청지(華淸池)는 3,000여 년의 역사를 가지고 있다. 중국 산시성 임동현(臨潼縣) 남쪽 여산(驪山) 서쪽 기슭에 있다. 산세가 아름답고 온천물이 좋아 중국 역대 황제들이 별장으로 사용했다는 기록이 있다. 겨울 휴양지로 많이 알려진 곳이다. 당나라 6대 황제 현종은 60만 제곱미터의 넓은 면적에 화청궁을 건설하고 더운물이 힘차게 솟아오르는 산 밑 근처에 연못을 만들고 화청지라고 이름 지었단다.

미인 양귀비(楊貴妃)와 처음 만난 장소이기도 하고 같이 살았던 곳으로도 유명하다. 주나라 유왕(由王)과 진나라 진시황제(秦始皇帝)도 별궁(別宮)으로 사용했었다는 기록도 있다. 마당 앞 연못가에는 버드나무 가지가 늘어지고 정자 화랑을 배치한 중국식 정원을 만들었으나 오랜 세월 동안 개보수해서 원형이 많이 변화되

었다고 안내인은 설명했다.

내부 여러 곳을 자유롭게 다니며 보았다. 확 트인 넓은 마당 가운데 구룡지(九龍池)가 있다. 현종과 양귀비가 뱃놀이를 하던 호수라고 한다. 왼쪽에는 양귀비 동상이 연못 중간에 서 있다. 술 취한 이태백이 현종과 양귀비를 위해 즉석 시를 읊었다는 곳도 이 근처 어디일 것이라고 했다. 어탕견지(御湯遺址) 박물관에는 양귀비에게 하사했다는 부용탕(芙蓉湯)과 현종 황제가 쓰던 구룡전(九龍殿)을 복원하고 그 안에 연화탕(蓮花湯)을 꾸며 놓았다. 안쪽에 아무것도 없는 헛간이 있는데 향을 태우는 장소로 썼다는 침향전(沈香殿)이라는 간판이 보인다.

양귀비는 천하 절세미인이고 가무에도 뛰어나 군주의 마음을 끌어당기는 총명도 있지만 겨드랑이 밑에서 암내가 심하게 나서 냄새를 없애기 위해 향을 많이 피웠다고 설명했다. 공영방송 프로그램 「그날」에서는 근거 없는 '야사'라고 주장하는 것을 보았다.

침향전 건물 옆에 있는 비상전(飛霜殿)도 보았다. 양귀비의 개인 침실이 있던 곳인데 그 자리에 새로 지은 전각이라고 한다. 양귀비가 목욕했던 건물도 보았다. 해당탕(海堂湯)이라고 부른다. 탕의 모양이 사각 욕조 비슷하게 만들었는데 물은 없었다. 욕조 바닥이 옥으로 되어 있다고 하는데 자세히 보니 옥 같기도 하고 알 수가 없었다. 옥은 평온이 43도의 온도를 유지시켜 주는 역할을 해 준다고 설명했다.

현종 황제가 목욕했다는 연화탕을 가까이서 보았다. 반지하로 되어 있다. 난간을 돌며 내려다볼 수 있게 해서 가까운 거리에서 볼 수 있었다. 난간 주변에는 사방에 눈높이의 벽화가 있다. 모두 요즘 그린 벽화들이다. 중국의 역대 4대 미녀들의 그림도 있다. 양귀비 그림 앞에서 사진을 찍으니 다른 미녀들과도 함께 촬영이 되었다.

근처에서 성진탕도 보았다. 당 태종 이세민의 목욕탕이란다. 그는 목욕을 하면서 정사를 논했다는 설명이 있다. 여러 사람들이 이야기할 수 있는 면적이 필요하여 다른 탕보다 크게 지었다고 하는데 배 이상 넓어 보인다. 옆에는 방이 있는데 목욕하고 옷을 갈아입는 공간이라고 설명했다. 상식탕(常食湯)은 현종과 양귀비의 심부름을 하는 몸종들인 시녀들의 욕실이라고 안내했다. 탕 바닥에 어른 발뒤꿈치가 들어갈 정도 크기의 발자국 같은 홈

이 6개 있다. 양귀비나 현종의 몸에 손을 대고 수발한 손은 하인 손이라도 자기 발을 손으로 닦을 수 없으므로 구멍에 발뒤꿈치를 넣고 비벼서 때를 닦았다고 한다. 실수로 자기 발을 만져도 황제 내외를 모실 수가 없다고 설명했다.

현종은 일 년 중 일곱 달을 양귀비와 함께 여기서 지냈다는 기록이 있다. 본명이 양옥환(楊玉環)인 양귀비는 현종의 18번째 아들인 수왕의 부인이었으니 며느리인 것이다. 현종의 비(妃) 무혜비(武惠妃)는 2년 전에 병으로 사망했다고 한다. 이때 현종의 나이는 61세이고 양귀비는 27살이었다. 양귀비의 사촌오빠인 재상 양국충이 안녹산의 난 때 부하가 안사의 난(安史之亂)을 일으켜 양국충을 죽이고 양귀비를 죽여야 현종에게 충성하겠다는 반란군의 요구로 현종은 양귀비에게 노끈을 주며 자살을 명했다. 서기 756년의 일이다.

연못 앞쪽 노천에 온천물이 안개를 뿜으며 사방으로 퍼진다. 누구나 씻는 줄 알고 가까이 가서 아내와 손을 씻었는데 더운물 값으로 일 위안을 내라고 해서 꼼짝 못하고 줬다.

여러 건물을 빙글빙글 돌아 계단을 올라가서 오간청으로 가는 화살표가 보여 그 방향으로 갔다. 작은 연못이 보이고 그 옆에 늙은 나무가 있다. 손닿는 곳에 손때가 많이 묻어 있는 나무가 연못 쪽으로 굽어 있다. 이 나무는 석류나무로 수령이 1,300년 된 나무라는 기록이 있다. 이 나무를 남자가 만지면 여복(女福)이 있고 여자가 만지면 남자 복이 있다 하여 지나는 사람은 누구나 다 이 나무를 만져서 매끈매끈하고 손때가 묻어 있다. 필자도 더럽지만 복을 받는다 하기에 한번 만져 보았다.

오간청에도 장개석 대만 총통과 관련된 얽히고 또 얽힌 국공합작으로 오늘의 중국과 대만의 긴 역사와 관계있는 근세사의 현장이기도 하다.

중국의 역사지만 위정자의 별장 호화생활은 우리에게도 시사하는 바가 크다.

『문학생활』 2020. 9월호

최대의 무역도시

10여 년 전 상하이 엑스포를 구경했다. 슬로건은 '도시 삶을 더욱 아름답고 풍요롭게'였다. 200여 개 가까운 나라와 50개 국제기구가 참석한 세계 최대 규모였다. 여러 나라 전시관을 구경할 수 있었다. 그중 영원한 신천지 상하이관을 선택했다. 지난 200년 동안 상하이의 변화하는 모습을 가감 없이 표현한 내용을 천연색 화면을 통해 보며 감동을 받았다.

상하이관은 전체가 큰 배 안이고 여기서 1800년대로 가서 탄 배로 황푸강을 따라 크게 한 바퀴 돌며 아래와 같은 역사를 모두 재현한 영상을 화면으로 관람하였다. 상하이는 송대(宋代) 에 신흥 무역 항구가 되기 시작하여 명대(明代)에는 최대의 면방직업 중심지로 부상하였다. 산업 공업 무역으로 경제가 발전했다. 청대에는 정부가 상하이에 세관을 설립하면서 점차 해외로 통하는

무역항으로 중국 동남부의 중요한 항구가 되었다는 항구의 전경을 보여준다.

화면은 국가의 치욕적인 장면도 가감 없이 컬러로 이어졌다. 1840년경에 영국과 중국은 아편전쟁을 했다. 전쟁은 당시 세계를 지배하던 영국의 완승으로 끝났다. 전쟁에 패한 중국의 상하이는 외세 강압에 의하여 통상 항구로 개항되었다. 영국, 프랑스 등이 상하이로 들어와 외국인이 직접 관리하며 행정권과 치외법권을 가지는 조계지(租界地)를 설치함으로써 '나라 속의 나라'를 형성한 치욕을 감수할 수밖에 없었다.

그 후 100여 년 동안 상하이는 외국인들이 중국에서 상품을 싸게 팔고 원료와 재물을 저가로 약탈하는 중계지로 '모험가들의 낙원'이 되었다. 이러한 와중에 중국의 민족 산업인 경공업, 방직업, 가공업 등은 힘겹게 명맥을 유지하고 있었다. 사사건건 외국 세력들이 서로 충돌하고 힘겨루기를 계속했다. 수많은 사상가, 혁명가, 문학가들이 나라의 주권과 민족의 해방을 찾기 위해 호소하고 외치면서 투쟁을 전개하는 모습도 길게 설명했다.

외탄의 서구식 건축물들이 식민 통치 시대의 산물이라면 루쉰(魯迅)의 옛집 쑹경링(宋慶齡)의 옛집 등은 중국인들의 굴절 없는 반항 정신의 상징으로 볼 수 있다.

옛 영국 지배하의 상하이는 기형적인 도시였다. 그러나 최근 반세기 넘게 중국 정부는 거대한 규모의 개조와 건설 작업을 진행하여 세계적으로 유명한 대도시로 부상시키는데 성공했다. 현재는 중국 최대의 대외 무역항구와 공업 기지이다. 또한 중요한 금융 과학 기술 문화와 무역의 중심지로 호화롭게 선전하고 있다. 예로부터 상하이는 상점이 많고 상품도 다양하고 품질이 좋고 서비스가 좋기로 소문난 곳으로 알려져 있다.

난징로와 노성 황묘시장(老城隍廟市場)은 많은 쇼핑객이 찾는 곳들이다. 인구가 밀집하고 번화한 도시지만 많은 관광객들이 휴식을 취하고 유람할 만한 곳이 다른 도읍지만은 못해도, 여러 곳에 볼거리를 제공한다. 상하이 전체 역사의 소용돌이를 배 안 영화관에서 30분 동안 모두 볼 수 있었다.

외탄 근처 길 건너 쪽에 꽤 높고 가지런하게 솟아 있는 고풍경의 고층 빌딩들은 당시 영국과 프랑스가 설립한 영사관 은행

상사 신문사 건물들이었다. 보기는 좋지만 패망한 국가의 치욕적인 건물이었으나 홍콩과 같이 20여 년 이전에 모두 원상회복되었다고 한다.

황푸 강변의 외백도교에서 연안동로에 이르는 약 1.5km 구간을 외탄(外灘)이라 부른다. 지난해 6월에 외탄에서 날씨는 조금 흐렸지만, 아내와 같이 황홀한 야경을 구경했다. 황푸강 건너 야경을 자랑하는 동방명주빌딩을 비롯한 고층 빌딩들의 위용이 대단했다. 100층이 넘는 빌딩 관망대에서 사방의 야경을 실컷 보았다. 약간 겁도 났지만, 불꽃놀이 같은 화려함에 시간 가는 줄도 모를 지경이었다. 기념 촬영도 하며 즐겼다.

150여 년 전 외세의 침략으로 어려웠던 상하이가 지금은 중국 최대의 무역 도시로 위용을 자랑하고 있다. 관광지로도 각광을 받고 있다. 갈 때마다 많은 것을 생각하고 여러 가지를 배웠다.

2020. 09

장계의 시 한 수

정문으로 들어가면 바로 대웅전이 나온다. 대웅전 앞에서 들어온 정문 쪽을 보면 대웅전을 바라보고 있는 불상이 문 옆에 있다. 이 불상은 대웅전의 주 불상인 석가모니상을 지키는 일을 하고 있다고 한다. 대웅전 왼쪽에는 오백 나한당(羅漢堂)이 있다. 이는 부처님이 되고 싶은 신도들의 화상을 모신 곳이라고 한다. 대웅전 바로 앞에는 큰 향로가 있는데 불공드리러 온 신도들이 향을 한 묶음씩 태운다. 향냄새가 코를 찌르고 눈이 따끔따끔해서 서 있기가 힘들었다.

대웅전 옆 뒤쪽으로 가면 8각형 2층 건물 위에 청종석(聽鐘石)이란 종이 있다. 한 번 칠 때마다 돈을 받는다. 한번 치면 10년이 젊어진다고 전해온다. 줄을 서서 기다려야만 칠 수 있다. 필자도 오래 살고 싶어서 줄을 서서 기다려서 몇 번 쳤다. 청종석

(聽鐘石) 앞을 지나 골목길로 조금 가면 삼장법사 불상이 있는 작은 사당이 나온다.

명말(明末) 4대 기서인 『서유기』를 보면 당나라 때 삼장법사(三藏法師)가 이 절에 와서 하룻밤 자고 갔다는 기록이 있다. 그런 연유로 절 한쪽 사당에 삼장법사의 불상을 모시게 되었다고 한다. 3인의 불상이 있는데 가운데 것이 삼장법사이고 왼쪽은 일본 삼덕 스님이고, 오른쪽은 중국인이라는 설명이 있다. 마당에는 4개의 종이 있다. 무게가 큰 것은 5톤부터 3톤, 2톤, 1톤의 순서로 달려 있다. 종을 만지면 장수한다고 하여 손이 닿는 부분은 매끈매끈하다. 이 종은 일본 제품이란 기록이 있다. 일본 침략군이 원래 있던 이 절의 큰 종을 군사 목적으로 쓰려고 일본으로 가져가다가 물에 빠뜨리고 얼마 후 운반하기 쉬운 작은 종 4개를 만들어 주었다고 한다.

한산사 지붕에는 서유기 그림이 있다. 서유기에 삼장법사가 다녀간 때문인지 모르겠다. 대웅전 뒤에 있는 대전(大殿)은 한산사 내에서 특별한 건물이다. 1층은 한습전(寒拾殿)이고 2층은 장경루(藏經樓)이다. 여러 시설물들이 있었는데 문화혁명 때 많이 훼손되었다고 한다.

한산 스님은 어려서 부모님이 돌아가셔서 어렵게 살다가 8세 때 노스님을 만나 한산사에 들어오게 되었고, 후에 한산사의 주

인이 되었다고 한다. 한산사에는 전설이 있다. 당 태종 연간에 한산(寒山)스님과 습득(拾得)이라는 두 청년이 있었는데 둘은 어려서부터 절친한 친구였다. 한산은 청산만(靑山灣)에 사는 처녀를 사랑했는데 이 처녀는 이미 한산의 친구인 습득과 사랑을 나누는 사이였다. 한산은 이 사실을 알고 습득의 혼사를 성사시키기 위해 고향을 떠나 가출하여 홀로 쑤저우에서 수행을 했다. 친구 습득은 후에 사실을 알고 한산을 찾아가 함께 불문(佛門)에 입적하게 되었다. 이후 한산사에서는 한산과 습득을 모시게 되었다는 전설이다.

정문 앞에는 호성하(滬城河) 같은 물이 흐르는 운하의 지천이 있는데 다리 2개가 있다. 현장을 가 보니 흐르는 물도 개울물 수준이고 두 다리도 낡아서 볼품이 없었다. 풍교와 장충교가 그것이다. 100여 미터가량의 두 다리 사이에 배를 타는 작은 선착장이 있다. 이 선착장에 장계(張繼)라는 나그네가 장안(지금의 시안)으로 과거 시험을 보러 갔다가 세 번째 고배를 마시고 고향으로 가던 도중, 그가 탄 배가 이곳에 정박했을 때, 한밤중 한산사의 종소리가 들려 수심에 찬 그에게 시상을 일으켜 시를 지었다고 한다. 7언 절구 4행시다.

풍교야박(楓橋夜泊)

　　　　　　-장계(張繼)

월락오제상만천(月落烏啼霜滿天)
강풍어화대수면(江楓漁火對愁眠)
고소성외한산사(姑蘇城外寒山寺)
야반종성도객선(夜半鐘聲到客船)

달은 서산에 지고 까마귀는 슬피 울고 하늘에는 찬 서리가 가득한데
강에는 단풍 들고 고깃배 등불 마주하고 수심에 찬 선비 졸고 있는데
쑤저우(蘇州)성 밖에 있는 한산사로부터 한밤중을 알리는 종소리가
나그네가 탄 배까지 들리는구나.

한산사는 쑤저우 시내 중심 서쪽 시가지에 있다. 사찰은 대부분 깊은 산속 명당에 있는데 이 절은 시내 변두리 평평한 개울

가에 있다. 서기 502년에 묘리보명탑원(妙利寶明塔院)이라는 이름으로 창건되었다는 기록이 있다.

당나라 기승(奇僧) 한산이 이곳에 초암(草庵)을 짓고 후에 법사(法嗣) 희천 선사 석두(石頭)가 가람(伽藍)을 창건하여 한산사라고 불렀다고 전해진다. 한산은 당시 습득(拾得)이 머물고 있던 천태산국청사(天台山國淸寺)에 드나들었으며 습득과 함께 전설적인 불자(佛者)이고 시승(詩僧)인데 그 한산의 이름을 따서 한산사라고 지었다고 하나 사적(事跡)은 거의 찾을 수가 없다고 한다.

송나라 때 보문선원(寶門禪院)이라 개칭했고, 명나라 때는 칠당가람(七堂伽藍)도 갖춘 명찰(名刹)이었다. 그 후 몇 번의 전란으로 다섯 번이나 불에 타고 현재의 건물은 청나라 말엽에 재건된 것이라는 설명이 있다.

한산사 정문 안쪽에도 '풍교야박' 원문이 액자에 걸려 있다. 복사본은 절 근처 여러 상점에서도 맨 앞에 내놓고 판매하고 있다. 가격이 비싼 편이지만 복사본을 샀다. 한산사는 규모는 작지만 시 한 수로 지금도 중국 교과서에 실릴 만큼 유명하다. 당나라 시인 장계가 읊어 유명해진 시, 「풍교야박」 때문으로 생각했다. 장계는 시험에는 낙방했으나 시 한 수로 중국 역사 속의 유명한 시인으로 인정받게 된 것 같다.

『생활문학』 2020. 여름호

심부름꾼

지금도 골프 모임에는 회장과 실무를 담당하는 총무가 있다. 총무는 할 일이 많다. 사전에 참석 인원에 알맞은 회의장도 예약해야 한다. 회장과 상의도 하지만 거의 총무가 결정한다. 현장에서 식사는 무엇으로 할지? 회원들의 의견을 물어 통일할 것인가를 정해야 된다. 그늘집의 간식도 각자 할 것인지 혹은 통일을 해야 할지도 결정해야 된다. 정해진 연회비 받는 일도 총무의 몫이다.

참가상의 상품 정하기, 메달 우승 장타 근접상 등의 상품 정하기, 컴퓨터가 흔하지 않던 시절에는 총무가 수기로 전체 출석 인의 스코어를 적어 등수 등을 정리했다. 메달 장타상은 거의 고정되어 있는 모임이 많다. 그래서 친목을 위해 1년에 몇 번으로 회칙에 규정을 두는 모임도 많이 있다. 그해 스코어를 찾아 선수와 횟수를 찾아 정리해야 된다. 원만하게 조를 짜는 일이 쉽지 않다. 모임에 따라 다르지만 회원에 따라 나는 어느 국회의원과 같이 치고 싶다는 의견을 준다. 어떤 회원은 어느 장관과 어떤 회원은 어느 총장과 또는 기업회장과 조를 짜 달란다. 총무가 제일 하기 힘든 일이다. 총무를 10여 년 하면서 회원 모두가 만족하는 조를 만들기가 어렵다는 사실을 실감했다. 매월 하는 운동이 즐겁다기보다는 괴로울 때가 많았다.

원만한 진행을 위해 몇 가지 방법을 생각했다. 첫째는 같은 숫자 4장씩을 만들어 제비를 뽑는 방식이다. 원로들은 대체로 협조해 주는데 특정인과 같이하고 싶은 회원은 불만이 많다. 어떤 방법을 찾아야 한다. 두 번째는 도착순으로 하는데 특정인과 같이 하고 싶다는 단골 회원에게는 하루 전 전화를 걸어 미리 오셔서 접수대에 서 있다가 희망 회원이 등록할 때 얼른 다음에 이름을 쓰라고 전하기도 했다. 앞 순서를 안 보고 같이 치고 싶은 회원이 오면 얼른 다음에 끼었는데 5번이나 9번에 걸릴 때는 난감하다. 다음은 총무가 임의로 정하기도 한다. 나이순으로 정하는 방법, 남녀를 골고루 안배하는 방법, 3인이 운동할 때 선택하는 방법, 바빠서 9홀만 치고 간다는 회원의 조 짜는 방법, 나는 누구와는 같이 운동하기 싫다는 회원의 의견도 들어주어야 한다.

회원 중 나는 누구와 꼭 치고 싶다는 요청이 있는 달에는 제비뽑기로 조를 짠다. 희망자는 2조인데 4조에 걸리면 2조가 총

무인 경우 바로 4조 회원과 바꿔서 2조에 가게 한다. 안 될 때를 대비하여 친한 친구회원에게 사전 부탁해서 희망 조와 바꾸는 방법도 동원한다. 아무리 노력을 해도 회원 모두를 만족시키는 묘수는 없다. 대부분의 회원들은 총무가 짜 준 순서대로 잘 도와준다. 몇 명이 주장이나 고집을 부릴 때 다음 달에 잘해드리겠다며 솜같이 부드럽게 처리하면 외부 노출 없이 순조롭게 진행이 된다.

참가 상품은 거의 총무가 결정한다. 거기도 몇 명은 불만 표시를 하기도 한다. 저녁 식사를 정할 때도 수십 명이 식성이 다 같지 않기 때문에 불만을 표시한 사람도 있다. 한 단체 모임에서 10년 가까이 총무를 하니 회원들의 식성도 조금은 알기에 무리 없이 처리했다. 가격도 생각을 하면서.

골프장 예약은 대개 연 부킹을 하지만 회원이 반으로 줄면 예약의 일부를 취소해야 할 때도 있다. 그래서 출석을 독려하려고 여러 회원에게 두 번 정도 전화를 하는 것도 총무의 일이다. 운동 끝나고 할 일이 많은 총무는 앞 조에 나가야 되는데 사정상 뒤로 밀리면 샤워도 못 하고 스코어 계산 식사 정하는 등 바빠서 저녁을 못 먹을 때도 있다.

연말 모임에서는 다음 해 회장 총무를 결정한다. 골프장도 정한다. 회원권 있는 회원이 자기 골프장에서 월례회를 하자고 고집하기도 한다. 거의 회원권이 몇 개씩 있는 회원들이니까. 이때도 부드럽게 해결하는 지혜가 필요하다. 충분히 토론해서 서울 중심에서 근접성과 의견 제시자의 위상 등도 참고한다. 입장료도 회원은 가격이 싸고 비회원은 비싸니 자기가 회원권 있는 곳을 요구하는 것은 당연한 생각일 수도 있다. 토의를 거처 N분의 1로 하기도 하는 운영의 묘가 필요한 부분이다.

88올림픽 전후에는 사업이나 취업 영전 등의 필요에 따라 대화의 상대를 찾아, 긴 시간 대화를 할 수 있는 좋은 장소로 골프장을 생각하던 시대였었다는 생각을 했다. 그때 총무는 심부름꾼이지만 권리 의무가 막강한(?) 무보수 봉사직이었다. 자기 이름도 널리 알려지고 여러 회원과 직접 통화도 자유스러워 좋은 점도 많았다. 이권을 찾아 대화 장소로 활용하던 시대는 옛날이야기다. 한때는 심부름꾼 하던 시절이 그리울 때도 있었다. 요즘은 많이 달라졌다. 세월이 흐르니 금석지감(今昔之感)의 감회가 새롭다.

『한국문학인』 2020. 가을호

금각사

이곳은 금빛 찬란한 절로 1300년대 건립하고 금각사(金閣寺)라 했다는데 이곳을 산장으로 쓰던 아시까(足利)가 죽은 뒤에는 녹원사(鹿苑寺)라고도 불렀다고 전한다. 금각사라는 이름은 연못 위에 세워진 3층짜리 누각에 2, 3층을 금으로 칠했다고 해서 붙여진 이름이란다. 귀족풍의 정전(正殿)과 중국의 선종사원 양식을 도입한 건축 양식이 무로마치 시대의 건축미를 보여준다. 금각사를 자세히 살펴보면, 1층부터 3층까지 각층의 건축 양식이 제각각이다. 이유는 처음에 세운 원래의 건물이 70여 년 전 방화로 불타고 5년 뒤 복원작업을 하던 도중 누군가의 실수로 이렇게 되었다는데, 절 남쪽 연못 건너 쪽에서 보면 모두 같아 보인다.

그림엽서에 꼭 나오는 이 절이 유명한 이유는 미시마 유키오(三島由紀夫)가 쓴 소설의 배경으로 등장했기 때문이다. 어린 사마승이 유명한 건물인 금각사가 아름다움에 도달하지 못함을 고민하던 끝에 금각사를 불태워 버린다는 이야기다. 삼도 유기부는 20세기 일본 최고의 소설가 극작가로 『가면의 고백』『금지된 색』을 썼고 마지막 작품으로는 일본을 무대로 쓴 『풍요의 바다』가 유명하다.

현장을 가 보면 그렇게 대단한 절은 아니다. 그러나 교토 관광에는 핵심 코스로 모든 관광객들이 거쳐가기 때문에 대단히 번잡하다. 금각사 남쪽에는 큰 연못이 있고, 연못 가운데에는 멋있는 한 그루의 소나무가 서 있다.

절에서 50미터 정도 거리인 남쪽 연못가에서 구경하고 그곳에서 기념 촬영하면 아주 좋다. 이 절은 건물에 칠한 금을 누가 긁어 갈까 걱정이 되어서인지 건물 접근이 금지되어 있다. 금각의 원래 이름은 샤리덴(舍利殿)이었다고 한다.

본래는 재벌 가문의 별장이었는데 무로마치 시대의 3대 쇼군에게 바친 이후, 주변의 주거 건물이 대규모 별장으로 발전했다. 이 중에서도 샤리덴은 가장 정성을 다하여 지은 건물이란 기록이 있다.

샤리덴이 언제부터 금각사로 불리게 되었는지는 정확하게 알 수는 없다. 기록에는 오닌(應仁) 천왕 때 오닌의 난이 일어난 이후부터 금각이라는 이름이 등장하며 분메이(文明) 천왕 때 쓰이기 시작했다고 한다. 쇼군 요시미쓰가 죽은 후 유언에 따라 별장은 녹원사(鹿苑寺)라는 선종 사찰로 이름이 바뀌었다고 전해지고 있다.

지금까지 제자리를 계속 지켜온 금각사는 무로마치 시대의 건축 양식과 분위기를 그대로 간직한 대표적 건물로, 지금도 일본인들의 사랑을 받고 있는 것 같다. 금각사의 각층은 서로 다른 건축 양식을 보이는 것이 특징이다. 1층은 왕실의 침전인데 법수원(法水院)이라고 부른다. 2층은 사무라이 가옥으로 꾸며졌으며 조음동(潮音洞)이라 하고, 3층은 중국풍의 선종 사원 같다. 40여 년 전 수리를 하고 10여 년 후에 금박을 다시 입혔다고 기록하고 있다.

필자가 1990년에 갔을 때는 2층과 3층이 산뜻하게 새집같이 보였다. 관광객들이 금각사에 관심 갖는 이유는 건물 전체를 모두 금으로 칠한 줄 알고 있기 때문이다. 가까이 가서 보니 실지는 금박이 2층 3층 외벽과 난간에만 칠해져 있다. 앞에 있는 연못은 경호지(鏡湖池)라 하는데, 바람 없는 오후에 남쪽에서 보면 금각 건물이 연못 속에 똑같은 모습으로 거꾸로 서 있는 물속 그림자를 볼 수 있다. 경호지는 거울 같은 호수라는 뜻으로 물 가운데 자리 잡은 소나무와 바위의 운치가 한층 돋보인다. 위원도(葦原島)라 불리는 섬 위 돌들에는 창산석, 적송석 등의 이름이 있다. 경호지를 둘러싸고 있는 정원도 무로마치 시대 회유식 정원으로 흔히 볼 수 있는 정원이 아니라고 안내자는 설명했다.

제2차 세계대전에 패망한 일본이 전국 중요 도시마다 집중 폭격을 받았지만 교토에는 단 한 발의 포탄도 떨어지지 않았다고 한다. 전쟁의 불길에서 피할 수 있었던 것은, 금각사 등 주변 문화재 보호에, 하늘이 도운 것으로 생각하고 있다. 금각사 3층 지붕 위에 봉황새 장식은 주위의 경보장치와는 잘 어울리지 않지만, 금각사의 아름다움을 완성시키는 데는 손색이 없어 보였다.

명당이라 그런지 주변에는 여러 개의 절이 있다. 몇 년 전에 가서 모두 보았다. 고태사(高台寺)는 도요토미 히데요시가 부인을 위해 세운 절이라고 한다. 인화사(仁和寺)는 800년대 완공된 우다 일왕이 퇴임 후 첫 번째 주지가 된 절로 유명세를 타고 있었다. 천용사(天龍寺)는 9세기에 일왕 사가가 지은 절이라고 하는데 왕궁과 같은 느낌이 들었다. 바다를 상징하는 흰 모래밭에 섬을 상징하는 십여 개의 작은 바위들이 잘 어울리게 흩어져 있는 곳도 특이하게 보였다.

주변은 교토에서 가장 아름다운 거리로 소문나 있다. 여러 번 가 보았으나 지금도 금각사는 일본 최고의 관광지로 손색이 없다는 생각을 했다.

『문학생활』 2020. 겨울호

고태사(高台寺)

민속 문화촌을 보고

중국 남부 심천 근처에 있는 민속 문화촌을 찾았다. 중국 전체에서 제일 먼저 여러 민족의 향토 예술, 민간 풍속 민속 건축을 한곳에 모아 놓은 대형 문화 관광촌이다.

먼저 간 곳이 조선족 집이다. 안마당 왼쪽에 있는 문 앞에 사합원(四合園)이라 쓰고 여러 나라 글로 긴 설명이 있다. "조선족은 인구가 200만 가까이 되고 지린성(吉林省)과 헤이룽장성(黑龍江省) 랴오닝성(遼寧省) 몽고자치주구(蒙古自治州區)에 살고 있다. 조선족은 조선어와 조선 문화 한글을 가지고 있다. 지린성 연변(延邊)에 많이 살고 있다"라고 설명을 붙여 놓았다. 우리나라 전통적 기와집에 들어갔다. 안채와 바깥채가 따로 있고 안채에는 안방과 마주 보는 건넛방이 있다. 장죽 담뱃대와 재떨이도 있다. 안마당도 있고 바깥마당도 있다. 양쪽 의자에 앉아 증명사진도 찍을 수 있게 되어 있다. 몇 장 찍었다.

다음 간 곳이 이슬람교 사원이다. 무슬림 건축물 1층에 들어가서 안쪽을 보았다. 1층에는 판매장을 만들어 특산물을 판매하고 있다. 바로 옆 건물이 위글리족 문화관이다. 인구가 770만여 명 되는 소수민족이나 인구수로는 비중 있는 나라다. 몽골족의 집을 보았다. 유목민이라 유목생활의 적합한 집을 지었다. 가운데 기둥을 세우고 둥글게 텐트를 쳤다. 한 곳에만 문을 내고 드나들게 했다. 세계적 영웅 칭기즈칸을 배출하여 중국과 세계를 통치한 민족이라 위치를 표시한 지도의 1번 자리를 주었나 생각했다. 인구는 500만이 조금 못 된다는 기록도 있다.

한나라의 전통 민가인 황토로 만든 땅굴집도 보았다. 건축비도 절약되고 겨울에 따뜻하고 여름에는 시원하다고 설명했다. 모택동도 이런 곳에 살았다고 한다. 중국 원주민 격인 한족(漢族)의 전통을 이어오고 있는 주택의 한 형태다. 지금의 위치는 시안 지역 황토고원 지역이다. 서쪽으로 조금 가니 오른쪽 언덕 위에 남봉탑(南峰塔)이 높이 솟아 있다. 불교의 경전을 보관하던 탑으로 민속촌에서 제일 높게 보인다. 날이 저무니 네온 불빛이 주변 멀리까지 현란하게 비추었다.

여족부락을 보았다. 해남도에 사는 소수민족이다. 해남도에서 가져왔다는 야자나무가 길 양쪽에 보기 좋게 길게 서 있다. 몸에 문신을 하기 좋아하고 팽이놀이를 잘한다고 안내했다. 대나무 춤도 잘 춘다. 100만여 명이 살고 있다는데 주로 대나무로 바다

옆에 집을 짓는다고 한다. 실지로 대나무 춤도 추고 야자 깨는 법도 시범을 보여주었다. 몇 년 전 해남도를 가서 여족부락을 찾아보았으나 현지인도 여족이 있는지도 몰라 찾지 못했다.

다음 간 곳이 지도의 16번 경파족(景頗族) 부락이다. 인구 12만의 소수민족으로 윈난성에 많이 산단다. 몸에 무거운 보석을 달고 나와서 인사를 했다. 경파족은 나무에 잘 올라간다. 못 올라가는 사람은 장가를 못 간다. 결혼예식에 시범도 보여준다. 나무 타는 것은 필수조건이다. 소수민족이라도 자기 나라말인 경파어(景頗語)가 있고 그들의 글 경파문(景頗文)이 있다. 언어와 문자가 있는 소수민족이다. 다음 와족의 사는 곳을 갔다. 와족은 피부가 검다. 인구는 35만여 명으로 머리를 길게 묶고 다닌다. 미인 선발대회도 한단다. 여자의 지위가 높은 민족이다. 미국 인디언들과 비슷하게 보였다. 길(吉)한 상품이라며 그들 특유의 상품을 판매하고 있었다.

21번은 하니족이다. 통나무로 된 2층집을 짓고 산다. 마당에 그네를 매 놓고 뛴다. 집안 마당에도 그네를 만들어 놓고 자주 탄다고 하며 시범을 보였다. 발을 보니 3살 정도의 아이 같이 작다. 옛날에는 여자가 도망 못 가게 어려서부터 발을 못 자라게 싸매서 길렀다. 지금도 홍콩민속박물관 신발 전시장에 가면 전시품을 볼 수 있다.

민속촌 20번 자리에는 천수천안 관음보살(千手天眼觀音菩薩) 부처가 있다. 손이 천 개요 눈이 천 개라는 관음보살상 부처님이다. 가까이 가서 보니 징그럽게 보였다. 보살상 앞에서 아내와 사진 촬영을 하는데 어디서 듣던 음악 소리가 들렸다. 타이완의 원주민이 부르는 노랫소리다. 옆을 보니 타이완 고산족 원주민의 집이 보였다. 견본 집이긴 하지만 타이완 우레이 민속촌의 집과는 비교가 안 되는 초라한 집이다.

25번을 보니 머서인 목릉 방이 있다. 인구는 5만 정도로 윈난성에 살고 있다. 모계씨족 소수민족이다. 성 해방 민족이란다. 여자가 호주이고 재산은 모두 여자의 것이다. 아이가 태어나도 남자는 부양 권리가 없다. 남자는 권위나 지위는 없고 돈을 벌면 모두 여자에게 준다. 결혼 후 7년 동안은 저녁에 왔다가 아침에는 자기 집으로 간다고 설명했다.

인구 30만이 채 안 된다는 소수민족 납서족(納西族)이 있다. 상형문자를 쓰는 민족이다. 나무를 잘라 상형문자로 된 액자를 만들어 판매하고 있다. 액자를 가지면 무병장수한다 해서 액자 2개를 샀다. 상형문자를 쓴 원형 액자는 수공예품이라 비쌌다. 이 목각을 집안에 두면 장수한다는 전설이 있다고 설명했다. 아내의 장수를 위하여 두 개를 샀다. 이들은 쓰촨성 화서 상향지구에 많이 산다는 설명이 있다. 지도 27번인 동족은 민속촌 구내 도로 물가에 있다. 같은 종족끼리 북을 쳐서 서로 연락을 주고받는단다. 이들이 사는 곳에 호수를 가로지르는 보기 좋은 다리가 있다. 풍우교로 비가 올 때 수량을 조절하고 바람을 막는 다리라는 뜻이다. 조경의 의미도 있는 인공호수이다. 근처는 식당이 많다. 좡족(莊族)에 대한 설명도 있다. 자치구 소수민족 중 인구가 제일 많다. 1,500만 명 정도라고 설명했다. 고유문화의 풍습이 많은 소수민족으로 베트남 쪽에 많이 산다고 한다.

지도에 21번으로 표시된 합니족 부락을 보았다. 인공호수 남쪽 민속음악 분수대 근처 동쪽에 있다. 이 민족은 공작새를 많이 기른다. 새장에 새를 넣어 가지고 다니는 종족이다. 외출할 때 새 둥지나 새장을 가지고 다닌다. 멋으로 가지고 다니는 것 같았다. 풍우교(風雨橋)를 옆에 끼고 묘족부락을 지나는데 길옆에 그림 그리는 사람이 있다. 사람의 옆모습만 그리는 화가란다.

유기배라는 이름표가 보였다. 서 있는 사람의 옆모습을 30초면 다 그린다. 보통 노점상인으로 알고 있다. 주위 설명을 보니 중국의 국보급 인물인데 길옆 노상에서 사람 옆모습을 그려주고 한 장에 5달러를 받고 있지만, 국가에서 월급을 받는 공무원이라고 한다. 민속 문화촌을 활성화시키기 위하여 노점에서 일하게 했다고 한다. 아내와 마주보는 그림을 한 장 그려 받았다.

축소된 민속 문화촌을 반나절에 다 보았다. 중국에 이렇게 많은 소수민족이 가까이 사는 모습을 보고 참 복잡한 나라임을 실감했다. 민속 문화촌을 보고 나오면서 많은 생각을 했다.

『수필문학』 2021. 1,2월호

심천 민속 문화촌

모교 후배들의 통 큰 봉사

베트남 하노이에 한국 학생만 다니는 한국인 국제학교가 있다. 세계 여러 나라에 한국인 학교가 있으나, 하노이에 한국 국제학교는 특별한 인연이 있다. 학교 재단이사장을 대학 후배가 맡고 있기 때문이다. 하노이에서 수십 년 사업을 해서 좋은 일을 많이 하고 있는 훌륭한 후배들이다. 초대 이사장도 처음 초등학교와 중등학교를 세우고 교육인적자원부의 인가를 필한 능력 있는 십여 년 후배였다. 초대 이사장은 2대 3대까지 이사장을 지냈다. 4대 이사장은 2018년 5월에 취임했다.

2006년에 처음 초등학교 인가를 받고, 다음 해에 중등학교 설립인가를 받았다고 말했다. 해가 갈수록 학생 수가 급격히 늘어 2012년 3월에 김 이사장의 노력과 베트남 정부의 협조로 신축교사를 증축하여 이전했다고 한다.

하노이 한국 국제학교

2012년 430명이 다녔는데 3년 후에는 840여 명으로 배 가까이 급증했다고 설명했다. 몇 년 사이 하노이 근교에 한국 대기업이 들어와 핸드폰 공장과 부품을 생산하는 기업들이 많아졌다. 학교에서 한 시간 거리 정도 안에 있어 현지 주재원들의 자녀들도 많이 입학한 원인도 한몫을 했다고 선생님이 귀띔해 주었다.

신축교사는 1만 6,000여 평방미터 부지에 연건평도 1만 5,000 제곱미터에 이른다. 2018년 3월에 갔을 때는 학생 수가 1,783명으로 2015년에 갔을 때보다 배 이상 늘었다는 설명도 들었다.

7년 전에 갔을 때는 초등학교 선생님 20여 명 중등학교 선생님도 20여 명 행정직원 10여 명으로 총 50여 명이 근무하고 있었다. 2018년 봄에 갔을 때는 먼저 근무하셨던 교장 선생님이 전근하셨다. 2015년 8월에 새로 김 교장 선생님이 부임하셨다고 한다.

새로 오신 교장 선생님과 학교에 관한 여러 가지 대화를 했다. 교장 선생님은 대학 후배 재단 이사장과 함께 교내 여러 시설을 안내해 주셨다. 도서관을 들렀다. 많은 책들이 잘 정돈되어 있었다. 넓은 도서관 한쪽에는 책꽂이만 있고 책이 없었다. 교장 선생님께서 아직 도서관이 신축한 지 얼마 되지 않아 책을 다 못 채웠다고 설명했다. 서울에서 책을 조금 보내드려도 되겠느냐 의견을 물으니 보내주시면 고맙겠다고 하셨다.

돌아와서 본인이 쓴 책과 아내가 출간한 책을 포함하여 중고등학생들에게 도움이 될 만한 책을 골라 40여 권을 항공우편으로 보냈다. 얼마 후 김 교장 선생님이 책을 잘 받았다는 메일을 보내주셨다.

성균관대학교 출신들이 학교의 재단을 맡고 있으나 베트남 정부도 많은 지원을 하고 있다고 설명했다. 초중고 교사의 현지 발령은 모국에서 선발하는데 희망하는 교사가 많아 최고의 우수 교사들이 선발되어 부임한다고 자랑했다. 교장도 경쟁이 심하다며 교장으로 부임한 것을 영광스럽게 생각한다고 말했다.

2018년 하노이 국제학교에서 고등학교 졸업 후 한국 대학에 많은 학생이 유학을 왔다고 설명했다. 서울대학교를 비롯하여 연세대학교 고려대학교 등에서 많은 학생들이 유학하고 있다고 자랑했다. 성균관대학교도 8명이나 입학했다며 20여 대학 입학자

명단을 보여주었다.

2019년 11월 성균관대학교 동남아연합동문회 대회를 인도네시아 발리에서 개최하였다. 모교에서 총장을 비롯하여 동문 30여 명이 갔다. 동남아 여러 나라에서 100여 명이 모여 행사를 했다. 여기에서 이 이사장도 만나고 김 전 이사장도 만났다. 행사 후 친선 골프대회도 열렸다. 경기장에 나가니 생각지도 않은 김 전 국제학교 이사장과 한 팀이 되어 즐거운 시간을 갖기도 했다.

지금 베트남 하노이에 있는 한국인 국제학교는 학생이 너무 많아 즐거움을 만끽하고 있다고 김 전 이사장이 함께 운동하면서도 자랑을 했다. 모교 후배들이 외국에서 활발한 기업 활동과 국가를 위해 통 큰 봉사를 하고 있음을 보면서 선배로서 마음이 흐뭇했다.

성균관대학교『성대신문』2021.

나의 살던 고향은

가락굴과 절 고개에서 내려오는 개울물은 윗마을 하인이었던 김승돈의 집 근처에서 합쳐진다. 사계절 무릎을 넘나드는 양의 물이 흐른다. 가재, 붕어, 날피리가 많이 놀고 있다. 우리 집에서 조금 아래쪽에 흐르는 개울 옆에는 병풍바위가 있다. 바위 머리 위에는 수백 년 된 다래나무가 사철 그늘을 만들어 준다. 사람의 발길이 뜸한 다래나무 언덕 뒷산에는 할아버지가 인삼 씨를 심어 10년이 지난 후에 캐서 손자인 나를 먹이셨다고 한다. 나중에 안 일이다. 고향 경기도 연천군 왕징면 기곡리는 일제 때 텃밭 뒷밭이 모두 인삼밭이었다고 할아버지가 말씀하셨다. 통칭 개성 인삼동네다. 개성과 판문점이 멀지 않은 곳이다.

주막거리에 있는 인민학교까지는 멀지 않은 거리다. 가는 길옆에 꽤 큰 옻나무가 있다. 돌각담도 함께 있다. 옻을 많이 타는 나는 옻나무에서 10여 미터를 돌아다녔다. 먼발치서 옻나무 밑 돌각담에 돌을 던지며 "옻님 옻님 저 씨암탉 잡아먹고 왔어요." 하며 주문을 큰 소리로 말한다. 그렇게 하면 옻이 안 올린다는 어른들의 말을 믿었다.

학교 다니는 길 축동 밖 개울 근처에는 100년은 되어 보이는 오리나무가 있다. 학교 갔다가 오면서 가끔 오리나무를 누가 더 높이 올라가나 시합을 한다. 같은 반이지만 석호와 순덕이는 나보다 나이가 3살이나 많다. 그런데 같은 조건으로 시합을 한다. 그날도 시합을 했다. 오리나무를 누가 더 빨리 높이 올라가서 가지를 먼저 꺾나 하는 시합이다. 급히 올라가서 일등은 했는데 내려오다가 3미터 이상 높이에서 떨어졌다. 땅바닥에 나뭇잎이 깔려서 많이 다치지는 않았으나 팔을 다쳐 여러 날 고생했던 기억이 생생하다.

인민학교 앞 가까운 곳에 듬밭 강(임진강 상류)이 흐른다. 몇 년 전에 갔던 통일전망대에서 남서쪽에 고왕산을 보았다. 학교에서 듬밭 강을 건너면 비사리골이란 동네가 있다. 고왕산은 그 동네 바로 뒷산이다. 여름에 비사리골 가는 다리 위에서 바람 없는 날 흐르는 물을 내려다보면 모래마자, 날피리, 메기, 빠가사리, 쏘가리가 다니는 것을 볼 수 있다. 미역 감으며 다리에서 다이빙하면 스릴 만점이다. 흐르는 강물이 꺾이는 곳의 웅덩이는 깊이가 5미터가 넘는 곳도 있다. 나와 같은 반인 각병이는 겁도 없이 다이빙을 잘한다.

해마다 찔레꽃이 필랑 말랑한 이른 봄철에는 남향 비탈진 밭둑에 작은아버지와 마를 캐러 갔다. 마를 캐시는 작은아버지 옆에서 팔뚝만 한 마를 싸리나무로 만든 소쿠리에 담는다. 마가 잘라진 자리에서는 우유 같은 진이 나오고 구워 먹거나 삶아 먹으면 타박타박해서 맛이 좋다. 개울 건너다가 고무신이 벗겨져 냇물에 떠내려가면 누나가 얼른 가서 집어오던 추억도 잊을 수가 없다.

윗동네 상갑이네 집 마당 옆에는 100년이 넘었다는 밤나무가 몇 그루 있다. 6·25전쟁 때 150밀리 장거리 포탄이 밤 동산에 떨어졌다. 집 근처 밤 동산인데 몇 아름드리 밤나무가 흔적도 없고 움푹 파인 웅덩이가 생겼다. 한가로운 시골 마을이 큰 벼락을 맞은 것이다.

우리집 옆에 있는 석호네 밤나무는 무사했다. 추석이 지나 가을에 밤이 익을 때는 아람 줍는 것도 재미있었다. 밤나무는 여러 종류가 있다. 알이 굵은 왕밤나무, 외톨이 많은 상두밤나두, 추석 때 따는 올밤나무, 서리가 와야 익는 늦밤나무는 서리밤이라고도 한다. 아침 일찍 일어나 먼저 왕밤나무 밑을 뒤진다. 누가 오기 전에 가야 많은 밤을 주울 수 있다. 상두밤나무 올밤나무 밑까지 다 뒤지면 제법 무거울 때도 있다. 밤 동산에 있는 잔 나무 가시도 조심해야 하고 뱀도 잘 피해야 된다.

봄에는 명아주, 삽주, 응아리, 싱아, 소, 질경이 등 여러 가지 나물이 풍성하다. 여름 가을 산에는 산도라지, 귀룽, 벚, 산밤, 산돌배, 산딸기, 잣, 도토리 등 온갖 먹을 수 있는 나무 열매가 많아 제철에는 며칠을 산에서 지낼 수도 있다.

고향을 두고 피난 나온 지도 벌써 70년이 넘었다. 내가 살던 고향 산천은 풍경화의 밝은 그림처럼, 머리에 옛날 그대로 산천 마을이 또렷하게 남아 있다. 서울에서 승용차로 한 시간도 안 걸리는 거리인데, 건강할 때 가 보고 싶다. 생전에 고향 산천을 맨발로 걸어 보았으면 여한이 없겠다!

『계간문예』「고향 주제」2021.

유리 박물관

바람기 섞인 가랑비를 맞으며 위레성에 있는 유리 박물관을 찾았다. 고등학생들이 긴 줄을 서서 순서를 기다리고 있었다. 우리도 순서를 기다려 들어갔다. 국내 최대 규모의 유리조형 예술 체험 테마공원이 많은 기대를 갖게 했다. 세계적 수준의 유리 거장이 보고 감탄했다는 전시장이다. 신비와 환상의 유리 세상엔 350여 점의 유리로 된 작품들이 전시되어 있다. 제주도에 이렇게 훌륭한 유리 박물관이 있는 것을 처음 알았다.

유리는 모양과 색깔에 따라 여러 종류로 나뉘며 그중 가장 많은 유리는 파이렉스 유리와 조명 유리, 강화 유리라는 것도 현장에서 설명을 듣고 보면서 알았다. 파이렉스 유리는 1916년 미국에서 처음 생산한 유리라는 기록이 보인다. 내열 충격성과 화학적 내구성이 좋다고 한다. 보통 말하는 특수 유리는 천문대 등에서 주로 사용하고 있다며 안내했다. 조명 유리는 실내를 밝히는 형광등이 대표적이라고 설명했다. 백열전구는 각 기능에 따라 여러 성분이 있다고 한다. 내열성이 좋은 경질 유리, 가열도가 높은 촬영용 유리, 자동차의 헤드라이트에 사용하는 유리가 있다는 기록도 볼 수 있었다.

최근에는 여성 미용에 유익한 자외선을 투과하여 적절히 치유하는 유리도 개발되었다는 설명도 있었다. 강화 유리는 고온으로 유리 표면을 압축 변형시킨 것이라고 한다. 일반 유리에 비해 강도가 네 배 정도 강하고 내부 충격은 열 배로, 쉽게 깨지지 않는 특성이 있다고 한다. 내열 유리는 급열 급랭에 대단히 강하다는 내용이 있다. 열팽창률이 적어 온도 급변에도 보통 유리보다 내구성이 훨씬 높은 유리라는 설명이 있다.

안내 표시에 따라 안쪽으로 가니 서로 다른 6개의 테다 조형 공원에서 유리와의 특별한 만남의 시작되었다. 본관에서 시작해 총 22개 블록으로 구성된 공원이다. 먼저 유리공예 체험관을 보았다. 유리 색 채벽, 보석 벽, 잭과 콩나무 이야기를 보았다. 세계 유명 유리 작가의 유리 벽과 언어들을 만났다. 첫 번째 코스에서는 유리의 유래 및 기법을 보았다. 거울로 된 미로를 지나갔다. 잘못 들어가니 엉뚱하게도 막다른 곳이 나왔다.

대형유리 조형관을 지나 산업 유리와 소재 전시장을 보았다. 거울 방 체험실, 유리 오케스트라, 유리 마을, 보물섬도 차례로 보았다. 전시장에서는 드문드문 실내도 있기는 하지만 대부분 야외에서 비를 맞고 구경을 해야만 되는 구조였다. 순서대로 보았다. 보석 터널을 지나고 야외에서의 작품 '영원한 약속의 반지'와 유리로 된 하루 방도 보았다. 다면경 체험실을 둘러보고 수십 종의 유리 구두 전시품도 보았다. 보석 호박마차 유리 피라미드 유리 악기 유리 호박밭도 보았다. 모두가 유리로 되어 있다.

유리 집에는 세계 유명 작가의 유리 의자 카페 유리나비 인공폭포와 잉어 연못도 보았다. 유리로 된 말(馬)도 있고, 유리 화장실도 있다. 신라관에는 유리 첨성대도 있다. 유리 화원에는 여러 가지 유리 꽃이 피어 있다. 유리 선인장도 있다.

끝 지점에는 유리공예품 판매장도 있다. 유리공예 체험관에서 여러 가지 유리 워킹 체험도 해 보았다. 산소 버너를 이용해 불로 유리를 녹여서 만드는 '램프워킹 체험'을 통해, 나만의 유리 예술품을 쉽고 간단하게 만드는 경험도 했다. 하늘을 향해 올라가는 동화책 잭과 콩나무, 크리스탈처럼 반짝이는 유리 하르방과 밤하늘의 은하수를 표현한 5,000여 개의 파이렉스 유리 별자리도 좋았다. 유럽에서 볼 수 있는 스테인드글라스와 감각적으로 표현한 현대 조형 예술품도 일품으로 보였다.

조금 지나면 거울과 유리로 만든 세계 최초라는 유리 미로가 있다. 한 바퀴 돌았다. 신데렐라가 신은 진짜 유리 구두와 호박 마차, 수만 개의 보석이 쏟아지는 보석 폭포가 있다. 호수를 잇는 유리 다리와 세상에서 가장 크다는 약속의 반지도 보았다. 사방이 유리로 된 독특한 화장실도 들어가 보았다. 밖이 다 보였다. 모든 것이 유리로 만들어진 카페도 있다. 건물 벽과 실내 의자와 테이블까지 모두 유리로 되어 있다.

갓 볶은 따끈따끈한 커피와 다양한 신선 음료도 마셔 보았다. 물빛이 반짝이는 호수를 바라보며 유리 의자에 앉아 잠시 휴식을 취하기도 했다. 대체로 유명 작가들의 유리 예술 작품을 손에 잡힐 만한 거리에서 볼 수 있다. 충분히 감상할 수 있어 좋았다. 시작부터 방향을 화살표로 표시해 일방통행으로 유도해서 모두를 볼 수 있었고, 내용도 아주 맘에 들었다.

초중고생들의 교육 현장으로 적합한 곳이라 생각했다. 가족 모두가 즐거운 시간을 보냈다. 몇 장의 기념사진도 남겼다.

『문학생활』 2021. 봄호

푸시킨 동상 앞에서

상트페테르부르크시에 있는 박물관을 찾았다. 관람을 간단히 끝내고 좁은 골목길을 건너 근처에 있는 예술 공원을 찾아갔다. 푸시킨 동상을 보러 간 것이다. 조촐한 공원 중심부에 오른팔을 옆으로 벌리고 서 있는 동상을 보았다. 명성보다는 조금 초라한 느낌을 지울 수가 없었다. 옆에는 1800년대 러시아가 낳은 세계적 시인이란 설명이 있다. 혼혈아로 30이 넘어 19세 미녀와 결혼했고 너무나 극적으로 생을 마감했다는 안내인의 설명도 믿어지지 않았다.

푸시킨이 러시아 문학에 기여한 공로는 설명이 필요 없을 정도라고 말한다. 고전주의 시의 엄격한 작시법과 리듬감을 통한 낭만주의적 서정성을 사실주의적인 현실과 결합시킨 창작 세계는 크게 돋보였다. 상징적인 시풍과 미래의 시를 형성한 독특한 시인이었다.

푸시킨의 대표작으로 꼽기도 하는 짧은 시 한 수를 소개한다.

푸시킨 등상

삶이 그대를 속일지라도
슬퍼하거나 노여워하지 말라
슬픈 날을 참고 견디면
기쁜 날이 찾아오리니

마음은 미래를 바라나니
현재는 한없이 우울한 것
모든 것은 하염없이 사라지나
지나간 모든 것은 아름다우리

- 알렉산드르 세르게예비치 푸시킨

이 시는 필자에게도 큰 영향을 주었다. 60년대 자력으로 의식주를 해결하는 어려운 생활을 할 때 즐겨 외웠었다. 책상 옆에 붙여 놓고 미래 희망을 꿈꾸며 열심히 공부했던 친구도 생각난다. 경제개발이 급속도로 진행된 30여 년은 잊고 살았다. 국민들이 생활의 여유를 찾고 교직자들이 은퇴하며 문학 쪽에서 시와 소설 수필을 쓰면서 다시 유명한 시와 수필에 관심을 가지고 전문 문학인 또는 취미로 글을 쓰는 문인들이 유행을 만들어가고 있다.

푸시킨은 근대 러시아 문학의 창시자로 추앙받고 있다. 20대에 수많은 글을 썼으며 대표작으로는 「대위의 딸」을 꼽는다. 문학 여러 장르에 걸쳐 재능을 발휘한 '러시아 국민문학의 아버지' '위대한 국민시인'으로 불렸다. 고전주의 낭만주의 사실주의의 모든 요소를 받아들였으나 때로는 다른 생각을 가진 글을 쓰기도 했다. 국민 생활과 밀접한 시대의 선구자적 사상의 반영으로 그의 문학적 영향력은 따를 자가 없었다.

19세기 명예를 중시하던 러시아에서 유행에 휩쓸리듯 어이없는 결투로 아쉽게 생을 마감한 푸시킨의 결투 장면을 생각하면 허망하기 짝이 없다며 안내인은 설명했다. 시작은 모욕을 당한 사람이 결투를 신청하고 두 사람은 같은 조건으로 무기를 가질 수 있는 결투이다. 신청한 사람이 결투를 포기하면 겁쟁이가 되어 사교계 출입이 불가능할 때다.

푸시킨은 결투를 신청하고 중계인 입회하에 결투장에 들어갔다. 20미터 거리에서 마주보고 제비를 뽑아 먼저 총 쏠 사람을 정하는 규정에 따라 중개인이 결정한다. 총알은 한 알만 주고 먼저 쏜 사람이 상대를 명중시키면 게임은 끝난다. 푸시킨은 뽑기에 져서 우선권을 상대방에 빼앗기고 총알을 방어하게 되었다. 단테스가 먼저 쏜 총알이 푸시킨의 복부를 관통해 치명상을 입고 피를 흘리며 쓰러졌다. 집으로 옮겨졌으나 숨을 거두고 말았다고 아쉬워했다.

결투가 벌어졌던 초르나야 레치카에는 국가적인 시인의 죽음을 애도하는 기념비가 세워졌다고 한다. 러시아가 낳은 시인은 명예를 지키려다가 어이없이 37세에 요절한 것이다.

푸시킨의 동상 앞에서, 수많은 작품을 쓰고 명성을 날리던 과거를 생각하며 사람의 미래는 정말 알 수 없다는 생각을 하면서 동상을 한 바퀴 돌고 껴안았다.

『성동신문』 2021. 5. 25.

지금 홍콩은

홍콩이 중국 땅이 된 후 10여 년 평탄했다. 근래 홍콩이 방송 신문에 자주 기사화되고 있다. 중국과 일국 2체제가 서서히 마찰을 빚고 있다. 30여 년 전 동남아를 자주 다니며 홍콩도 곧잘 방문했던 추억이 남아 조금 이색적인 장면들을 찾아보았다.

아침 식사는 보통 호텔에서 하는데 별식을 한다고 아침 일찍 호텔을 나왔다. 식당으로 가는 좁은 도로에는 수백 년은 되어 보이는 고목이 있다. 원숭이가 넘나들었다는 큰 나무를 보면서 홍콩의 장구한 역사를 생각했다. 황무지 산비탈이 어느새 도시화되어 버린 현재를 생각하면서 도시 혼잡에 몰려 퇴색해 보이는 고목을 뒤로하고 지정된 식당으로 향했다.

아침이라 거리는 모두 생동감이 넘치고 있었다. 예로부터 전쟁의 참화를 겪지 않았던 축복의 땅, 그러나 본토 전쟁의 패배로

홍콩 전경

영국에게 백년사용권을 주었던 땅이지만 발전을 계속한 아름다운 땅이 되었다. 길거리 높이 솟은 고층 빌딩들은 빌딩숲을 이루고 있다. 생활 습관이나 생활 풍습들이 고대와 현대를 넘나들며 공존하고 있음을 확인할 수 있었다.

아침 일찍 염차(飮茶) 집이라고 하는 중국 식당에 갔다. 1층 입구에 있는 예매소에서 대기표를 받고 기다렸다. 한참 후 2층으로 올라가니 수백 명이 앉아 있었다. 아침 일찍 갔는데도 앉을 자리가 없다. 만원이다. 식사를 마치고 나오면 대기표 순서대로 한 사람씩 식당으로 올라가는 것이다. 손님을 보고 놀랐다. 어린아이부터 80 가까워 보이는 노인이 섞여서 기다리고 있었다. 나중에 알고 보니 대부분 가족 전체가 직장을 다니니까 집에서는 식사 준비를 할 시간이 없어서 가족 모두가 집 주변 식당을 이용하는 것이다. 손님 중에는 90이 넘어 보이는 노인도 보였다.

대기표를 받은 노인 고객이 차례가 되니 힘겹게 일어나서 2층 계단을 가까스로 올라가 자리를 배정받아 식사를 하는 모습도 보았다. 계단을 오르기 힘든 노인이 아침 식사를 위해서 대기실에서 한참 기다리는 모습을 보니 안타까운 생각이 들었다. 가족이 모두 한자리 모여서 다정하게 식사를 하는 가정도 많을 것이다. 아침에 만난 홍콩의 많은 노인들을 보니 왠지 인생의 무상함을 느꼈다.

식당에 올라가 자리 배정을 받으니 바퀴 달린 손수레 비슷한 운반구에다가 여러 종류의 빵과 만두 종류와 고기 종류를 싣고 식탁 옆을 돌아다니고 있었다. 음식을 실은 수레가 지나갈 때 자기가 먹고 싶은 것이 있으면 집어서 식탁에 올려놓고 먹으면 되는 것이었다. 수레를 뒤따르는 여 종업원이 내려놓는 음식의 종류와 개수를 체크하여 값을 매긴 후에 식탁 번호를 확인한다. 손님은 식사를 마친 후 카운터에서 계산하면 된다. 처음 갔을 때는 약간 신기함마저 느끼면서 식사를 했던 생각이 났다.

홍콩은 장사가 잘될 것 같았다. 본토와 구릉반도는 인구 밀도가 대단히 높다. 어느 곳을 가도 사람이 홍수를 이루고 있다. 사람이 많으니 아무 장사나 다 잘될 것 같다. 낮보다 밤이 더욱더 북적거리는 곳이다. 사방의 불빛이 현란하게 반짝거리고 거리마다 네온 간판이 찬란하게 홍수를 이룬다. 도로는 그다지 넓지 않다. 사람들은 저마다 무슨 할 일이 그리 많은지 북새통을 이룬다. 밤의 거리는 차와 사람이 뒤범벅되어 아수라장을 방불케 할 정도이다. 밤에는 질서가 없어 보였다. 사람은 많고 땅은 좁은 관계로 빌딩은 하늘 높은 줄 모른다. 쓸 만한 땅은 건물이 잠식해서 남아 남지 못한다. 코로나 창궐 이전의 상황이다.

쓸 만한 땅이 부족하여 그런지 건물들이 대단히 높다. 중심부의 거리에는 마치 연필을 세워 놓은 것 같은 건물들을 많이 보게 된다. 좁은 땅을 최대한으로 이용하고 있다는 생각이 들었다. 새로 지은 건물들은 현대적 감각을 살려서 멋지게 서 있으나 오래된 건물들은 낡고 볼품이 없어 보였다. 낡은 건물들은 중국풍이 많았다. 평지에는 새로 지은 건물들로 꽉 차고 도심에서 조금 벗어난 바닷가나 구릉의 비탈진 곳에는 옛날 풍의 건물들이 많이 남아 있었다. 세계에서도 인구 밀도가 가장 높다고 하니 복잡할 수밖에 없다.

길을 보면 출퇴근 시간에는 주차장 같다. 비행장도 만원이다. 새로 건설한 비행장은 탑승 문이 100개 가까이 된다고 한다. 홍콩은 빈부의 격차가 심한 나라이다. 부자는 돈이 많은 반면 가난한 사람은 날마다 끼니를 걱정해야 한다. 홍콩의 도심도 최상급과 최하급이 공존한다. 세계에서 가장 비싼 물건도 있지만 가장 싼 물건도 있다. 홍콩의 대형 백화점을 몇 곳 가 보았다. 세계 유명 상표는 빠짐없이 진열되어 있고 반면에 싼 물건도 있다. 홍콩에서 가장 인기를 끄는 상품은 보약 종류로 보였다. 인삼과 녹용은 어디를 가나 인기가 있었다. 인삼은 한국산이 최고의 대접을 받고 있었다. 녹용은 중국 길림성 것이 가장 좋다고 설명했다.

30여 년 전 홍콩의 식생활과 빈부의 차이, 빌딩숲과 백화점이 얼마 전 우리나라 현실과 비슷한 것이 많아 흥미롭기도 하고 씁쓸한 생각도 들었다.

참 좋은 도시가 데모대로 얼룩지는 현실을 보면서 자주 다녔던 옛날의 아름다웠던 홍콩의 향수를 잊을 수가 없다. 다시 옛날 같은 데모 없는 평온한 시대가 오기를 기대해 본다.

2021. 6.

가고시마의 추억

가고시마는 일본 최남단에 위치하여 따뜻하나 태풍이 자주 오는 것이 옥에 티다. 남부지역은 가리시마 화산대가 남북으로 뻗고 가리시마산과 가이론산 등에서 화산이 분출되는 때도 있다. 시내에서 승용차로 40분 거리에 그린 힐 호텔이 있고 호텔 문 앞이 바로 골프장이다. 이곳은 밭농사가 많으며 특히 고구마는 일본 전체에서도 유명하다고 설명했다. 축산도 육우 사육두가 전국 제일이라고 한다. 흑돼지는 일본 전체에서도 맛이 있기로 소문난 곳이란다. 아름다운 바다 남국적인 경관과 화산, 온천, 사적 등 볼거리가 많다. 향토색 짙은 전통문화도 있다.

사쿠라지마 활화산이 눈앞에 바로 보이는 가고시마 시나는 전에는 섬이었는데 화산용암의 분출로 육지와 이어져 반도로 변했다고 한다. 가고시마역에서 전차로 한 시간 거리인 이브스키(指

宿)도 온천지로 소문난 곳이다. 시주변 낮은 언덕에 사쿠라지마 활화산을 잘 볼 수 있는 관망대가 있다. 가는 길옆에 임진왜란 때 규슈를 통치했던 사이코 다카모리가 정적과 싸우다가 실패하여 도망쳐 숨어 있다가 잡혔다는 석굴도 가까이 가서 보았다.

가고시마 화산 분화

오후에 가고시마 시내를 나갔는데 그날 우리 일행이 도착하기 30분 전에 사쿠라지마 화산의 일부가 폭발했다며 대피 소동도 있었고 흥분한 사람들도 많이 보였다. 우리는 관망대 먼발치에서 사쿠라지마의 폭발한 화산으로 인해 검은 연기와 하얀 연기가 혼합하여 하늘로 계속 올라가는 장면을 보았다. 1월 17일에는 하루에 13번이나 폭발했다고 야단이었다. 2013년 여름에도 화산이 폭발하여 화산재가 가고시마 시내를 덮쳐 많은 피해를 입었다는 기사와 사진을 보았다. 그 후 여러 번 갔으나 갈 때마다 참으로 위험한 지역이라 생각했다. 언제 폭발할지 모르는 화산지대에 사는 일본인들은 얼마나 불안할까?

시내에는 대형 백화점들을 비롯하여 대로에는 한국에 1960년대 초까지 있었던 궤도전차와 꼭 같은 전차 등 볼거리가 많았다. 시내 관광을 마치고 중심부에 있는 백화점에서 며느리에게 줄 작은 선물도 준비했다. 전에 아내와 함께 갔을 때는 가고시마 시내에서 유명하다는 중국집에서 특색 있는 음식도 즐긴 때가 있었다.

가까운 거리에 있는 그린 힐은 유명한 온천과 명문 골프장도 있어 며칠 정도 휴식을 취하기는 더없이 좋은 곳이다. 일행 중 마음이 맞는 친구끼리 조를 짜서 운동을 즐겼다. 끝난 후 호텔에서 샤워를 하고 저녁은 호텔 근처에 있는 '중림정'이라는 식당이 유명하다 하여, 아내와 일행 10여 명이 함께 갔다. 불을 피워가며, 즉석에서 익혀 먹는 일본 특유의 '일오리' 나베야끼라는 음식을 먹으며 시간 가는 줄 모르고 밤늦도록 즐겼다.

몇 년 후 갔을 때는 날씨도 화창하고 추위도 없어 운동하기는 좋았으나, 97년 9월에 큰 수술을 받고 힘든 시간을 보내고 있는 아내를 두고 혼자 온 것이 큰 죄를 지은 것 같고 미안하여 즐거움보다는 마음이 아팠다. 아내는 지금까지 건강하게 지내고 있다. 2권의 수필집도 냈다. 지금도 글쓰기에 즐거운 나날을 보내고 있다. 금년에는 오랫동안 쓴 시를 모아 『학의 이름으로 세상을 날다』라는 시집을 출간하기도 했다. 즐거웠던 추억을 되살리며 글을 쓰는 시간이 계속되기를 바라는 마음 간절하다.

2021. 6. 21.

신록의 계절에 부부가

가루이자와(經井澤) 국립공원은 동경 중심에서 승용차로는 2시간 정도, 도쿄역에서 신칸센을 타면 약 1시간 조금 더 걸린다. 도착하자마자 주변 숲이 울창해서 눈이 편안하고 마음이 상쾌해지는 느낌을 받았다. 듣던 대로 유명한 관광지임을 금방 알 수 있었다. 일본 천황의 별장도 있다고 한다. 가까이 있는 골프장 부근을 둘러보니 경관이 뛰어난 종합 관광휴양지임을 실감할 수 있었다. 위치는 나가노현과 군마현의 경계선에 자리한 3개의 분화구를 가진 일본에서 가장 높은 활화산인 아사마산 기슭에 위치한 이상적인 휴양지로 관광객이 많이 오는 곳이라고 한다.

여름휴가 때 아내와 몇몇 동료들과 며칠간 휴가지로 택한 곳이다. 숲속에 가족 단위로 쉴 수 있는 산속 별장에서 짐을 풀고 한 장소에 모여 즐거운 시간을 보냈다. 일행 중 신문사 이사로 있는 언론인의 상식을 넘어선 재미난 이야기로 좌중은 시간 가는 줄 몰랐다. 즐거운 시간은 자정을 넘겼다. 각자 자기 숙소로 갈 때는 거리가 있어 카트형의 전기차로 이동했다.

필드에서 아내와 즐거운 한때

다음 날에는 골프로 하루를 즐겼다. 요금은 조금 비싼 편이지만 코스나 주변 경관이 대단히 아름답다. 특히 여름에 이곳으로 여행을 오면 운동하기 좋은 기후에 잘 정돈된 코스는 즐기는 이들의 마음을 사로잡아 평소의 아픈 머리를 깨끗이 씻어주기에 충분하다.

경쟁자와 스코어를 따질 필요도 없다. 할머니 코스 매니저는 즐거운 표정으로 공의 방향을 설명했다. 오른쪽으로 가면 큰소리로 '라이트 사이드'라며 웃는다. 앞바람이 불면 '어게인스트 윈드' 하면서 일행을 웃음바다로 만들기도 했다. 자연의 아름다움을 즐기며 운동이 끝나면 계절에 걸맞은 맛있는 음식도 골라 들었다. 멀리 보이는 산과 물의 자연이 너무 아름다워 구름 위에 뜬 기분을 느끼면서 아름다운 자연을 만끽했다.

아사마산에서는 맑은 물이 내려오고 울창한 숲은 여름에도 평균기온이 20도 전후로 시원한 곳이다. 일본 낙엽송과 흰 자작나무숲으로 덮여 있으며 그 주변에 피부가 고와진다고 소문난 온천이 산재해 있다. 노천탕에서 자연을 몸으로 느끼면서 휴식을 취하기도 좋은 휴양지이다. 이 지역의 관광명소로는 야조의 숲 아사마산, 사라이토 폭포, 오니오시다시(鬼押出園), 시오자와호(鹽澤湖), 아카루 산과 명천사(明泉寺) 등이 있다. 일행 모두가 아름다운 자연을 즐겼다.

가루이자와를 관광하려면 몇 가지 알고 가는 것이 좋다. 산속에 있는 프린스 호텔 본관에서 숲속 숙소까지 전기 자동차가 운행되는데 무료이고 팁도 없다. 세면도구는 있어도 화장품은 없다. 여러 해 전이라 지금은 알 수 없다. 이곳은 고지대임으로 동경보다 3~4도 낮은 기온이다. 옷은 두꺼운 것을 준비해야 한다. 여기는 골프 애호가들의 천국이다. 채를 포함한 모든 기구들을 대여 받을 수 있다. 그러나 채만 빼고 기타 기구는 준비해가는 것이 비용도 절약되고 사용하기도 좋다. 현장에는 일본에서 알아주는 명문 골프 클럽이 여러 개 있다.

시라이토 폭포는 가루이자와 역 근처에 있는 아름다운 폭포이다. 명주실 가닥처럼 떨어져 내리는 가느다란 물줄기의 모습은 참으로 신기하게 보였다. 야조의 숲은 호시노 온천 부근에 위치한 가루이자와 고지에서 자생하는 약 100여 종의 야생 새들이 살고 있다고 설명했다. 이 숲은 환경청에 의해 조수보호구역으로 지정되어 있는 곳이라고 한다. 숲에는 야생조의 서식처를 관찰할 수 있는 두 채의 오두막집과 2.5킬로의 산책로가 있어 휴양지에 보행 코스로도 유명하다. 아내와 함께 손잡고 반 10리 길 경사 완만한 긴 산책로에서 아름다운 자연을 보고 좋은 이야기도 하면서 즐거운 시간을 보냈다.

4계절 언제 가도 좋다는 휴양지이지만 신록의 계절과 단풍이 물드는 계절이 가장 아름답다고 한다. 신록의 계절에 부부가 친구들과 같이 갔으니 더욱더 아름답고 몸과 마음의 치유(healing)까지도 덤으로 얻은 즐거운 여행이었다.

『성동문학』 2021. 7월호

Hole in One Certificate

홀인원증서

제 2007-0023호

성 명 : 윤백중

귀하는 골프경기 중
생애에 한번 기록하기 어려운 행운의 홀인원을
기록하셨으므로 이에 축하를 드리며
골프스포츠를 통하여 심신의 수양에 진력하시는 귀하에게
본 증서를 드립니다.

기록일자 : 2007. 6. 10　사용클럽 : [illegible]
기록장소 : [illegible]　사 용 구 : [illegible]

韓國文化振興株式會社
뉴서울컨트리클럽
대표이사 전 봉 우

대만 국립 고궁박물원에는 무엇이 있을까?

타이페이시 양명산 공원 근처에 있는 국립 고궁박물원을 갔다. 중국 역사의 문화를 한눈에 볼 수 있다고 생각하니 마음이 벅찼다. 중국 고대 이래의 문화재를 포함해서 각종 예술품이 모두 있어 동양의 신비라 일컬어지고 있는 곳이다.

중세 중국의 왕궁을 본 딴 4층 건물은 8개의 전시실, 식당 사무실로 나누어져 있다. 1990년대 신축한 건물은 기능 위주로 새롭게 단장했다. 여기에는 현 중화민국 수뇌들이 대륙에서 건너올 때 반입해 온 중국 고대의 문화재들이 자그마치 62만여 점이나 소장되어 있다고 설명했다.

전시 공개 품목은 약 3,000여 점이라는데 3개월마다 새로 바꾸어 진열한다고 안내자가 말했다. 계절적으로 온도, 기후, 물품 내용에 따라 6개월 혹은 1년에 한 번씩 바꾸어 전시하는 것도 있다고 한다. 특히 그림들은 변질 가능성을 염려하여 1년에 한

번 교환하는 것도 있고 3년에 한 번 바꾸는 것도 있다고 한다.

이 박물관에 소장된 문화재의 전 품목을 전시하는 데는 약 20여 년이 걸린다고 하니 그 소장 규모를 가히 짐작할 수 있다. 관람은 연중무휴이며, 뛰어다니면서 보아도 족히 3시간은 걸린다니 그 유구한 역사의 흐름과 그 거대한 민족적 발자취의 감탄사가 절로 났다.

인상에 남은 몇 가지의 주요 문화재를 살펴보았다. 기원전 1,500년의 은나라 주나라 시대의 각종 청동기는 세계적인 재보로 알려져 있다. 모든 것들이 한결같이 신비하게만 보인다. 송나라 시대에는 자기가 유명했음을 확인할 수가 있었다. 자기(瓷器)를 영어로 본차이나(Bon china)라고 부르는 것도 송 대의 자기가 그만큼 빼어났음을 말해 주는 것이라 하겠다. 양반집 응접실에

박물관 앞에 선 필자

걸렸었던 그림들 역시 국보급이었으며 명대(明代)의 스푼 케이스와 의례품 등도 아름답기 그지없었다. 명대에는 요업이 특히 발달하였음을 볼 수 있었는데, 이는 우리나라의 고려조와 조선조의 두 왕조가 이르는 기간 동안에 청자, 백자의 발전을 불러온 하나의 원인이 되었을 성도 싶다.

또한 청나라 시대의 자기는 색깔이 좋기로 유명하다. 문화재나 골동품에 관해서는 그다지 식견이 없는 필자도 청대(淸代)의 자기 앞에서는 한참 동안을 넋을 잃고 바라다보고 있었다.

전시품 가운데 주목할 만한 것은 그림이다. 중국 그림의 특징 중 하나는 동물의 그림 속에는 아무리 작은 짐승이라도 반드시 눈이 그려져 있다는 것이다. 이는 아무리 하찮은 미물이라도 보고 느낄 수 있다는 것을 강조하고 있는 것으로 생각된다.

왕조의 그림은 100년 이상이나 걸려서 그린 것도 있다고 한다. 그래서인지 길이가 무려 30여 미터나 되어 보이는 것도 있다. 이는 왕 행차도, 명인 출경도, 왕 시찰도 등으로 불리는 대단히 큰 그림들이다.

당대 이후 서예의 대가는 단연 조맹부(趙孟頫)다. 우리나라에도 조맹부의 체가 있다. 원나라 때는 최고의 서예가로 아름다운 서품을 만들었다는 기록이 있다. 서예를 그림과 같이 취급한 때도 있었다. 송대 대문호 소동파의 적벽부(赤壁賦)도 유명하다. 옆에는 청대 서예의 일가를 이룬 사람으로 행서(行書)와 초서(草書)에 뛰어난 유용(劉墉)의 글씨도 전시되어 있다. 명나라 시대에는 모두 흑백 그림이었고 청나라 때부터 천연색 그림이 나왔다. 중국에서는 그림에 유난히 도장을 많이 찍는데 도장과 글씨는 모두 그림으로 취급한다고 설명했다.

또 유명한 것은 칠보다. 주요 색상은 노랑과 청색이다. 유리에다 금속을 집착한 칠보그릇이 있는데 녹이 슬지 않는 특징을 가지고 있단다. 칠보 등 유명품에는 저자 작가의 이름이나 연대가 없는 것이 많다. 그 대신 지역 명칭을 적어 놓았다. 개성 인삼과 같은 식으로 지역명만을 표시하고 있다. 작가나 저자의 이름을 익명으로 한 이유는 어느 분야나 너무 유명하여 이름이 널리 알려지면 시기하는 사람이 나타나서 유명한 사람을 죽이는 일이 많기 때문에 두려워서 밝히지 않은 것이 많다고 한다.

관광객의 흥미를 끄는 물건들은 한두 가지가 아니었다. 서태후의 목욕탕 가림으로 썼다는 옥으로 된 사각 병풍도 필자의 마음을 설레게 하는 것 중의 하나였다. 옥은 백색이 상품이라 한다. 옥은 그 크기에 따라 가격이 달라지며 길상의 돌로 평가받고 있다고 한다. 옥은 작은 충격에도 깨어지는 성질이 있으므로 정성스레 다루지 않으면 안 되는 보석 중의 하나이다. 그래서 옥을 이용하여 어떤 제품을 만들려면 반드시 갈고 닦아서 만들지 않으면 안 된다는 것이다.

비계 섞인 돼지고기를 사람이 먹기 좋은 크기로 잘라 놓은 신비한 옥도 눈에 띄었다. 비계와 살의 구분이 너무나 선명하여 마치 날고기를 그대로 전시해 놓은 것 같은 착각을 일으키기에 충분하였다. 옥은 한자로 '임금 왕' 자 옆에 점이 있는 '구슬 옥' 자를 쓰는데 점은 돌을 말하고 점을 빼면 '임금 왕' 자가 된다. 즉 옥은 돌중 왕이라는 뜻이란다. 옥은 옛날부터 사람의 몸에 닿으면 좋다고 알려져 있다. 몸이 찬 사람은 덥게 하여 주고 몸이 더운 사람에게는 차게 하여 준다고 설명했다. 즉 사람 몸에 알맞게 열을 조절해 주는 기능이 있다고 한다. 대만에는 옥이 많아서 값이 싸다. 세계 생산량의 약 60%를 대만에서 생산한다며 자부심이 대단해 보였다.

진열품 중에 옥으로 된 통배추가 있다. 배추의 줄기 색과 잎의 색이 자연산 배추 색과 똑같아 초록색 잎에 붙은 배추벌레가 있는데 살아 있는 것과 똑같다. 이 통배추 옥은 세계 4대 보물 중에 하나라고 한다. 세계에서 제일로 치는 옥은 회전 청옥이며 버마에서 나는 청옥도 알아준단다. 우리나라 경주에서 나는 청옥도 좋지만 양이 적다고 한다.

이러한 보석들 중에서도 유난히 눈길을 끄는 것은 다름 아닌 비취이다. 비취는 항상 다른 보석들에 비해서 고급품으로 양반 대접을 받는다고 한다. 중국이나 홍콩을 여행하는 부인네들이 한결같이 탐을 내는 보석 중의 하나가 역시 비취나 자연산 보석이라고 한다. 대만 여행 중 아내와 함께 우레이 민속촌에서 비취반지를 비싸게 샀는데 귀국해서 동네 금은방에 보여 주었더니 가짜를 샀다고 해서 크게 실망한 때도 있었다. 보석은 믿을 만한 대형매장에서 사는 것이 확실하다는 생각을 했다.

전시품 중에는 청대의 남녀 손톱 카바라는 것도 있었다. 옛날에도 귀족은 손톱을 길러서 치장을 했나 보다. 재미있는 것은 손톱 카바의 길이가 10센티 정도나 되니 그 당시 부인들의 손톱 길이를 짐작할 수가 있었다. 또한 여자 구슬 모자도 이채롭게 눈에 띄었고, 정조칼도 돋보였다. 여자가 정조를 지키기 위해 가지고 있다가 위급 상황에서 스스로 목숨을 끊을 때 사용하던 칼도 있다. 장도칼과 비슷하게 생겼는데 뾰족한 부분은 날카로운 보석으로 만들어져 장식용 겸 실용성을 겸비하고 있었다.

서양에서만 사용했던 것으로 알고 있었던 실크 넥타이도 이미

송 대의 유물 속에 진열되어 있었다. 실크문화의 전성기를 이루었던 송나라 때의 문화유산인 것 같았다. 폭이 너무 넓어 구식임을 쉽게 알 수 있었다.

고대 문명의 발상지가 모두 큰 강줄기와 함께 연계되어 있듯이 중국 역시 황하라는 거대한 강줄기를 따라 발전하였다. 우리 인간에게 있어서 가장 혁신적인 두뇌의 발전이라 할 수 있는 것은 문명의 발달과 함께 출현된 문자의 발명일 것이다. 대만의 고궁박물원에는 중국 상형문자의 발달을 한눈에 바라볼 수 있는 자료가 전시되어 있다. 그 어떤 유물들보다도 중국 상형문자 속의 역사에 대한 기록은 매우 중요하다 하겠다. 상형문자는 원래 인도에서 발명되어 중국으로 흘러들어 왔다고 한다. 그 후 중국에서 발달되어 하나의 독특한 언어문화를 형성하기에 이른 것으로 추정한다.

거북의 등이나 조개껍질 또는 다른 동물의 뼈 등에다가 문자의 형태를 새긴 흔적을 발견할 수가 있었다. 숫자는 주로 돌이나 조개껍질에다 새겼는데 돌의 생김새나 조개껍질의 모양에 따라 각기 다른 형상대로 그려져 있다. 사람을 나타내는 문자는 사람의 형상을 본떠서 그려져 있었다. 또한 해의 모양을 본떠 만든 문자도 눈에 띄었다.

고대의 문자를 감상하면서 느끼는 감정은 묘한 때가 있다. 아직 문명이 발달되지 않은 고대부터 이미 문자의 발명이 이루어졌다는 것이다. 신기한 일이다. 자라나 소뼈 등의 상형문자는 5,000년 전에 만들어졌다는 기록이 있다. 또한 조개껍질은 문자를 표시하기 위한 도구로 사용되기 이전에 이미 화폐로도 사용하였다고 설명했다.

중국 역사에서 당송 대처럼 문물이 발달한 시대도 없을 것이다. '당송팔대가'를 배출한 당송 대에는 많은 문인들이 나왔다. 이 시대에 특히 발달한 것은 그림이었다. 그림 중에는 상상화와 사실화가 특히 발달하였다. 이와 함께 나무 칠기 조각 등도 상당히 많이 발달한 것으로 알려졌다. 여러 가지 그림과 나무 칠기 조각 등이 진열장의 많은 부분을 차지하고 있었다. 안내원의 설명에 의하면 나무 칠기 조각은 정교하게 조각할 수 있는 장점이 있지만, 한편으로는 때가 잘 묻고 결이 생겨 갈라지는 단점이 있다는 것이다.

청나라 시대에는 페인트 작품이 발달되어 그 시대의 전시품도 많이 눈에 띄었다. 명 청대에는 또한 자개 제품이 많이 발달하였다고 하는데, 우수한 유물들이 많이 진열되어 있었다. 이 시대에는 특히 액세서리가 상당히 발달하였던 모양인지 신기하게 생긴 액세서리가 상당히 많이 진열되어 있었다. 그중에 시계도 눈에 띄었다. 한눈에 상당히 수준급의 작품이 아닌가 하는 생각이 들

정도로 정교하게 만들어진 유물이었다. 1640년쯤에 만들어졌다는 상아로 된 밥통 케이스를 보면 청나라 시대에 이미 상아 제품이 발달하였음을 알 수 있었다. 청대의 그림 중에는 부모에게 효도하는 그림들이 많아, 그 시대의 관습이나 전통을 쉽게 이해할 수가 있었다. 또한 이 시대의 돌조각은 너무나도 유명하여 그 값이 엄청나다고 한다.

청대의 유물 가운데 유명한 것이 있는데, 바로 상아 공 속의 조각이다. 이는 상아로 된 둥근 공 속에 같은 조각을 크기만 작게 하여 모두 19개를 주먹만 한 공 속에다 새겨 넣은 것이다. 그 정교함이 무척 뛰어나 육안으로는 잘 판별하기조차 힘들 정도로 섬세하게 조각된 작품이다. 너무나 훌륭한 솜씨인지라 옛 도공의 숨결이 그대로 느껴지는 듯하였다. 작가 미상의 조각은 청나라시대 작품으로 대체로 200년 이상 걸려 만든 것이라고 설명했다.

청나라 때 만들어진 창호지같이 얇은 나무로 된 컵이 있는데 맥주 컵만 한 컵 안에 똑같이 나무로 된 컵이 79개나 겹쳐 들어간다. 어떻게 이런 정밀한 제품이 300년 전에 나왔는지 알 수가 없다. 청대의 도기 중 밥그릇은 색깔이나 무늬가 현란한 것이 특징인데, 이것은 음식의 맛이나 향기, 독특한 냄새를 보존해 주는 효과가 있다고 한다. 즉, 우리나라에서도 된장국이나 설렁탕 등은 좀 투박하거나 절박한 뚝배기에 담아 주는 것이 한결 제 맛을 나게 하는 것과 같은 연유에서인 것 같다.

박물원 안에는 또 손문 선생 동상이 있었다. 동상 뒤 벽에는 민족, 민권, 민생 등 삼민주의를 제창한 손문 선생의 글이 새겨져 있었다. 그리고 동상 바닥에는 '송·죽·매·수·복'의 무늬가 그려져 있었다. 지금으로부터 1300여 년 전 신석기 시대부터 송, 당나라 시대에 이르기까지 모든 기구의 발달사를 한눈에 살펴볼 수 있는 자료들도 진열되어 있었다. 청동기 시대의 그릇을 보면 뚜껑이 있는데 이 뚜껑을 열어서 젖혀 놓으면 접시로 사용할 수 있도록 만들어진 다목적 그릇이 있다. 도기는 또한 춘추전국시대에 많이 발달하였는데, 이는 이 시대에 전쟁을 많이 하였던 까닭이 아닌가 생각했다.

춘추전국시대의 도기의 특징으로서는 고리가 4개씩 붙은 솥처럼 생긴 모양을 한 그릇이 주종을 이루고 있는 것 같았다. 또한 중국에서는 200년 전에 이미 철과 금을 함께 붙이는 기술이 발달되었다고 한다. 고궁박물원 1, 2, 3, 4층 바닥은 모두 주목이다. 주목은 무늬목 비슷한데 습기가 차지 않는다. 4층 베란다에서 앞을 내다보면 부속건물 옥상이 보이는데 이 옥상은 자금성 모양을 그대로 재현한 것이라고 한다.

지금까지 고궁박물원에서 보고 들은 것을 설명하였다. 요약하면 대만의 국립 고궁박물원에는 중국 고대의 은나라 시대부터 청나라 말기까지 장대한 역사의 흐름 속에서 지금까지 전해져 내려오는 갖가지의 문물과 유물을 모두 모아 놓고 보존하며 전시하고 있는 곳이다. 동기(銅器), 도기(陶器), 옥기(玉器), 법기(法器), 조각, 서예, 회화, 작물, 경전, 서적, 문구 등 세계 4대 고대문명 발상지의 하나인 황하 유역에서 비롯된 귀중한 인류 문화재가 산적되어 있는 곳이라 생각했다. 이 거대한 박물원을 가득 메우고 있는 진귀한 역사의 유물들을 가슴속에 일일이 새겨두면서 어떤 커다란 힘에 중압되는 것을 역력히 느낄 수가 있었다.

지금은 건물도 신축하고 진열 방법도 가치 위주로 변경해서 전체를 보기에는 더 어렵게 진열해 놓았다. 몇 년 전까지 10여 회 이상을 가 보았는데 갈 때마다 새로운 생각을 갖게 해 주는 박물원이다.

2021. 7. 20.

작은 궁궐

서울 강북 4대문 안 한복판에 있는 큰 집은 원래는 조선 7대 왕 세조의 손자이고 9대 성종의 형님인 월산대군이 살던 집이었다. 지금은 경운궁(慶運宮)보다는 덕수궁(德壽宮)으로 더 알려져 있다. 처음 역사에 알려진 것은 조선 14대 선조 때부터다. 선조는 임진왜란을 겪고 궁궐이 모두 불타서 갈 곳이 없어 여기에 임시 거처를 마련했다. 조선왕조실록 성종 선조 편에서 모든 기록을 볼 수 있다.

정문인 대한문(大漢門)을 들어가면 오른쪽에 '대소인원개하마(大小人員皆下馬)'라는 입식 비석이 있다. 직급이 높은 사람이나 낮은 사람이나 이곳에서는 모두 말에서 내리라는 뜻이다. 내린 사람은 누구나 작은 해자에서 손과 발을 씻으라고 흐르는 물이 있다. 씻고 다리를 건너서 궁궐 쪽으로 가는데 다리 위에는 돌길을 셋으로 분류해 놓았다. 중앙의 조금 높은 길은 왕도라고 해서 임금님 전용도로다. 오른쪽은 문인이 다니는 길이고 왼쪽은 무인과 백성이 다니는 길이다.

지금은 다리 위에만 도로 표시가 있고 지나서는 포장도로로 서쪽으로 100여 미터를 간다. 여기서 오른쪽으로 돌아서면 중화문(中和門)이 있다 중화문을 지나 조금 가면 중화전이 나온다. 중화전은 왕이 정사를 보는 공간이다. 앞마당은 국가의 행사를 치르는 상징적인 공간이다. 넓은 마당에는 2단으로 된 월대가 있고 널찍한 돌을 깔았다. 벼슬의 등급을 나타내는 오른쪽에 정품, 중앙 왼쪽에 종품을 표시하는 품계석이 있다. 중앙에는 임금이 다니는 어도(御道)를 설치해서 전통 궁궐의 격식을 갖추어 놓았다.

실록에는 중화전은 중층 건물이었으나 대화재로 모두 불탔다고 설명했다. 후에 단층으로 지은 것이 지금의 중화전이라고 한다. 중화문과 행각도 함께 세웠다는데 지금은 동남쪽 모퉁이에 조금 남아 있다. 옆에 붙은 팔각형 네 칸은 조선의 왕권을 상징한다는 기록이 있다.

황제가 임하는 자리에서 몇 계단 아래 내려가는 비탈길에 액을 땐다는 허수와 석수가 있다. 해태와 비슷한 조각인데 황제 국가란 의미도 있다고 한다. 경복궁 같은 정궁(正宮)에서는 근정전(勤政殿)에 해당하는 앞의 공간이다. 석조전으로 부르는 뒤쪽 서쪽

중화전

의 덕수궁 관과 상설 전시관이 있고 동쪽에 준명당(竣明堂)이 있다. 여기서는 임금이 신하들과 국정을 논할 때 밝은 눈으로 진지하게 정사를 펼치라는 뜻으로 현판의 명자는 밝을 명 자가 아닌 '눈 밝을 명(眀)' 자로 썼다는 한자 설명도 했다.

중화문과 중화전 가는 오른쪽에 광명문(光明門)이 있다. 이 문은 고종이 기거하던 덕홍전(德弘殿) 뒤쪽에 있는 함녕전(咸寧殿)으로 가는 길옆에 있다. 함녕전은 고종이 살던 집으로 1919년에 이곳에서 돌아가셨다. 함녕전 서북쪽에는 석어당과 즉조당이 있다.

1904년에 방화로 추정되는 큰 불이 나서 다 타 버린 곳에 다시 지었다. 아궁이 두 곳을 보니까 불이 날 아궁이가 아니다. 집 안을 들여다보니 대청마루 양옆으로 온돌방을 만들고 전체를 침실에 알맞게 꾸몄다. 함녕전 뒤 북쪽에는 계단식 화단이 있고 옹주가 유치원 다닐 때 드나들었다는 유현문(惟賢門)이 있다. 자세히 보아야 보인다. 문 앞길을 덕혜옹주의 길이라 부르기도 했단다. 길옆에는 예쁜 굴뚝도 만들어 정원을 아름답게 꾸며 놓았다.

함녕전 남쪽에 있는 덕홍전(德弘殿)은 고종이 외교사절이나 각료들을 접견할 때 사용했다는 건물이다. 덕수궁 대화재 후에 새로 지은 건물이라 전통 양식과 서양풍을 혼합한 건물이다. 높은 위치에 있어 전망이 좋다. 천장에는 황제나라를 상징하는 봉황그림이 있다. 옆면보다 앞뒤가 더 긴 격이 높은 건물이다.

즉조당(卽祚堂)은 준명당(竣明堂) 동쪽에 있는데 임진왜란 때 선조가 정사를 보던 전각들을 보존한 것이다. 광해군과 인조가 왕위 오를 때 취임식을 한 역사적인 건물이기도 하다. 후에 임시정전으로 쓰기도 했다. 준명당은 고종이 업무를 보던 편전이며 즉조당과 복도로 연결되어 있다. 지금 건물은 대화재 때 불탄 자리에 새로 지은 것이란 기록도 보았다.

석어당(昔御堂)은 즉조당 동쪽에 있는 집으로 임금님이 집무를 보던 곳이다. 선조가 이 건물에서 돌아가신 유서 깊은 건물이기도 하다. 현재 존재하는 유일한 목조 2층 집으로 단청이 안 된 소박한 살림집같이 보였다. 지금도 이 건물은 운현궁의 상징으로 자리매김하고 있다. 앞뜰 동남쪽 코너에는 수령 400년 된 배롱나무가 모양 좋게 자라고 있다.

즉조당보다 더 높은 약간 북쪽에 휴식하기 좋은 건물이 있다. 지대가 높아 궁궐을 내려다 볼 수 있다. 한때는 덕혜옹주를 가르치는 유치원으로도 사용되기도 했었다고 설명했다. 러시아 건축가 사바찐이 설계한 것으로 조선과 서양의 건축 양식이 혼재된 건축물이다. 로마네스크 양식의 인조석 기둥으로 내부 공간을 강조했고 동쪽 남쪽 서쪽 방향에 베란다를 만들었다. 베란다의 기둥은 나무이고 기둥 천장 근처에 장수(長壽)와 오복(五福)을 상징하는 청룡 황룡 꽃병 박쥐 등 한국의 전통문양을 넣었다. 한식과 양식을 절충한 색다른 건물 안에서 고종은 양탄국(커피의 옛날)을 마시며 외교사절들을 맞이하기도 했고, 때로는 연회를 갖고 음악을 듣기도 했다는 기록이 있다.

대한문이 정문인 덕수궁은 연중 휴일 없이 밤늦게까지 개방해서 많은 시민들이 애용하고 있다. 코로나로 인한 한시적 불편함도 세월이 가면 모두 해결될 것으로 기대하면서…. 궁궐이 도시 한복판에 있어 도시계획 등으로 거의 절반이 수용되어 많은 공간을 빼앗겼다. 일본 통치 때는 공원으로 사용했다고 한다.

역사를 보면 선조와 고종황제 두 임금이 승하하신 궁이고 광해군과 인조대왕이 왕위에 오르는 취임식을 가진 역사 깊은 궁궐이다. 세월이 변함으로 어쩔 수 없이 지금은 많은 건물이 없어진 작은 궁궐로 남게 되었지만….

『수필문학』 2021. 7월호

이기(利器)와 흉기(凶器)

요리사 손에 있는 칼은 맛있는 음식을 만드는 이로운 도구이나 강도 손에 있으면 무서운 흉기로 둔갑한다. 문명의 이기인 핸드폰의 두 얼굴을 생각해 보았다.

장면 1.

젊은 남녀 결혼식을 보았다. 이들은 주례 선생님이 없고 신랑의 아버지가 새 출발 하는 아들 내외에게 앞으로 어떻게 사는 것이 바른 인생길인가를 설명했다. 신부 아버지는 아름다운 미래를 시(詩)같이 살라며 축시를 낭송했다.

예비부부는 서로의 다짐이라며 나는 앞으로 이렇게 살겠다는 선언을 했다. 여러 조항 중 몇 가지 재미있는 말을 해서 하객을 웃음바다로 만들기도 했다. 신랑의 다짐 하나, 아침저녁 밥은 내가 해서 대령한다. 둘, 빨래는 무조건 내가 한다. 셋, 청소와 쓰레기 오물 치우는 일은 무조건 내가 담당한다.

신부의 다짐 하나, 출퇴근할 때는 매일 웃는 얼굴로 뽀뽀를 해준다. 둘, 퇴근 후에는 무조건 남편 의견을 존중한다. 셋, 핸드폰은 같은 것을 사서 자유롭게 쓰고 매일 바꾸어 사용한다. 부부는 티끌만 한 비밀도 있으면 안 된다는 의미란다.

장면 2.

동네에서 하는 토요일 예식이라 친한 후배의 막내아들 결혼식을 갔다. 일찍 점심을 들고 식장으로 들어갔다. 자리가 신랑 신부의 출발 지점 바로 앞이었다. 신랑 신부 입장 전에 양가 어머니의 촛불점화 시간이다. 출발 지점에서 사회자의 입장하라는 신호를 기다리고 있었다. 순간 양가 어머니의 한복 차림이 우아하고 아름답게 보여서 핸드폰으로 전신을 촬영했다. 사진의 표정들이 잘 잡혔다.

며칠 후 신랑 어머니를 만나 결혼식 때 입장 전 표정이 좋아 사진을 찍었는데 보내 주겠다고 핸드폰 번호를 물었다. 마침 남편이 예식장에 갔는데 조금 후 온다며 기다리란다. 그냥 어머니 핸드폰 번호를 주시면 즉석에서 보내 드리겠다 하니 좋다며 번호를 적어 주어 바로 사진을 보냈다. 받아보면서 예식장 사진 중에는 좋은 사진이 없었는데 고맙다고 말했다. 김 회장에게 연락해 보라니 이 핸드폰이 남편과 같이 쓰는 핸드폰이란다. 하루 종일 함께 있는 시간이 많아 한 개의 핸드폰을 같이 쓴다며 불편한 것도 없고 절약도 되고 서로의 모든 소식을 모두 공유하니 비밀이 없고 탁 터놓고 사니 불화가 없다고 말한다. 신혼부부와 어머니 부부가 사용하는 핸드폰은 요리사의 칼과 같은 문명의 이기인 것이다.

장면 3.

같은 핸드폰을 각자 가지고 따로 사용하고 있는 부부의 일상이다. 남편이 직장이나 사업장에 나가면 아내는 핸드폰으로 여러 가지를 할 수 있다. 부모 형제들, 친구 선후배와 통화할 수 있고 한가한 아내는 하루에도 전화 문자 카톡 메일을 여러 사람들에게 많이 보낼 수도 있다. 일 년에 몇 번 일박 이일 하는 여러 문학회나 종교 행사에서는 많은 시간을 함께할 수 있어 충분한 교제와 대화의 시간이 주어진다. 월간지에 기고한 글도 공유하면서 대화의 공동 소재로 활용하기도 한다.

자주 통화나 문자를 보내다 마음에 들면 서로 더 자주 통화하고 싶은 사람도 있고 문자로 전화로 자주 연락할 수도 있다. 자주 통화하다 가까워지면 서로 선물도 주고받을 수 있다. 몇 년을 교제하다 보면 깊은 정이 들어 정을 떼기가 힘든 상황이 되기도 한다. 남편 모르게 외부 유부남과 교제를 하기도 하고 남편 있는 여인과 메일 문자 카톡 전화로 계속 사귀다 보면 도를 넘는 경우 가정의 불화를 넘어 이혼으로 가정 파탄 지경까지 갈 수도 있다. 핸드폰이 문명의 이기는 맞지만 반대일 수도 있다는 것이다.

결혼식 때 예비부부의 약속이나, 아들 결혼시킨 어머니의 핸드폰 하나로 부부가 같이 쓰는 생활이 더 행복할 것 같다는 생각이 든다. 위와 같이 핸드폰 사용의 기준이 되면 행복하게 사는 사회가 될 것이고, 가정의 파탄이 올 수도 있는 유부남과 유부녀의 핸드폰 탈선 교제는 살인강도가 휘두르는 칼 같은 흉기가 될 수도 있는 것이다.

2021. 8.

죽을 뻔했다

모교 동남아시아 지역 연례행사가 인도네시아 발리에서 개최되었다. 아시아 각국에 있는 동문 100여 명이 오고 서울 모교에서 총장을 비롯한 총동창회 회장과 임원들이 30여 명 갔다. 7시간 이상 장거리 여행이라 좀 망설였으나 용기를 내서 동참했다. 비행기에 타서 좌석을 확인하는데 "안녕하세요 회장님." 하며 왼쪽 옆자리 손님이 인사를 했다. 모교 신동열 총장이었다.

총장님은 비행 시간이 길다고 생각하셨는지 학교에 관한 여러 가지 이야기를 길게 하셨다. 두어 시간 정도 대화를 한 것 같다. 20년 가까이 된 후배이기도 한 총장님과의 대화는 조심스러웠다. 총장님은 특별히 할 대화의 소재가 마땅치 않은지 자녀들이 몇 명이고 하는 일이 어느 분야냐고 물었다. 남매를 두었는데 아들은 대학교수이고 딸은 공립고등학교 교사라고 말했다. 총장님은 깜짝 놀라며 어느 대학 교수이고 전공은 어느 분야냐고 물었다.

시간도 많고 해서 아들 자랑을 길게 늘어놓았다. 서울 연세대학교 정교수이며 최연소 학과장을 역임하고 지금은 이과대학 부학장으로 봉직한다고 설명했다. 모교에서 석·박사를 하고 박사 후 연구 과정은 영국 옥스퍼드대학에서 3년간 공부했다고 말했다. 모교 공채 조교수 시험에 합격하여 봉직하게 되었다고 자랑을 했다. 내친김에 자랑을 계속했다. 천문학에 관한 논문이 과학저널 사이언스지에 제1 저자로 두 번 게재되기도 했다고 설명드리니 깜짝 놀라는 표정을 지었다.

첫 논문은 우주의 나이를 규정한 기존 학설을 70여 년 만에 뒤집은 논문이고, 두 번째 논문은 1970년대 미국 천문학자의 기존 학설인 붉은색 별이 늙은 별이고 푸른색 별이 젊은 별이며, 우주의 나이를 측정하려면 붉은 별을 연구해야 된다는 이론을 아들은 별의 나이는 색깔과 관계가 없다는 이론을 실증으로 증명한 논문이다. 설명을 들은 총장은 한국 학자 중 사이언스저널에 과학 논문이 제1 저자로 두 번 실린 교수는 몇 명 안 되는 걸로 안다며 대단한 교수님 아버님이라고 존경심을 보여주기도 했다.

행사를 끝낸 다음 날 친선 골프대회를 개최했다. 저녁에 만찬을 하며 골프대회 시상식과 여흥을 즐기는 순서가 예정되어 있었다. 100여 명이 주최 측에서 정한 규정대로 조를 짜서 운동을 시작했다. 당일 하이라이트는 1조로 출발한 신 총장이 홀인원을 한 것이다. 바로 뒤 팀인 우리는 축하의 박수를 보냈다. 많은 인원이 운동을 하다 보니 골프장의 대여 골프채가 부족하여 현지 동문들이 채를 무작위로 배당하였다. 주로 회장단에 배치한 모양이다.

우리 팀은 전 아시아 총동문회 김 회장과 인도네시아에서 사업을 크게 하는 사장 후배와 재단 이사로 봉직하는 선수들이다. 필자와는 10년, 20년 후배들이다. 골프장에 나가 채를 배정받았는데 잠시 내 눈을 의심했다. 서울에서 매일 연습하고 쓰는 내 채와 똑같은 것이다. 드라이버는 신형이었다. 퍼터만 다르고 다 똑같았다. 동반자인 현지 후배 사장도 하이야트호텔 골프장을 많이 다녀서 코스를 잘 알고 있었다. 운동 중 코스 지형지물 등 많은 도움을 받았다. 연령 제한 없이 운동을 했는데 버디도 몇 개 했고 스코어도 비교적 좋았다. 저녁 행사 때 전체 중에서 메달과 우승은 80학번 이후 후배들에게 돌아가고 일등상을 탔다. 100여 명 중에서 1등을 했으니 집에 있는 손자들은 제일 잘 친 상으로 착각하고 환호성을 지르기도 했다.

운동 후 저녁 행사까지 시간이 남아 각자 방으로 와서 저녁 행사에 맞는 복장을 하고 자유 시간을 가졌다. 11월 초에 인도네시아 발리는 우리나라 4월 중순 같았다. 여러 가지 꽃이 만발하고 호텔 정원에 아름다운 꽃이 화려했다. 절경을 핸드폰에 담으려고 거리 조정을 하면서 앵글을 맞추려고 앞뒤 옆으로 움직이기도 했다. 아름다운 꽃과 연못의 정취를 앵글에 맞추려고 뒷걸음을 치다가 1미터 쯤 되는 높이에서 뒷발이 허공을 밟았다. 순간 사정없이 온몸이 뒤로 넘어졌다. 매일 운동을 하기에 순발력은 있으나 한쪽 옆으로 공중 낙하는 피할 수 없었다. 순간에도 머리를 대리석 바닥에 부딪치지 않으려고 오른쪽 어깨와 엉덩이 종짓굽을 이용해 머리 부딪힘을 피했다.

너무 아파서 저녁 시상식 때 계단을 올라가기도 힘들었다. 방으로 들어와 옆에 계신 제약회사 류 회장님께 자초지종을 말씀드렸더니 큰일 날 뻔했다면서 연고를 발라주셔서 통증을 덜 수 있었다. 사고 후 친구의 말을 듣고 보니 그런 안전사고가 많이 나고 노인들은 큰 사고로 이어지는 일도 많이 있다고 했다. 몸 한쪽이 새까맣게 멍이 든 채로 반년을 고생했다. 더 큰 부상으로 이어지지 않았음이 하늘의 도움이라며 위로하는 아내는 눈물을 보였다. 인명은 재천인가?

『문학생활』 2021. 여름호

관제시죽

중국 섬서성 박물관 안쪽에 비림(碑林)이 있다. 당나라 국립대학인 국자감(國子監)에 있던 개성석경(開城石徑) 유교경전(儒敎經典)의 석각(石刻)을 보전할 목적으로 세운 것이라고 한다. 공자의 유적지로도 부른다. 정문을 들어가면 큰 돌무늬의 조각품이 있다. 공자가 붓으로 글씨를 쓰고 붓을 빨던 큰 벼루라고 말했다. 오른쪽 길로 들어가면 길 양쪽에 12간지 같은 모양의 얼굴이 있는 돌기둥이 양쪽에 수십 개 서 있다. 말 매는 말말뚝이란 설명이 있다. 비림에는 수천여 개의 비석이 있다. 청나라 때 각 지역의 비석을 모두 모았다는 설명이 있다.

정문 격인 문 입구 1층 머리 위에는 '비림'이라고 한문으로 쓴 임측서(林則徐)의 친필이 있다. 급히 쓰다 보니 비(碑) 자의 위쪽 점이 하나 빠졌다고 한다. 그는 영국과 아편전쟁을 할 때 청나라

애국 정치인으로 중국을 대표한 사람이다. 급히 글을 써서 붙이고 보니 점이 하나 빠진 것을 발견했다. 그는 전쟁에 이기고 난 후 와서 글자를 고치겠다고 약속하고 전쟁터로 갔는데 아편전쟁은 영국의 승리로 끝났다. 임측서는 전쟁 패배의 책임을 지고 신강으로 유배되어 생을 마감했다. 결국 그는 글자를 고치러 이곳에 오지 못했고 잘못된 글자가 그대로 있는 것을 얼마 전에도 가서 보았다.

비림(碑林)

정문 안쪽에 큰 비석이 있다. 한문으로 '석대효경(石臺孝經)'이라 쓰여 있다. 이 비문은 당나라 6대 현종의 친필이란다. "효로 나라를 다스린다"는 뜻의 글이다. 첫 문을 들어가면 제1전시실이 나온다. 여기에는 사서오경 13경에 관한 내용의 글이 있다. 1전시실 비석은 114개이며 그 안에 있는 글자는 모두 65만 자가 된다는 안내인의 설명이다.

50여 년 전 문화혁명 때 홍위병이 모두 때려 부수려 했는데 주은래 총리 특명으로 문을 봉해서 위험을 피할 수 있었다고 한다. 비석들은 제1전시실에서 시작하여 제2, 3, 4전시실로 연결된다. '대진경교'라는 비석 글자는 유명하다. 입구 왼쪽 앞에 있는 이 비석은 '대진경교유행중국비(大秦景教流行中國碑)'로 비석의 받침이 돌 거북이다. 이 거북의 머리를 만지면 힘이 세지고 장수한다고 하여 보는 사람마다 모두 만져서 거북 머리가 매끈매끈하다. 한번 만져 보았다.

제1전시실에 있는 대진경교유행중국비는 명나라 말기에 시안 서쪽에 있는 장안의 대진사 경내에서 발굴된 경교석비(景教石碑)라고 한다. 이 석비는 당 무종(唐武宗) 때 박해령으로 매몰된 것 같다. 그 후 오랜 세월 땅속에 묻혀 있었기 때문에 보존 상태가 양호하다. '대진경교유행중국비(大秦景教流行中國碑)'의 9자를 3행으로 새긴 전액(篆額)을 포함한 이수(螭首) 부분과 비문을 새긴 부분으로 이루어져 있다. 비 옆쪽에는 여러 명의 승려 이름이 시리아 문자로 적혀 있고, 비석 상단에는 십자가가 새겨져 있다. 양옆에는 연꽃, 구름, 무지개가 그려져 있다.

2000여 자로 된 한자 비문은 대진사 승려 경정(景淨)이 작성하고 여수암(呂秀巖)이 썼는데 경교의 주요 교리와 성쇠(盛衰)의 역사가 적혀 있다. 대진(大秦: 페르시아)으로부터 전래된 경교는 2대 태종에 의해 허가되어 크게 발전하다가 불교도의 박해를 받고 일시 쇠퇴하였으나 현종 때 재건되었다고 한다. 비문 마지막 부분에는 황제에 대한 상찬(賞讚)과 사제(司祭) 및 수도사의 이름과 지위 등이 기록되어 있다. 당시 경교의 대한 연구에 귀중한 자료가 되는 소중한 비석이다.

제1전시실을 지나 문 하나를 나가니 제2전시실이 나왔다. 이곳에는 중국에 널리 알려져 있는 안진경(顔眞卿) 필체의 비석과 왕희지(王羲之) 필체 비석이 있다. 장욱(張旭)의 광초(狂草) 필체도 살펴보았다. 안진경은 당나라 때 정치가와 서예가로 초서의 명인 장욱(張旭)으로부터 필법을 배우기도 했으나 해·행·초(楷行草) 각체에 다육다골(多肉多骨)의 성풍을 창시한 사람이라고 한다. 굵은 선과 몸통을 부풀린 구성, 그리고 육중한 양감(量感)은 안진경의 전 인간성 표출로 볼 수 있다. 개원(開元), 천보기(天寶期)의 양식을 확립한 인물이라고 설명했다. 우세남(虞世南), 구양순(歐陽詢,) 저수량(楮遂良)과 함께 당 사대가(四大家)로 불리기도 했다고 한다. 초당(初唐) 무렵 왕성했던 왕희지 풍과는 전혀 다른 서품이다. 주요 작품에는 다보탑비(多寶塔碑), 제질문고(祭姪文稿), 마고선단기(麻姑仙壇記), 안씨가묘비(顔氏家廟碑)가 전해오고 있다.

제3전시실에서는 장욱(張旭)의 광초(狂草)를 보았다. 당 현종 때 서예가인 장욱은 지금의 장쑤성 사람으로 생사의 연대가 정확하지 않다. 육간지(陸柬之)의 아들인 육언원(陸彦遠)으로부터 '간지서법(柬之書法)'을 전수받았다고 전해진다. 초서(草書)의 대가로 제일인자 대우를 받았고 자유분방한 광초(狂草)를 창시했다고 기록하고 있다. 흘림체 글씨라고도 한다. 술을 좋아하여 술만 취하면 미친 사람같이 붓을 던지고 머리에 먹을 묻혀 머리털로 글을 썼다하여 장전(張顚)이라고도 불렀다. 해서(楷書) 작품에 『낭관석기』

(郎官石記)가 있고 초서 작품으로는 『자언첩』(自言帖) 『고시사첩』(古詩四帖) 등이 알려져 있다. 초서는 막 흘려 쓰는 글씨로 잘 알아볼 수 없어 별도로 공부를 해야만 읽을 수 있는 어려운 문체 중의 하나다.

안진경 비석 뒤쪽에 큰 비석들이 겹겹이 있는데 바로 뒤 비석이 왕희지의 필체라 보는 순간 많이 반가웠다. 고등학교 때 배운 '왕희지의 필법으로 조맹부의 체를 받아 일필휘지'하는 『춘향전』의 한 대목을 떠올리며 자세히 보았다. 우리가 쓰는 보통의 체와 크게 다르지 않았다.

왕희지는 어려서부터 글씨를 잘 썼으며 위부인(衛夫人)과 숙부왕이에게 필법을 배웠다고 설명했다. 한위(漢魏)의 유풍을 따라 공부했단다. 한대에 싹튼 해·행·초(楷行草)의 실용서체를 예술적 서체로 완성시킨 것이다. 그의 글씨는 그가 살았을 때부터 존중되었으며 역대 왕조 황후와 귀족들이 절찬했다고 한다. 당태종이 그를 존중하여 그의 글씨를 널리 수집하면서부터 그의 필법이 유행했다고 설명했다.

후세에 그의 글씨는 한국과 일본에도 큰 영향을 주었다. 현재 왕희지의 진적(眞跡)은 현존하는 것이 없으나 쌍구전묵(雙鉤塡墨)에 의한 상란첩(喪亂帖) 등의 탁본이 전해진다. 동양에서 서성(書聖)으로 존경받고 있다. 작품으로는 곡수(曲水)의 연(宴)이 전해지고 있다.

제2전시실을 지나 문지방 하나를 넘으니 바로 제3전시실이다.

여기에도 수없이 많은 비석이 있는데 그중에 장욱이 쓴 '광초'라는 비석을 보았다. 잘 알 수는 없으나 유명한 비석문이라고 설명했다.

제4전시실에는 당 현종 때 대문호 이태백의 글도 비석에 있다. 그는 술이 취해야만 멋진 글이 나오기로 소문난 문인이다. 현종비 양귀비와의 악연도 회자(膾炙)되고 있다. 현종에게 버림받은 후 지은 「행로난」(行路難)이란 시에 그의 심정이 잘 표현되고 있다.

한, 수, 당, 송, 원, 명, 청국(淸國) 비석 중에서 엄선한 3000여 개 비석 중 최고로 꼽는 비석의 비문이 있다. 이 비석은 촉한(蜀漢)의 명장인 관우(關羽)가 대나무 그림에 시(詩)를 뜻이 들어있게 그린 대나무 그림 시로, 제목은 「관제시죽」(關帝詩竹)이다. 비석에 대나무를 음각으로 그려 넣은 것인데 잎과 줄기가 글자로 되어 있는 것이다. 내용은 관우가 조조에게 인질로 잡혔을 때 형님인 유비에게 편지를 보낼 수가 없어 그림 속에 글씨를 담아 보낸 것으로 중국 역사에 남은 시의 제목이다.

'불사동군…'으로 시작하는 시죽은 "조조 모르게 조조의 은혜에 감사하지 않는다. 일편단심 유비 형님의 이야기를 듣겠다. 나뭇가지에 잎이 끝까지 떨어지지 않는다. 신세를 한탄한다"는 뜻으로 관우는 유비 형님 편이라는 내용을 대나무 그림에 넣어서 보냈는데, 유비는 바로 이를 정확하게 해석했다고 한다. 관우의 죽음을 면하게 한 유명한 그림으로 된 시다. 중국 역사는 관우를 높여 관제(關帝)라고 불렀다.

전시품은 진품이 아니고 청나라 때 다시 조각한 것이라고 한다. 그 밖에도 달마대사가 양자강을 건너오는 장면을 그림으로 조각한 시비(詩碑)도 보았고 소림사에 관한 비석도 있다. 돌조각 예술 박물관 안에도 각종 돌로 된 동물 석관이 많고 비석을 포함한 무덤에서 출토된 부장품도 많이 보았다.

도교의 창시자라는 노자의 동상도 보았다. 노자(老子)는 출생, 사망 연대도 확실하지 않다. 『사기』 『노자전』(老子傳)에도 명확한 기록이 없어 전설의 인물 같기도 하다. 기원전 489년에 사망한 공자보다 백년 정도 후배라는 설도 있고 공자가 찾아와 예(禮)의 가르침을 받았다는 설도 있다. 초나라 때 사상가며 도가(道家) 사상의 시조라고 추정한다. 주나라 왕실의 도서관리인을 했다는 기록도 있다. 그의 사상은 모든 지혜나 기교를 배제하여 본래의 무위자연(無爲自然)의 도(道)를 수양할 것을 주장하며 도와 일체를 이루면 성인이 된다는 이론이다.

그가 중국 도가 사상의 개조(開祖)로 일컬어지는 『노자 도덕경』(老子道德經)이 있다. 도(道) 자로 시작하는 도경과 덕(德) 자로 시작되는 덕경이 있다. 모두는 5000여 자로 되어 있으며 현재는 81장으로 되어 있으나 분장법(分章法)도 있어 확정하기는 무리가 있다. 문장은 간결하며 격언적(格言的) 표현을 모은 형태로 개성이

강한 면이 있어 보였다. 예부터 전해 내려오는 속담이나 격언들을 모은 느낌도 준다. 그러므로 해석할 때 이설(異說)이 많다. 운문체(韻文体)와 산문체(散文体)의 명문장으로 높이 평가를 받고 있다.

노자의 좌상 왼쪽으로 들어가 넓은 전시장을 보았다. 많은 동물의 석상이 있고 모두 시안 근처에서 출토된 것이라 설명했다. 전시품 중에는 이소핵의 석관도 있다. 이 석관은 수나라 것인데 70여 년 전 시안 양가에서 출토된 것이란 설명이 있다. 견고한 석관은 여닫이문이 돌로 되어 있고 형태도 깨끗하게 보존되어 있다.

수많은 비석 석관, 석상들의 전시품을 보고 나오니 들어가는 대문 오른쪽에 큰 종이 보인다. 이름이 경문종이라고 한다. 이 종은 당나라 때 만든 종인데 지금도 신년을 알릴 때 울린다고 한다.

중국 비림에서 역사적으로 널리 알려진 귀중한 비석들을 보고 감탄했다. 비석 공부에도 많은 지식을 얻었다.

『수필문학』 2021. 7월호

다울이

역대 규모가 가장 큰 엑스포는 한국을 포함한 12개 나라가 대형 면적을 가지고 개관한 상하이 엑스포였다. 190여 개 개관 중 자체 건물을 가진 나라는 40여 개국이고 한국도 여기에 해당된다고 관장이 말했다. 한국관을 방문했는데 관장이 직접 나와 안내하고 여러 가지를 설명해 주었다. 한국관은 최우수 국가관으로 선정되었다고 자랑했다. VIP 대접을 받고 있다는 것이다. 총 경비 380여억 원으로 건물 안내원 등 모두를 해결했다고 한다. 건물 설계는 이어령 교수의 생각과 강익중 작가의 작품이라고 자랑스러워했다.

내용은 기술과 문화가 어우러진 미래 도시 출연 및 한중 우호 교류 증진이 핵심이라고 했다. 도시의 융합을 상징하고 화합을 강조한 공간이 확실해 보였다. 한국관 2층을 올라갔다. 모두 9면으로 된 통로가 다 통하게 되어 있었다. 설명을 들으며 관람을 시작했다. 첨단 제품으로 사람들이 직접 만지며 조작할 수 있게 진열되어 있었다. 여러 형태로 화면 그림 변형이 가능하다, 친환경 광섬유로 구현된 빛의 공간에서 체험하는 3D 디지털 숲. 3D TV와 안경으로 입체 실사 영상을 감상할 수 있게 했다. 각자 감상해 보았다. 자세히 보니 작은 조각과 글씨들이 조합하여 한국의 도시 정체성을 상징하게 만들었다.

한글과 도시 공간을 소재로 새로운 개념을 전개하였다. 산과 강의 조화를 공연무대에 접목시켰다. 한국의 자연명소와 음식의 별미 등 한국적 아이템을 디자인 요소로 활용했다. 한국 도시에 대한 관심을 갖게 했음도 느낄 수 있었다. 2층 전시장으로 이어지는 대기 줄에 키오스크 6대를 설치해서 대기 예상시간 등 관람 정보를 상세하게 제공해 주었다. 대기 공간에서의 지루함도 달래주고 재미 요소까지 덤으로 제공해 주고 있었다. 또한, 한식의 우수성과 중국인들에게 사랑받는 한식요리도 선별하여 소개하고 있었다.

심장이 울릴 것 같은 요란한 음악 소리와 현란한 조명 속에서 체험하는 한국의 문화 체험도 할 수 있는 장치가 잘 마련되어 있었다. 한국의 전통과 현대가 이어지는 신명나는 한국문화 영상도 대형 스크린을 통해 여러 가지를 즐길 수 있게 설치해 놓았다. 알고 있는 내용도 보였다. 인간과 자연의 아름다운 모습들이 자연스럽게 연출되고 있었다. 누구나 한국인의 감성과 문화적 소양을 자연스럽게 느낄 수 있었다. 한국 여러 기술의 향연도 체험할 수 있었다. 다채로운 한류 문화를 선보이고 있다. 한국의 맛과 멋의 세계를 현장에서 체험할 수 있게 해 놓았다. 소통의 하모니라는 주제로 인종 연령 국경의 장벽을 넘어 언어를 통하여 소통과 공감을 체험하는 내용도 볼 수 있었다.

누구의 소원도 들어주지 말라는 당돌한 소원을 가진 소녀가, 실은 외로운 휠체어를 탄 소녀다. 윤호의 헌신적인 배려로 마음을 여는 소녀의 이야기 영화도 신선하고 재미있게 보았다. 내용은 문화의 도시 자연의 도시 친구의 도시 미래의 도시로 요약할 수 있다. 한중 우애를 공고히 하고 미래 동반자인 한국과 중국의 다양한 문화교류를 체험하는 내용도 보았다.

한국기업관은 한국 대기업이 기업관을 만들어 홍보하고 있었다. 삼성전자 LG 현대자동차 효성 등 12개 기업의 전시관을 보았다. 내용은 희망찬 도시와 생활로 1층에서 4층으로 구성되어 있다. 1층은 환영의 장소, 2층은 한국 12개 기업의 이미지광고, 3층은 세계인에게 감동을 주는 기업, 맨 위층은 녹색 가치를 지향하는 기업들을 설명하고 있다. 사람과 자연이 같이 살고 기술과 환경이 함께 하는 세상은 우리 모두가 희망하는 미래라는 의미를 상징하고 있다. 친환경 순환은 사람과 환경기술과 문명이

서로 순환하여 장점만을 주고받는 역동성이 건축을 통해 실현된다는 의미란다.

새로운 시장은 녹색기술이 융합하여 더 나은 미래를 만든다. 녹색도시에 이어 상생하는 미래를 열어 간다는 새로운 시장 이론을 내놓았다. 끝으로는 녹색성장의 가교다. 한국 기업은 중국과의 다리를 잇는 녹색성장의 리더가 되고자 사회 공헌과 녹색기술개발을 통해 중국 사회발전에 기여하고 있다는 내용의 연합관 이벤트도 볼 수 있었다.

한중 대표 예술가가 함께 표현하는 아름다운 조형물과 내용으로 두 나라의 우의를 다지며 금란지교(金蘭之交)의 사이를 희망한다는 뜻깊은 의미도 알 수 있었다. 함께 어울려 산다는 뜻의 '다울이'는 한국관의 정신을 아주 잘 함축한 순수한 한국말임을 알 수 있었다. 양국은 이웃한 나라로 정치는 물론 경제 문화 외교 전반에 협력이 필요하다는 것을 확인하는 전시장을 모두 둘러보았다. 여러 방면에 한중 우호의 중요성을 잘 설명한 내용이다.

2021. 8. 8.

귀신과 같이 사는 태양의 도시

우리나라와 정반대의 기후를 가지고 있는 아르헨티나는 여름은 무더우나 찌는 더위는 없고 겨울도 영하로 내려가는 날이 거의 없다. 수도 부에노스아이레스는 미술관과 극장, 박물관, 연주회장이 많은 문화의 중심지로 사람들은 멋있는 항구 사람이라는 자부심을 가지고 살고 있었다. 탱고 춤이 유명하여 여러 나라에 수출하는 탱고 춤의 선진국이라고 자랑했다.

저녁 시간에 탱고 쇼가 있는 대형 홀을 방문했다. 식사와 음료를 동반한 만찬을 들면서 세계 최고 수준의 탱고 쇼를 관람했다. 역동적인 남녀의 춤과 날렵한 미녀는 눈 깜작할 사이에 남자 무릎이나 가슴에 안기는데 진기명기 수준이다. 처음 보는 대단한 실력에 계속 감탄했다. 월드컵 준결승전에서 네덜란드와 승부차기로 이기고 독일과 결승전을 치른 축구 강국이기도 하다. 90%

이상인 백인의 나라가 축구 초강국이다.

레콜레타 묘지

수도 부에노스아이레스 시내 한복판에 있는 레콜레타 지구에는 묘지와 성당이 있다. 이 지구는 산마르틴 광장 근처에 있다. 계속되는 가난과 원주민 인디언들의 침입으로 초기 정착인들은 어려움을 겪기도 했다고 한다. 수십 년이 지난 후 제대로 된 도시의 모습을 만들게 되었단다. 자연 상태의 대초원에 인간의 손길이 닿은 지 반세기 만에 유럽 이민이 만든 거리는 '남미의 파리'로 불리는 대도시로 바뀌었다. 프랑스의 유명한 건축가는 "욕망의 힘이 넘치는 거대한 도시"라고 찬사를 보냈다고 한다.

이곳은 수도에서 손꼽는 고급 지역이다. 고층 빌딩이 섞여 있고 1층에 고급 식당과 세련된 카페, 감각적인 매장이 있다. 길 가는 행인도 세련미가 넘쳐 보였다. 도시 한복판인데도 나무들이 많고 녹음이 조화를 이룬 거리 풍경은 볼만했다. 근처에 레콜레타 묘지가 있는 큰 공원이 있다. 수백 년 된 고무나무가 공원 정문의 위치를 알려주고 있다. 우리나라 같으면 상상도 못할 공동묘지가 압구정동 로데오거리 근처나 시청 옆에 있는 것과 같은 모습이다. 문화의 다름을 실감했다. 이곳 사람들은 이곳을 일컬어 '귀신과 태양의 도시'라고 말한다. 이 묘지는 이 나라에서 가장 유서 깊은 곳이다. 묘지가 있는 장소에 따라 계급을 평가 받는다는 이 묘지는 영원히 잠든 아르헨티나인들의 최고급 유택이라 할 수 있다. 사통팔달로 도로를 내고 각 묘지마다 조각과 전통적인 장식으로 꾸민 납골당은 묘지라는 생각이 들지 않을 정도로 조각품들이 예술적이며 고급스러워 보였다.

총 6000여 기의 납골당이 있으며 묘 중에 역대 대통령 13명의 묘도 이곳에 있다고 설명했다. 몇 곳을 가 보았다. 묘지 앞 대리석에 음각된 비문이나 철로 치장한 묘 중에는 유명인사도 많다고 한다. 「에비타」로 알려진 페론 전 대통령의 부인도 이곳에 안장되어 있다. 어린 시절을 불우하게 보낸 에비타는 배우가 되었고 후에 대통령 부인이 되었다. 영부인은 페론 대통령 시절에는 페로니스타 당을 조직하는 등 정치에도 관여했다고 설명했다. 뛰어난 미모로 인기가 높았지만 33세에 요절했다는 문패를 보았다. 뮤지컬 「에비타」는 사생아에서 여배우 대통령 부인이 된 그녀의 인생행로를 담은 것이다. 에비타도 코너도 아닌 그리 좋지 않은 자리에 있다. 필자가 골목 안을 돌아 찾아간 그녀의 납골당에는 생화가 여러 송이 꽂혀 있었다. 조금은 허무함과 쓸쓸함을 느꼈다.

성모 필라르 성당은 레콜레타 묘지 입구 바로 오른쪽에 있다. 종루가 있는 높은 탑은, 예전에는 라플라타강을 가는 배들의 등대 역할을 했다고 한다. 지금은 주변에 고층 건물이 많아 강이 보이지도 않았다.

성당 문안 입구 양쪽에는 많은 장식품이 있고 그 안에 있는 산 페드로 알칸타르상은 볼만했다. 6시가 넘은 시간에 성당을 찾았는데 성당 안에서 음악회가 열리고 있었다. 경건한 성당에서 찬송가가 아닌 일반 노래를 부르는 것이 신기하게 생각되었다. 도시 한복판에 냄새나는 납골공원이 자리 잡고 그 옆에는 성당이 있고 앞에는 넓은 공원 그 앞에는 고급 식당을 비롯한 번화가가 한데 어우러진 도시이다. 그래서 귀신과 밤낮으로 함께 생활하는 도시가 바로 부에노스아이레스라고 어느 작가가 말했다고 한다.

생활상은 우리와 비슷해 보였는데 깨끗한 도시는 보기가 좋았다.

2021. 9. 6.

나라(奈良)와 볼거리

한국의 경주와도 비교해 볼 수 있는 일본의 나라는 교토 이전의 수도였다. 710년에 헤이조쿄(平城京)에 천도한 뒤 70여 년간 일본의 정치문화의 중심지로, 일본 초기의 역사와 신화 전설이 많다. 또한, 일본의 예술 공예 및 산업의 발생지로도 유명하다. 불교도 처음에는 나라에서 번창했다고 알려져 있다. 한창 번창기에는 화려한 궁전, 절, 저택이 많았는데 현재도 그 당시 상태로 남아 있는 것이 많이 있다.

도다이지(東大寺)는 일본 삼계단(三戒壇)의 하나로 헤이안(平安) 시대를 통하여 고후쿠지(興福寺)와 더불어 일본 불교계의 지도적 위치에 있었다고 한다. 대불전인 금당(金堂)은 불에 타서 없어진 것을 에도시대에 재건하였다는 기록이 있다. 건물 높이가 47.5미터나 되는 세계 최대의 목조 건물이라고 자랑한다. 8세기 쇼무(聖

武) 천황시대에는 전국의 중심 사찰로 일본 불교 화엄종(華嚴宗)의 대 본산이며 남도(南都) 7대 사찰의 하나였다. 745년 쇼무(聖武) 천황의 명령으로 로벤(良辨)이라는 스님이 창건하였다고 전해지고 있다.

본당의 부처님은 비로자나불(毘盧遮那佛)로 앉은키가 16미터 얼굴 길이가 5미터나 된다는 아주 큰 불상이다. 보통 나라 대불이라 부르기도 한다. 큰 부처님과 13세기 금강력 사상이 있다는 남대문 이월당(二月堂) 및 삼월당(三月堂) 등이 있다. 그밖에 쇼무 천황의 유품과 당나라 인도 및 페르시아의 공예품이 저장된 정창원(正倉院)도 여기 있다. 당나라 스님이 창건한 계단원(戒壇院) 등 오랜 역사와 함께 귀중한 문물이 많이 소장되어 있다고 설명했다.

나라 역에 내리면 걸어서 15분 거리에 있다. 우리의 대웅전 격인 본 건물까지는 한참 가야 된다. 가는 길 양쪽에는 많은 사슴들이 자유롭게 놀고 있었다. 먹이를 주면 바로 달려와서 받아 먹기도 한다. 사람들과 같이 놀기도 하고 재롱을 떨면서 도망도 가지 않는다. 너무 자유롭게 놀다 보니 도로 아무 곳에서나 배설물을 배출하여 잘못하면 밟기도 한다. 재롱떠는 꼬마 사슴과 장난치다가 똥을 밟아 애를 먹기도 했다.

대웅전 안에 있는 부처님이 얼마나 큰지 부처님 콧구멍으로 사람이 드나들 수 있다는 농담이 전해오고 있다. 또한 불상 오른쪽에 있는 대불당 기둥 아래에는 보통 사람이 통과할 수 있는 큰 구멍이 있다. 이 구멍을 통과하면 행운이 온다 하여 많은 사람이 줄을 서서 순서를 기다린다. 필자도 기다려서 어렵게 구멍을 통과했다. 혹시 행운이 올까 해서? 뚱보는 통과할 수 없다. 중간에 끼면 큰일 난다. 진입로 근처에서 길이 막혀 시간을 허비하는 바람에 다음 시간을 맞추기 위해서 구석구석 구경을 다 못해 아쉬웠다. 정문 입구 오른쪽에 있는 상점에는 일본에서 유명하다는 칼을 파는 집이 있어 급한 상황에도 잠시 시간을 내서 칼을 여러 자루 샀다.

고후쿠지(興福寺)는 서기 8세기 이후 약 500년의 긴 세월 동안 최대 세력을 자랑한 귀족 후지와라(藤原) 씨족의 절로, 심벌인 5층탑은 수차례에 걸쳐 화재를 당하여 재건했다는 기록도 보였다. 현존하는 15세기에 건립한 탑도 웅대한 덴표(天平) 양식을 재현하였고 사루사와노이케(猿澤池) 수면에 비친 석양의 모습은 정서가 가득하다. 그밖에도 삼면육비(三面六臂)로 젊음이 넘치는 매력적인 아수라상(阿修羅像)과 구야마다데라(旧山田寺)의 불두(佛頭) 등이 있는 국보관도 보았다.

주변에 본존을 안치하고 있는 동금당(東金堂)과 팔각원당(八角元堂)의 북원당 남원당 등도 보았다. 반야(般若) 잔디라고 불리는 곳에서는 음력 2월에 7일간 장작을 태우면서 하는 신사(神社) 제례인 다키기노(薪能)가 개최된다고 설명했다. 나라 역에 내리면 멀지 않은 거리에 있다.

나라 국립박물관(奈浪 國立博物館)은 1894년 명치 27년에 건립한 서양식 본관과 1973년 소화 48년에 아제쿠라즈쿠리(校倉造, 마루가 높고 목재를 가로로 짜서 이루어진 고대의 건축 양식)를 묘사하여 건조된 신관이 있다. 이곳은 주로 불교미술의 절 상품을 연대별로 전시하는 곳이다. 가을철 10월 하순에서 11월 상순에는 도다이지(東大寺) 절의 쇼소인(正倉院)에 수장된 8세기의 귀중한 문물을 일반에게 공개하는 쇼소인 전도 개최한다고 설명했다. 나라 역 근처에 있어 찾기도 쉽다.

나라는 한국의 부여나 개성 같은 도시로 동대사 같은 큰 사찰과 역사 유적이 많은 조용한 옛 도시로 한번은 가 볼 만한 일본의 옛 수도이다.

2021. 9. 9.

백년해로

계림시 북파산 북쪽에 있는 첩채산(疊彩山)은 네 개의 봉우리들이 보기 좋게 이어져 있다. 산의 표면이 마치 비단을 포개 놓은 것 같은 모양이라 붙은 이름이란다. 제일 높은 봉우리 이름은 명월봉으로 높이가 220여 미터이다. 계림 시내에서 가장 높은 산이라고 한다. 한참 올라가다 50여 미터 지점에 다다르니 풍동이라 쓴 벽면이 보인다. 청나라 때 새겨 놓았다는 시와 그림이 보인다. 주변에는 수십 개의 불상도 새겨져 있다. 산 중턱이 층층으로 되어 있다.

몇 년 전에 갔을 때는 공원 입구 표 받는 곳에 키 재는 기구가 있었다. 기계라기보다 기둥에 검은 표시를 해 놓은 것이다. 나이에 관계 없이 키를 재서 기둥에 칠한 검은 표시보다 작으면 아동 표를 받고 넘으면 어른 입장료를 받는다. 표시는 1.4미터의 높이다. 지금은 현대식으로 바뀌었다고 한다.

동굴 입구에 '첩채산'이란 현판이 보인다. 심윤묵이라는 상해대학 교수가 80이 넘어서 썼다는 글인데, 한눈으로 보아도 명필이다. 100세 이상 살았다는 설명이 있다. 동굴을 지나서 오른쪽을 보니 청나라 때 이변수라는 화가가 그렸다는 대나무 그림이 있는데 실물같이 뚜렷했다. 대와 잎은 멋있게 그렸는데 뿌리를 안 그렸다. 뿌리 없는 나무는 살 수 없다는 뜻으로 간접적으로 나라를 욕하는 그림을 그린 것이라고 설명했다. 바로 해석을 못 했는데 설명을 들으니 알 만했다. 뜻을 알고 보니 그림은 더 멋있어 보였다.

옆에는 직사각형으로 된 돌그릇이 있는데 바닥에는 남녀 어린아이 조각이 나란히 새겨져 있다. 한쪽 옆으로는 물이 나가는 구멍이 있다. 이곳에 물구멍을 막고 고기를 두 마리 넣은 후 물구멍을 열면 그릇에 두 마리 고기가 한 마리만 남아 아들 조각 쪽에 있으면 아들이고 딸 조각 쪽에 있으면 딸이 된단다. 두 마리 모두가 안 내려가고 있으면 쌍둥이를 낳는다는 남녀 쌍둥이 구별 그릇도 보았다. 오른쪽에는 한자 목숨 수(壽) 자를 크게 쓰고 숫자에 설명을 잘해 놓았다. 한자로 사일공일구촌(士一工一口寸)을 설명하면서 100세를 살아야 장수로 본다는 내용이다.

안내 화살표를 따라 계속 올라갔다. 한참 올라가니 명월봉 정상이 나왔다. 정상에는 중앙에 사각 정자가 있고 안에는 원탁 테이블이 있어 앉아서 사방을 보기가 좋았다. 계림산수갑천하(桂林山水甲天下) "계림의 산과 물은 천하에서 제일 아름답다"는 글이다. 이강(漓江)을 멀리서 잘 볼 수 있는 곳이다. 산 정상 둘레가 가파른 낭떠러지로 되어 있다. 위험하여 뺑 돌려 울타리를 쳐 놓았는데 울타리 친 철책 기둥의 가로 연결된 주위에 자물쇠가 사방에 주렁주렁 매달려 있다. 어디를 보아도 열쇠는 보이지 않았다.

이유는 청춘 남녀도 좋고 신혼부부도 좋고 중년 노년 부부 할 것 없이 모두 첩채산에 올라와서 자물통 두 개를 열어 서로 끼워서 철책에 연결된 쇠사슬 줄에 묶어 잠그고 열쇠 두 개는 낭떠러지 아래로 힘껏 던지면서 '이 세상 끝날 때까지 서로의 연결을 풀지 말자. 백년해로를 하자'는 뜻으로 자물통을 걸어 묶어 놓은 것이라고 한다. 그 풍습이 널리 퍼져 동남아 여러 나라와 우리나라에도 산에 가면 많이 볼 수 있다. 구형 자물쇠들이라 자물쇠 장사는 재고를 팔아 좋고 자물쇠를 잠가 놓는 풍습도 아름답게 보였다.

풍습은 여러 나라가 비슷한 것이 많다. 동양의 풍습은 더욱 그렇다. 남녀가 부부의 연을 맺으면 검은 머리가 파뿌리가 될 때까지 평생을 함께 사는 것이 미덕이었다. 시대가 많이 변하고 있다. 어떻게 사는 것이 좋은 것인지 정답은 알 수 없다.

2021. 9. 22.

백제의 흔적

넓은 들판에 7개의 고분이 있다. 그중 정중앙에 위치한 무덤이 제일 크다. 왕릉으로 추정된다. 고분의 입지는 흔히 말하는 명당의 지세로 보였다. 이 시대에도 풍수지리 사상이 있었음을 짐작하게 한다. 한 개 고분에서는 사신도가 그려져 있는데 이는 고구려와 백제의 교류를 증명해 주는 벽화로 보인다.

왕릉 묘역 근처 계곡에서 역대 왕들의 명복을 비는 절터로 추정되는 넓은 터를 보았다. 여기에서 백제 금동대향로와 백제 창왕 석조사리가 출토되었다. 백제왕릉원(百濟王陵園)에 전시되어 있는 것을 보았다. 백제시대 불교 수용 과정과 백제 달기에 불교를 숭상하는 국가였음도 알 수가 있었다. 절터의 위치가 왕궁터 정남쪽 바로 앞에 있기 때문이다. 절터 한가운데 위치한 정림사지 5층 석탑은 높이가 8미터가 넘고 장중하고 육중하게 보인다. 우리나라 석탑 양식의 계보를 정하는데 귀중한 자료라고 한다. 백제가 부여에 남긴 단 하나의 지상석탑이기 때문이다.

40년 전에 석탑 주변을 조사하여 발굴했고 출토된 기와에 태평 8년 무진 정림사라는 명문이 출토되어, 고려 초기 정림사로 부른 것이 확인되었다. 이후 5층 석탑은 정림사 5층 석탑으로 부르게 되었다. 태평 8년은 천여 년 전으로 이때 지어진 것으로 판단된다. 구조는 일반 건축물과 비슷하다. 5층의 탑신부(塔身部)를 놓고 기단부를 장대석(長臺石)으로 지대석을 만들었다. 그 위에 여러 장의 낮은 돌을 놓은 다음 모서리 기둥을 잘 조립하여 쌓았다. 위쪽 면은 약간의 경사가 지도록 해서 물 떨어짐을 알맞게 만들었다. 탑 몸에는 네 귀퉁이에는 배가 약간 올라와 있는 넓은 돌을 각 면에 두 장씩 사이에 끼운 것을 볼 수 있다.

각층의 중심 돌 근처에는 물 떨어지는 곳과 받침대가 다른 돌을 썼다. 몸돌 아래쪽 받침에는 4장의 모진 돌을 아래쪽에 붙이고 그 위에 다시 여러 장의 각목을 각을 죽인 모죽임 형 2단으로 되어 있다. 탑의 특징은 나무 탑의 구조를 돌탑으로 변형시켜서 나타내고 있는 탑으로 볼 수 있다. 그러나 단순한 모방이 아니라 창의적인 조형미를 보여주며 전체의 형태가 매우 장중하고 아름답게 보였다.

이 탑이 유명한 것은 신라와 당나라 연합군이 백제를 함락하고 그 전공을 당나라 장수 소정방의 이름으로 써 놓은 것 때문이다. 그래서 이 탑을 노인들은 평제탑이라고 불렀다. 비문의 내용은 큰 글씨로 대당평백(大唐平百) 제국비명(齊國碑銘)이라 썼다. 사기(史記)에 기록이 있다고 한다. 신라와 당나라 연합군이 부여 사비성을 함락하고 의자왕을 사로잡고 아들까지 산 채로 잡아 항복문서를 받은 것으로 기록되어 있다.

소정방은 백제의 대표적 탑인 5층탑에 전쟁 승리의 글을 써서 백제 사람들에게 굴복의 역사를 알린 것이다. 이천여 자에 달하는 글의 내용을 자세히 보면 백제 정벌의 합리화와 미화, 당 황제에게 충성함, 출전하여 싸운 장군들의 칭송이 적혀 있다고 한다.

60여 년 전 필자가 갔을 때는 길옆 큰 밭 한가운데 있어 들어가 가까이서 보기가 쉽지 않았다. 하필 그날따라 한 시간 전에 비가 와서 신발에 흙이 묻어 들어가기가 힘들었던 기억이 난다. 이끼 낀 탑에는 잔글씨가 한문으로 써 있어서 뜻은 물론 글자마저도 잘 알아볼 수가 없었다. 얼마 지나 국어 교과서에 실린 '정비석의 부여를 찾아서'를 공부하고서야 이 탑의 글이 소정방의 공적을 새긴 탑임을 알게 되었다. 그때 국정교과서에 실렸던 정비석 님의 글이 생각난다.

"당나라 대장 소정방이 화려한 백제의 서울 부여를 함락하고 이 탑에 자기의 공을 기록하였으니 돌도 응당 원통한 느낌이 있으련만 지금까지 아무 말 못 하고 그냥 서 있지 않은가? 저무는 부여는 어두워만 간다."

다음 찾은 곳이 부소산성이다. 부여에서 역사적 의미가 있는 산이다. 백여 미터의 낮은 산이지만 부여를 지탱하고 있는 많은 볼거리와 역사를 간직하고 있다. 땅의 생김새는 평야에 가까운 들판에 우뚝 솟은 산으로 백마강에 인접한 동쪽과 북쪽은 가파르고 서쪽과 남쪽은 밋밋한 산이다. 백제시대에 이 산은 평화로운 시대에 백제 왕실에 딸린 후원 역할을 했고 전란 때에는 도성의 최후를 지키는 보루 역할을 했다.

표시된 길을 따라 조금 올라가니 삼충사가 보인다. 백제 충신의 기록이 있다. 성충은 백제 마지막 왕인 의자왕 때 높은 관직에 있었는데 잘못된 정치를 바로 잡으려고 바른말 하다가, 잡혀가서는 음식을 먹지 않고 굶어 죽은 충신이다. 흥수는 신라와 당나라 연합군이 백제로 공격해 올 때 탄현(炭峴)을 빼앗기지 않아야 망하지 않는다고 의자왕에게 강력하게 주장했던 충신이다. 계백 장군은 신라 김유신 장군의 5만 군사와 지금의 논산인 황산벌에서 5천의 군사로 결사 항전하다가 현장에서 장렬히 전사한 장군이다.

산 위쪽으로 한참 걸어가니 영일루가 보인다. 부소산 동쪽에 있는 누각인데 2층 세 칸 건물이다. 지금은 옆면에서 보면 팔자 모양으로 8각 지붕이다. 지붕의 처마를 받치기 위해 만든 기둥과 기둥 사이에는 특이한 양식으로 꾸몄다. 정면에서 올려다보면 '영일루'라는 현판이 잘 보인다. 다른 관아 문에 비하면 규모가 비교적 큰 편이다. 원래 이곳에는 영일대가 있어 계룡산 연천봉에서 뜨는 해를 맞이했던 곳이었다고 기록되어 있다.

부소산 동쪽 봉우리에 영일루가 있다면 서쪽 봉우리 정상에는 사자루가 있다. 달을 서쪽으로 보낸다는 뜻의 송월대(送月臺)는 부소산성의 최고봉이다. 백제시대에는 망루가 있어 부소산성의 역할을 한 곳으로 추정된다.

군창 터는 백제 때는 대규모 곡물 창고로 썼다는 기록이 있다. 위치는 사비성 동쪽 제일 높은 곳에 있었다. 이곳은 영월대(迎月臺)가 있던 곳으로 넓고 평평한 광장 같은 곳이다. 일제 때 큰 창고 유적이 발굴되었다. 땅바닥을 뒤적뒤적하면 타다 남은 보리, 콩 등의 부스러기가 나온다. 그래서 이곳을 백제 군창 터라고 전해 왔다.

부여에 사는 친구와 함께 군창 터를 갔는데 모래흙을 파면 쌀, 보리, 콩 등이 나온다는 설명을 듣던 생각이 난다. 부여 사는 어른들은 백여 년 전에 땅에서 불에 탄 곡식이 나와 이곳이 백제시대 군량미를 저장했던 창고로 생각했단다.

군창 터를 지나 사자루(泗泚樓)를 자세히 보았다. 부소산성에서 가장 높은 곳인 송월대는 2층 문루 건물로 정면 세 칸 옆면 두 칸이다. 2층에는 누각을 설치했고 지붕은 겹처마 지붕이다. 건물 정면에 의친왕 이강이 쓴 사자루 현판이 걸려 있고 뒤 백마강 쪽으로는 김규진의 친필 백마장강(白馬長江)이라는 현판이 붙어 있다. 여기가 백제시대에는 망대 역할을 했던 곳으로 백제시대 초석인

장대석 와편이 나온 곳이다. 땅을 고를 때 '정지원'이라는 이름이 새겨진 백제시대의 금동석가여래입상이 발견된 곳이라고 한다. 조금 가면 왼쪽에 2층집 반월루(半月樓)가 있다. 이루는 동남쪽의 계룡산을 바라보고 아침 해돋이를 보는 정자로 알려져 있다.

햇볕이 너무 좋아서 기념사진도 찍었다. 여기서 오른쪽 아래로 내려가면 걷기 불편한 울퉁불퉁한 비탈길이다. 산성 북쪽 백마강변 험준한 바위 위에 지은 '백화정'이란 현판이 걸린 단칸 육각형 정자가 있다. 이곳이 백제가 멸망할 때 궁녀들이 절벽에서 몸을 던졌던 곳이라고 전해지고 있다.

현판에 붙은'백화정(百花亭)'은 당나라 시인 소동파의 시구에서 따왔다고 전해진다. 정자의 바닥은 높게 만들고 한쪽에 나무계단을 가파르게 만들어 오르내리게 했다. 6각형 원두막식 주변에는 위험방지용 난간이 있다. 천장에는 여러 가지 꽃문양이 예쁘게 보였다. 백마강 기슭 부소산 서쪽 벼랑의 바위를 낙화암이라 부른다.

백제 마지막 왕인 의자왕 때 나당(羅唐)연합군이 합세해서 수륙 양면에서 백제를 공격해 패망하게 되자 삼천궁녀와 여인들이 몸을 더럽히지 않고 절개를 지키려고 이곳에 와서 치마를 뒤집어 쓰고 백마강에 몸을 던진 곳이라 전해오고 있다. 지금 보면 백화정에서 뛰어내려도 백마강은 고사하고 고란사까지도 못 가는 긴 거리이다. 후에 궁녀들은 꽃에 비유하여 낙화암이라 불렀다고 전한다. 낙화암 아래 큰 바위에는 조선 숙종 때 재상이며 명필인

송시열의 친필이라는 낙화암(落花巖)의 휘호가 음각으로 새겨져 있다. 이를 보면 낙화암은 조선시대에도 유명한 관광지였음을 짐작할 수 있다.

백화정을 끼고 가파른 비탈길을 내려가면 부소산 북쪽 백마강 변에 제비집 같은 절벽에 '고란사'라는 절이 있다. 이 절은 백제의 패망과 관계가 있는 전설이 있다. 지금의 절은 고려시대 창건된 것으로 기록되어 있다. 낙화암에서 몸을 던져 절개를 지킨 백제 여인들을 기리기 위해 지었다고 전해진다. 처음에는 절이 아닌 정자가 있었던 자리로 추정한다. 지금의 절은 앞면 일곱 칸 측면 네 칸의 법당과 요사체로 된 작은 규모의 절이다. 불교의 전파 의미보다 법당 뒤편에 자라는 고란초와 약수가 유명하다. 물이 좋아서 백제의 왕들이 어용수로 이용되었다는 전설이 전해오고 있다. 약수 주변에 있는 고란초는 다년생 응달 식물로 그늘진 산의 바위틈이나 낭떠러지 산비탈 벼랑에 붙어산다. 뿌리와 줄기는 옆으로 길게 뻗으면서 마디에서 고사리 잎 같은 잎이 달리는데 조금 두껍고 광택이 나는 홑잎이다.

지금의 고란초는 환경의 변화로 멸종 위기를 맞고 있다. 지난해 가서 절 뒤쪽 화장실 근처 샘터에서 한참 찾다가 못 찾고 있는데 마침 고란사 스님이 오길래 물어서 고란초를 볼 수가 있었다. 약수 지붕 뒤쪽에 고란초라 쓴 위치 화살표를 찍어 확대해서 보았으나 희미하게 보였다. 약수는 풍부했다. 스님은 약수 먹고 어린이가 된 할아버지의 전설이 있다며 설명해 주었다.

부소산성에는 태자들이 다니던 숲길이 있다. 옛 백제 왕자들이 가볍게 거닐던 산책로는 편안한 마음으로 걷는 것만으로도 머리를 식히는 좋은 산길이다.

백제 태자들처럼 세상을 걷는 마음으로 걸어 보았다. 몇 대에 걸쳐 고목이 된 참나무들과 고송이 된 소나무향을 음미하며 봄이면 새순의 싱그러움을 만끽하고 겨울이 되면 나뭇가지에 핀 눈꽃이 아름답다. 부소산성은 군창 터로 가는 산성과 사비루 쪽으로 가는 산성과 전체를 둘러싸고 있는 포곡식 산성으로 이루어져 있는 복합식 산성으로 볼 수 있다. 최초의 축성은 백제가 사비성으로 천도하기 전에 구축되었으며 대부분이 흙으로 된 토성이었다고 기록하고 있다.

필자는 근년에 여러 번 부여를 갔었다. 다른 도시에 비해 발전이 많이 늦은 것 같다는 생각을 했다. 옛 도읍지로 많은 유적을 남겼으나 역으로 개발이 늦어지고 규제도 있어 어려움을 겪고 있는 것으로 보였다. 하지만 백제는 역사에서 없어졌어도 유적은 남아서 관광객들이 모여들어 부여를 살리는데 큰 몫을 하고 있다고 생각했다.

2021. 9. 25.

수명(壽命)의 숙제

삼백여 계단을 올라 진시황릉 정상에 도착했다. 야산인지 능(陵)의 봉우리인지 분간이 안 되었다. 봉분 위는 평평한 운동장 같았다. 두 곳에 능에 대한 간단히 설명한 비석이 서 있다. 넓이는 1,000여 제곱미터는 되는 것 같다. 주변에는 높은 산이 없고 구릉(丘陵)과 평지가 알맞게 분포되어 있다. 황제의 유택으로 손색이 없어 보였다. 봉분 주위의 비탈에는 땅도 비옥해 보였다. 모두가 과수원이다. 50여 년은 되어 보이는 석류나무들이다. 사방이 확 트인 광활한 대자연에서 대국의 면모를 느낄 수 있었다.

중국 역사를 보면 황제나 제왕들이 통치 기간 중 몇 가지 공통점이 있다. 첫째는 일평생 부귀영화를 누리기를 희망하고 영원히 살기를 원했다. 둘째는 자연법칙에 따라 영원한 생존이 안 되면 유택인 능묘를 화려하게 꾸며 살아서 누렸던 향락을 죽은 후에도 똑같이 누리겠다는 생각이다. 능 안에 모든 부장품을 살아 있을 때와 똑같이 꾸며 놓는다는 것이다. 진시황제도 이런 생각으로 능묘를 건축한 것으로 보였다.

사마천의 사기 『진시 황 본기』에 시 황제에 관한 기술이 있다. 진시황은 생전에 여러 차례 서복(徐福)을 파견하여 수천 명의 젊은이들을 대동하고 동해의 봉래(蓬萊) 영주(瀛州) 등 심산에 들어가 장생불사약을 구해 오라고 했다고 한다. 하지만 이러한 염원이 허무한 것임을 깨닫게 되었을 것이다. 후에 시황은 당시 예법에 따라 즉위 후 여산 기슭에다 자신의 능묘를 건설하기로 했다. 이곳에 자기의 묘소를 선택한 것은 경치가 유달리 아름답고 산과 물을 끼고 있는 데다 지세가 좋고 다니기 편리함 때문이라고 생각했을 것이다. 이른바 좌청룡 우백호 북현무 남주작의 명당으로 본 것이다. 여산은 음지에 금(金)이 많고 양지에는 옥(玉)이 많다는 설에 재물을 탐내는 시황이 이곳에 묻히려 했을 것으로 추정이 가능하다.

시황은 즉위한 지 얼마 안 되어 능묘 건설에 착수했다. 전국을 통일한 후 70만여 명의 죄수들을 묘역 공사에 투입했다. 묘혈은 지하 수맥(水脈) 3개를 뚫고 그곳에 동(銅)을 흘리고 구리로 건조한 후 그 위에 관을 안치했다. 다음 현실(玄室) 내에 별궁을 건설하고 묘혈 내에는 진기한 보물을 가득 채웠다. 장인들을 시켜 불시에 화살이 발사될 수 있는 장치를 만들어 누구나 도굴하러 왔다가 그 장치에 부딪히면 자동으로 발사될 수 있게 했다. 수은으로 하천과 바다를 만들었다. 현실 내의 천장에는 일월성신(日月星辰)을 장식하고 바닥에는 구주(九州) 오악(五岳)을 배치했다.

인어의 기름으로 초를 만들어 아주 오랜 시간 불이 켜져 있도록 했다. 2세 황제는 시황제의 후궁과 비빈 중에서 생육한 적이 없고 궁중에 남겨두기 마땅하지 않은 자는 일률적으로 순장하기로 했다. 이때 죽은 자가 많았다고 기록하고 있다. 매장을 끝내자 어떤 사람이 발사 장치를 만들어 놓고 보물을 수장한 장인들이 현실 내 사정을 잘 알고 있으므로 기밀을 누설하기 쉽다고 의심했다. 그래서 장례를 마친 후 먼저 현실 안의 연도를 봉쇄하고 현실 밖의 연도도 봉쇄하여 공사한 장인들이 한 사람도 살아나오지 못하게 했다. 비밀유지를 위해 무덤 위에 초목을 심어 산처럼 보이게 했다. 고고학적 보링 탐사에 의하면 능 주위에 형상과 구조 및 내용이 각각 다른 대량의 부장갱과 고분이 분포되었음이 확인되었다. 현재까지 확인된 것만도 400개가 넘는다고 설명했다.

시안시에서 동쪽으로 100리 거리에 있고 임동현 현도에서 이 20리 거리인 진시황릉은 여산(驪山)을 북쪽으로 하고 위하(渭河)를 끼고 있는 낮은 산이다. 진시황릉 원래의 높이는 115미터, 기초는 마치 말을 엎어놓은 것처럼 네모나게 생겼는데 달구질을 하여 쌓은 것으로 보인다. 현장을 보면 2200여 년 동안 비바람으로 부식되고 인위적인 파괴도 있어 지금의 높이는 47미터 정도라고 기록하고 있다. 능위 팻말 기록에는 동서 길이가 340미터 남북 길이가 350미터이며 능의 형상은 금자탑 같다는 기록이 있다. 봉토 주위를 둘러싸고 지상에 축조되었던 두 겹의 성벽은 남북향의 장방형이다. 내성 크기는 남북 길이 1.3킬로미터 정도이고 동서 길이 0.6킬로미터 둘레가 3.8킬로미터나 된다는 기록을 볼 수 있었다.

성벽은 대부분 퇴락하여 기초만 남아 있다. 성벽의 넓이는 8미터란다. 내성과 외성은 4면에 모두 성문이 있다. 외성은 4면에 문이 각각 한 개씩이며 내성은 동서남에 한 개씩이고 북쪽은 2개다. 문 위에는 필요한 건축물이 있고 내 외성 모퉁이에는 각루가 있다. 성과 성 사이에는 대형 궁전 유적이 발견되었는데 이들 건물은 제사를 지내거나 능지기들이 물건을 저장하거나 숙박으로 썼던 방으로 추정된다.

근처에서 출토된 진귀한 유물은 5만 점이 넘는다는 기록이 있다. 대부분이 귀중한 진품들이란다. 보물 중에는 진시황제가 타고 다닌 수레를 모방한 동거마(銅車馬)와 동거마용갱(銅車馬俑坑)이 있다. 황제가 사냥을 하며 노닐었던 수렵장을 상징한 금수갱(禽獸

坑)도 있다. 황실 궁궐의 마구간을 표방한 마구갱(馬廐坑)도 있다. 근처에 어마어마한 규모의 병마용(兵馬俑)이 지하에 있다.

인간 세상에 있는 모든 것을 지하 궁전에 설치했다고 할 수 있다. 사람이 할 수 있는 것은 모두 만들어 향락의 극치를 맛본 진시황제도 수명(壽命)이란 자연현상은 이길 수 없어 역사 속에 묻히고 말았다.

2,000년이 지난 지금도 모든 사람들이 오래 살고 싶은 욕강은 어느 정도 성취되었으나 영원히 살고 싶은 영생(永生)의 꿈은 실현이 안 되고 미해결의 숙제로 남아 있다. 영원히 살 수 있는 미래는 언제 올까?

2021. 9. 30.

소수민족 박물관

중국 계림시 외곽 서산공원 안에 있는 소수민족의 생활상을 볼 수 있는 박물관을 갔다. 2층 전시관부터 보았다. 광서성(廣西省) 좡족 자치구에 사는 좡족, 요족, 묘족, 동족, 머러족, 범남족, 경족, 회족, 수족, 이족, 걸모족의 11개 종족 소수민족 관련된 자료를 골고루 보았다. 실제 소수민족이 연기하는 모습도 여러 가지를 보았다.

좡족은 소수민족 중 인구가 가장 많은 1,400만여 명으로 광시 좡족 자치구 전체의 1/3 가까이 된다고 설명했다. 이들 집은 나무로만 되어 있다. 실물을 보니 모두 2층으로 된 집들이다. 1층은 더워서 살 수가 없어 헛간으로 쓰고 2층에 살고 있다. 2층을 올라가 보았다. 정문 위 문패 다는 곳에 손바닥만 한 거울을 붙여 놓았다. 일종의 부적이란다. 귀신이 사람 잡으러 왔다가 거울에 비친 자기 얼굴을 보고 놀라서 도망간다고 생각하고 있다.

민속도 여러 가지가 있다. 청춘 남녀가 매년 3월 3일 만나서 12미터 높이에 농구 골대 같은 구멍을 만들어 놓고 명주로 만든 방울을 여자가 먼저 구멍 쪽으로 던진다. 공이 구멍을 통과하여 남자 쪽으로 가면 남자들이 받는데 공을 받은 남자가 마음에 안 들면 계속 공을 던진다. 맘에 드는 남자가 받으면 던지기를 멈추고 받을 자세를 취한다. 공을 받은 남자는 여자 쪽으로 다시 던져 받은 여자가 마음에 들면 사랑이 이루어진다. 만일 받은 여자가 마음에 안 들면 다시 공을 던져 먼저 받은 여자가 받으면 짝짓기가 끝난다는 민속놀이다.

여자들은 10미터 높은 곳에 있는 구멍으로 공이 통과하지 못하면 평생을 처녀로 늙게 된다. 그래서 네 살만 되면 공 던지기 연습을 시킨다. 남자도 좋아하는 여자가 없으면 총각으로 늙는다. 남녀 모두 결혼하려고 열심히 구멍 통과하는 연습을 한다며 실지로 연습하는 장면을 보여주면서 설명했다.

좡족은 둘째 아들에게 재산을 물려준다. 이곳의 풍습은 남녀가 결혼을 하려면 남자가 여자 집에 가서 3년을 살면서 처가의 평점을 받는다. 1년을 살았는데 남자가 술 먹고 일 안 하고 여자 측 사람들의 비위를 못 맞추면 내쫓긴다. 첫 번 남자를 내쫓은 후 다음 남자를 데려온다. 그는 같은 과정을 거쳐 3년을 잘 넘기면 남편을 삼는다. 이때 부인이 된 사람은 첫 남자와 1년을 살고 내쫓은 후 두 번째 남자와 사는데 아이를 낳으면 어떤 남자의 아이인지 잘 모르게 된다. 그래서 처음에 난 자식은 쫓아낸 전 남자의 자식이라 판단하여 재산은 두 번째 난 아이가 확실한 지금 남편의 아이라 차남에게 재산을 준다는 이유이다.

수족은 인구가 2,500여 명밖에 안 된다는 기록이 있다. 자기 종족끼리만 근친결혼을 한다고 말했다. 그래서인지 머리가 나쁘고 멍청한 사람이 많다고 설명한다. 묘족은 흰 바지만 입는다고 설명했다. 이들은 산속 깊은 곳에 몰려 산단다. 깊은 산속에 사는 이들은 서로의 소식을 북을 쳐서 알리는데 세 번을 힘차게 치면 북 치는 동네에 결혼식이 있다는 뜻이고, 여섯 번을 치면 초상이 났음을 알리는 신호란다. 지금도 해남도에는 묘족이 살고 있다고 한다. 가파른 지대에 있는 마을에 계단식 논이 있고 주변에 대나무 기둥과 진흙으로 된 벽과 초가지붕으로 된 묘족 가족이 있다고 한다. 몇 년 전 골프모임에서 동양의 하와이로 부르는 해남도를 갔을 때 묘족 마을을 찾았으나 원주민들도 몰라서 현장을 못 찾았다.

박물관 전시장 한쪽에 선물을 판매한다는 광장도 보았다. 묘족은 흰 바지만 입는 것이 아니고 검은색 상의와 짧은 스커트도 입고 색깔이 화려한 자수가 놓인 모자를 쓴 사람도 있다. 관광객이 많기 때문에 이런 복장을 하고 있다고 안내인이 설명했다. 이들과 기념으로 사진도 찍었다. 모델료를 달라고 해서 몇 불 주었다. 그들의 수입원으로 생각했다.

묘족은 베틀에서 천을 손수 짜서 옷을 만들고 있었다. 외출 할 때는 금은 장식품을 많이 가지고 다니는데 족장은 열 살 아이 무게만큼 은을 몸에 지니고 다닌다고 자랑했다. 청춘 남녀의 연애 장면도 설명을 들었다. 매년 7월 7일 큰 나무 기둥 위에 닭을 올려놓고 먼저 올라가 닭털을 하나 뽑아 가지고 내려와 여자 옷에 세 번 문지르면서 손수건을 건네준다. 이때 여자는 남자가 맘에 들면 손수건을 받고 남자의 발등을 세 번 밟는다. 살짝 밟으면 조금 사랑하는 것이고 강하게 밟으면 죽도록 사랑한다는 뜻이라며 실습 장면을 보여 주었다.

요족(搖族)은 검은색 바지만 입는다. 자기 조상이 벼랑에서 떨어져 죽었는데 죽을 때 검은 옷을 입고 죽어서 조상을 존중하는 마음으로 검은 바지만 입고 산다고 한다. 대단히 더운 곳인데도 검은 바지만 입고 산다. 검은 바지를 입고 우리를 반겨주었다. 경족은 물 위에 사는 수상 민족이란다. 이들은 배 위에서만 산다고 배를 가리켰다. 모자와 복장이 베트남 사람 같았다. 홍콩에서도 본 것 같다. 회족은 이슬람교도들 같이 돼지고기를 먹지 않는다고 한다. 조상이 어릴 때 먹을 것이 없어 돼지 젖을 먹고 자라서 그가 죽을 때 돼지를 잡아먹지 말라는 유언을 했다고 설명했다. 2층에 전시된 실물 크기의 집과 사람 등 11개 종족의 여러 가지 전시품과 종족들의 묘기 모두를 보았다.

1층 매장으로 왔다. 옥으로 된 광문석을 파는 곳도 있고 지하 2,000미터 속에 서 나왔다는 화석으로 만든 목문옥이라는 옥기도 설명을 들었다. 목문옥 찻잔은 표면 장력이 높고 몇억 년 지하에 묻혀 있던 것으로 가격이 비싸고 그래서 가짜도 많다고 조심하란다. 이것은 진짜이니 믿고 사가시란다.

방대한 내용을 모두 볼 수 있는 계림박물관(桂林博物館)은 귀중한 자료와 볼 것이 많았다. 종일 보아도 모두 볼 수가 없는 큰 규모에 놀랐다. 대국의 진면목을 보고 많은 생각을 했다.

2021. 9. 30.

영원한 적(敵)은 없다

하와이 중심에서 서쪽으로 40여 리 부근에 진주만이 있다. 원래는 천연 진주가 많이 나와서 붙여진 이름이라고 전해오고 있다. 하지만 정작 유명해진 이유는 진주 때문이 아니란다. 130여 년 전 한 중령이 이 만의 위치를 보고는 태평양 연안지역의 항구로 제일 적합할 것 같다고 판단하여 정부에 허가신청을 냈다고 한다. 연방정부의 승인을 얻게 되자 항만 시설을 갖추게 되었다고 설명했다.

진주만은 오랫동안 작은 만으로 사용되어 오다가 제2차 세계대전 무렵부터 많은 함대가 주둔하게 되면서 전략상 중요한 요충 지대로 변하게 되었다. 규모가 커진 항구에는 애리조나호를 비롯한 오클라호마호 등 많은 군함이 배치되어 있었다. 1941년 12월 6일 엔터프라이즈호도 입항할 예정이었으나 당일 기상 조건이 좋지 않다는 기상예보 때문에 입항을 연기한 상태였다고 전해 오고 있다.

진주만의 약사를 보았다. 하와이 날짜로 1941년 12월 7일 일요일 일본의 전투기 350여 대가 아무 예고도 없이 진주만 상공으로 날아왔다고 한다. 이 전투기들은 10시부터 두 시간 사이에 기습적으로 미국 전함 96척 중 18척을 침몰시켰다는 기록이 있다. 그러나 다행히도 엔터프라이즈호는 남쪽 250마일 지점에 있어서 공격을 피할 수 있었다고 설명했다.

예고 없이 갑작스런 일본 전투기들 공격에 깜짝 놀란 미국의 루즈벨트 대통령은 대일본 선전 포고를 했다. 일본 본토를 공격하라는 명령을 내린 것이다. 당시의 일본군 기습 공격으로 미국은 많은 사상자를 냈다고 한다. 진주만에서만 사상자 2,400여 명을 내고 1,177명이 타고 있는 애리조나호를 침몰시켜 1,100여 명을 수장시켰다는 설명이 있다. 침몰된 군함은 지금까지 바다 깊숙이 가라앉아 있다고 안내했다. 그 외에도 유타호, 오클라호마호 등도 가라앉은 자리에 그대로 있으면서 과거의 역사를 상기시켜주고 있는 것이다.

애리조나호는 워낙 배가 컸던 탓으로 가라앉지 않은 부분이 수면 밖으로 나와 있다. 이 부분에 애리조나호에 타고 있다가 전사한 전사자의 명단을 새긴 묘비를 만들어 놓고 해마다 이들을

진주만 역사문화공원_USS 애리조나기념관

위한 추도식을 갖고 있다고 설명했다. 필자도 현장을 가서 전사자의 명단을 보고 묵념을 했다.

지금 생각하면 일본은 참으로 무모한 전쟁을 일으킨 것이다. 태평양 전쟁 당시 일본은 물자의 부족으로 어려움을 겪고 있었다고 한다. 그런데도 항공모함에 353대의 비행기를 싣고 주위의 눈을 피해가며 항해하여 진주만을 폭격할 수 있는 사정거리까지 다가갔다고 한다. 그러한 노력에도 불구하고 전략 자체가 무모한 전투였던 까닭에 그들의 전쟁은 실패로 돌아가고 만 것이다. 제2차 세계 대전의 완전 패배로 전 세계에 무조건 항복한 것이다.

미국 루즈벨트 대통령은 일본의 진주만 공격을 계기로 일본 히로시마와 나가사키에 원자탄을 투하하여 조건 없는 항복을 받아냈다. 전쟁으로 뺏은 땅은 어느 나라든 모두 되돌려 주는 조치를 취했다. 그때 우리나라도 일본에 빼앗겼던 땅을 다시 찾았고 선조들의 독립운동이 가세하여 일본의 식민지에서 독립을 하게 되었던 것이다. 결과적으로 진주만은 일본군 폭격 사건으로 세계 평화의 진원지가 되었다고도 할 수 있는 곳이다.

기념관 남쪽 바다 쪽에는 하늘을 찌를 만한 야자나무가 많이 있다. 그 야자수 사이의 길을 따라 바닷가로 나가서 보니 1미터 높이 돌 위에 동판으로 된 진주만의 간단한 지도가 있다. 옆에는 배의 침몰 위치와 진주만의 역사를 적어 놓았다. 동판 맨 위쪽에는 굵은 글씨로 'Sunday morning(12월 7일 일요일 아침)'이라는 제목이 쓰여 있다.

국가 간에도 영원한 적도 없고 영원한 우방도 없는 것 같다. 영국과 프랑스의 전쟁, 독일과 러시아의 전쟁도 지금은 좋은 관계를 유지하고 있으니까. 미국과 일본의 전쟁도 80여 년이 지난 지금은 완전한 우방으로 세계 평화를 지키기 위해 함께 노력하고 있는 것을 보면 알 수 있다. 인류 역사의 흐름은 이런 것일까?

『계간문예』 2021. 10월호

오나라 합려의 전설

쑤저우(蘇州)는 사방 100리에 높은 산이 없다. 한때 오(吳)나라의 수도였다. 시내 북서쪽 10여 리 지점에 30여 미터 높이에 약 20만 평방미터의 낮은 산이 있다. 오왕(吳王) 합려(闔閭)의 무덤으로 알려진 곳이다. 월(越)나라와의 잦은 전쟁으로 오월동주(吳越同舟) 와신상담(臥薪嘗膽) 등의 사자성어를 양산했고 물의 도시로 동양의 베니스로 부르기도 했다. 수많은 문인 화가들이 모이는 곳으로 지금도 유명한 관광지로 꼽힌다.

매표소에서 작은 다리를 건너면 정문 격인 큰 대문이 나온다. 이 대문은 명나라 때 지은 건물로 500년이 지난 지금도 기둥이나 서까래가 조금도 썩지 않았다. 또한 건물 전체에 못을 한 개도 쓰지 않았다고 한다. 건물의 역사를 설명해 놓은 비석이 왼쪽에 있다. 비석의 내용을 자세히 읽어 보고 언덕으로 올라갔다.

계단 없이 15미터가량 올라가면 좌측에 우물이 있는데 뚜껑을 덮어놓아 설명을 안 하면 그냥 지나친다. 이름은 감감천(憨憨泉), 양나라의 스님 감감이 만들었다고 한다. 산 중턱쯤 되는 곳인데 지금도 샘물이 나온다. 돌에 쓴 비석이 있는데 비문은 송나라 여승향(呂升鄕)의 글씨라는 기록이 있다.

우물에 대한 전설도 있다. 옛날 산 위에 장님이 살았는데 아래 동네에서 물을 길어다 먹었다. 어느 날 물을 길으러 내려가다가 넘어졌다. 산 중턱에 넘어져 땅을 짚으니 땅이 촉촉이 젖어 있는 것을 발견하고, 그곳을 파니 물이 나와서 오늘의 우물이 생기게 되었다 한다. 장님의 어려움을 헤아려 준 것일까? 우물 옆에 개구리같이 생긴 돌이 있는데 그것도 눈먼 개구리상이란다. 돌에 눈이 있을 리 없으니까!

감감천에서 조금 올라가니 우측 길옆에 시검석(試檢石)이라 쓴 한자가 돌에 음각된 것이 보인다. 글씨 아래 큰 바위가 있는데 단칼에 베어 낸 듯 두 조각이 난 큰 돌, 오왕 부차(夫差)의 아버지 합려(闔閭)는 칼을 좋아해 명검을 수집하고 있었는데 그는 간장(干將), 막사(莫邪)라는 두 칼을 얻자, 이 바위에 그 칼을 시험해 보았다 한다. 큰 바위가 칼로 잘린 흔적이 선명하게 보인다.

시검석 있는 곳에서 10여 미터 올라가면 왼쪽에 침석(寢石)이 있다. 제공 스님과 신선 스님이 술을 마시며 놀고 침대 삼아 잠도 잤다는 돌이다. 아기 없는 부인이 스님이 누워 잔 바위에다 돌을 던지고 기도할 때 돌이 침석 위에 놓이면 아들이고 떨어지면 딸을 낳는다는 전설이 있다. 돌을 던지고 기도만 하면 아들이나 딸 중 틀림없이 아이를 낳을 수 있다는 것이다.

요즘은 돌이 없어 동전을 던지는데, 모이는 동전은 정부 관리가 가져간다고 한다. 동전이 없으면 안 던져도 괜찮다. 누군가가 수입을 잡으려고 아이디어를 낸 것 같다. 언덕마루 조금 못 미친 곳 오른쪽에는 고진양(古眞孃)의 묘(墓)가 있다. 아담하고 작은 정자로 그 안에 작은 비석이 있다. 그는 명창이고 중국 미인에 속했다고 한다. 그와 함께 중국의 손꼽는 미인은 서시(西施)와 양귀비(楊貴妃)로 전해온다.

고진양 묘를 지나 내리막으로 조금 아래 경사진 곳에 평평한 바위가 있다. 천인석(千人石)이라 부른다. 약 1,000제곱미터 크기의 마당 같은 사각형이다. 여기에도 몇 가지 설이 있다. 진나라 스님 생공(生公)이 설법을 할 때 돌 위에 앉은 사람이 1,000명이었다는 설과 오왕 합려의 무덤이 완성되자 능을 작업한 관리와 인부는 능의 비밀을 알기 때문에 비밀을 지키기 위해 관리와 인부를 전부 죽였는데 그 수가 1,000여 명이라는 설도 있다. 지금도 돌 색이 조금 붉게 보인다. 또 다른 설은 오왕 합려의 제사를 지낼 때 1,000명을 불러 제사를 지내고 위치에 비밀 유지를 위하여 참석자를 모두 죽였다는 믿기 어려운 설도 있다.

천인석 옆에 있는 둥근 원형 문을 통과하면 길옆에 이선당(二仙堂)이라는 정자가 있다. 천인석 바로 앞쪽 호구검지(虎丘劍池) 글자 오른편에 있다. 옛날 신선들이 앉아 바둑을 두던 정자라 한다. 이선당에 얽힌 전설이다.

아래 동네 두 노인이 이선당 옆에서 장작을 패다가 쉬는 시간에 이선당에서 바둑을 두는데 경치 좋고 풍요로움에 세월 가는 줄 모르고 계속 바둑만 두었다. 얼마나 지났는지 모르는 시간에 이 노인들이 일을 다시 하려고 보니 잘 썩지 않는 물푸레나무로 된 도낏자루가 다 썩고 쇠만 남았다. 신선의 일 년은 인간 세상 백 년에 해당된다나? 하도 이상하여 집에 내려와서 보니 처자식은 간데없고 모르는 사람들이 자기 집에 살고 있었다. 연유를 물으니 자기 선대 할아버지가 집을 나간 후 백 년이 지났는데 돌아오지 않는다고 말하므로, 이제야 이 노인들이 세월이 많이 지났음을 알았다고 한다. 이때 '신선놀음에 도낏자루 썩는 줄도 모른다.'는 말이 생겼다고 한다. 참으로 황당한 전설이다.

호구검지라고 쓴 글자 바위에는 BC 496년 합려를 둔을 때 같이 묻었다는 장검 등 명검 3,000자루가 있다는 곳이다. 천인석 바로 위편에 위치하며 음각으로 쓴 '호구검지(虎丘劍池)'가 인상적이다.

산마루에 사탑(斜塔)이 있다. 호구탑(虎丘塔)으로도 부른다. 송나라 때 세운 탑이라는데 동양의 '피사의 사탑'으로 부른다고 한다. 정식 명칭은 운암 사탑이다. 송나라 때 호구산 정상에 건립된 높이 47.5미터로 호구산 높이보다 높다. 8각형 9층 벽돌로 된 탑이다. 호구탑은 원래 그 자리에 있던 목탑을 본떠 만든 것으로 중국 목탑 연구에 중요한 건축물이라고 한다.

호구탑은 쑤저우에 현존하는 7개 송나라 때 탑 중 가장 오래된 것으로 알려져 있다. 자세히 보면 한쪽으로 기울어 보인다. 지반 침하로 인해 북서쪽으로 약간 기울어져 있다고 전해온다. 약 15도 정도 기운 것은 400여 년 전부터라는 설과 세계 2차대전 때 일본군의 공습으로 2층에서 9층까지 무너질 때 기울었다는 설이 있다. 2, 3층을 보수할 때 많은 중요 문화재가 나왔다고 한다. 몇 년 전까지 7층까지 돈을 받고 올려 보냈는데 탑의 위험과 장기 보존을 위해 출입을 금지시켰다고 한다. 우리 일행은 쑤저우의 전경을 볼 수가 없었다.

호구(虎丘)라고도 부르는 언덕 같은 낮은 야산은 춘추 시대 쑤저우를 수도로 정한 오나라 왕 부차가 그의 아버지 합려의 능으로 조성한 곳이라고 알려져 있다. 매장한 지 3일 후 능 앞에 흰 호랑이가 웅크리고 있었다는 설과 천하를 통일한 진나라 시황이 합려의 능 속에 명검이 묻혀 있다는 소문을 듣고 큰 칼을 캐려고 와서 3일을 작업하는 중 호랑이가 나타나서 작업을 중단한 후 붙여진 이름이라는 설이 있다. 이는 후세인들이 무덤을 파지 말라는 경고로 해석할 수 있다. 또 다른 설명은 언덕 전체가 먼 곳에서 보면 호랑이 같이 보인다 하여 호구란 이름이 지어졌다는 설도 있다.

산속에는 금은보화가 꽉 찬 창고라고 전해지고 있다. 많은 황제들의 무덤을 아직 찾지 못했고, 태조 황제 능만 2,500여 년 만에 찾은 것이다. 언덕은 큰 돌 여섯 개가 덮고 있는데 400년이 지나면 칼 등 보화를 원형대로 캐낼 수 있을 것이라고 학자들이 예언했다고 안내인은 말했다.

구석구석 볼 것도 많고 오 왕 합려의 전설도 좋지만 허무맹랑해 보이는 것도 많다. 몇 번 가 보았으나 그래도 또 가 보고 싶은 유적지(遺跡地)이다.

2021. 10.

입설당(立雪堂)

중국의 정원은 동양에서 으뜸으로 인정받는다. 독특한 품격을 지닌 정원은 예술 수준이라고 한다. 황실 어원과 사택 화원은 전국 각지에 산재해 있다. 원림의 건축 예술은 여러 나라에 알려져 있다. 역사적으로 전쟁이 많은 중국은 속세를 벗어나 편히 살고 싶은 욕망이 부자들 사이에 공통된 생각으로 형성되었던 것 같다. 권세와 권력 다툼의 알력이 심한 중앙 무대를 피해 주변 도시 내에서 살고 싶었을 것이다. 자연 속에서 자기 마음대로 자유롭게 살면서 순수한 자연 속으로 들어가 재능과 소질을 살릴 수 있는 휴식처가 정원을 탄생시킨 요인으로 생각된다.

정원은 비슷한 도시들의 철학과 문화의 정취를 굴절한 것이라면 산수 정자 누대는 자연 경물의 축소판으로 도시를 멀리 떠나지 않고도 산림의 정취를 얻고 몸이 시내 멀지 않은 곳에 있으

쑤저우 정원 사자림

면서도 수풀과 샘물의 자연을 느낄 수 있다는 장점이 있다. 건축가, 예술가, 글 쓰는 문학가, 화가뿐만 아니라 일반인들도 미래 개척에 도움이 된다며 관심을 가지고 있다. 현대판 별장을 생각할 수 있겠다.

정원을 만들 때는 보통 그 지역의 산물이나 문물, 고적, 시비 조각, 분재예술을 잘 만들어 관광객이 즐겨 찾게 하는 명소를 만들려고 노력한다.

여러 해 전에 쑤저우에 있는 사자림(獅子林)을 구경했다. 원나라 지정(至正) 2년 대표적 정원으로 원(元)말 고승 천여선사(天如禪師)가 은사인 중봉화상(中峰和尙)을 기려 세운 절이라고 전한다. 중봉화상은 사자암(獅子岩)에 살았는데 이곳에 사자를 닮은 태호석(太湖石)이 여러 개 있어 후인들이 사자림이라 부르게 되었다고 한다. 사자림 안에는 많은 볼거리가 있다. 지백헌(指柏軒) 하화청(荷花廳) 선자정(扇子亭) 와운정(瓦雲亭) 진취정(眞趣亭) 입설당(立雪堂) 등이 있다.

진취정을 보았다. 중앙에 위치한 석가산에는 21개의 입구가 있다. 겉으로 보기만 하는 것이 아니고 들어갈 수도 있다. 석가산 안쪽에는 9개 코스의 동굴이 있다. 동굴은 미로와 같아서 한번 들어가면 끝을 찾아 밖으로 나오기가 쉽지 않다. 어렵게 찾아 밖으로 나오면 호태석으로 만든 작은 폭포가 있고 정자도 있다. 석가산 주위로 물이 감아 돈다. 석가산을 중심으로 수로와 누각이 여러 곳에 있다. 진취정은 사자림 안에서 최고 아름다운 곳으로 보였다.

다음은 입설당에 대한 설명을 들었다. 원나라 때 성실한 선비가 학문을 닦기 위해 사자림에 있는 입설당에 왔는데 때마침 선생님은 낮잠을 자고 있었다. 이 선비는 서서 스승님이 깨어나기를 기다렸다. 그 사이 눈이 많이 내려 서 있는 선비는 눈을 흠뻑 맞아 눈사람처럼 되어 있었다. 한참 후 잠에서 깨어난 스승은 선비 모습에 감격하여 이곳을 입설당이라 지었다고 전해진다.

뜰 밖에는 사자, 개, 개구리를 닮은 태호석이 많이 있다. 진취정은 청나라 강희(康熙) 건륭(乾隆) 두 황제가 아름다운 경관을 감상한 장소로 유명해졌는데 건륭제는 여기에 '진유취(眞有趣)'라는 휘호를 남겼고 여기서 이름을 따서 진취정이라는 이름을 지었다고 설명했다. 와운정은 태호석이 하늘에 떠 있는 구름처럼 아름답게 보인다 하여 붙인 이름이라고 한다.

사자림은 졸정원, 유원, 창랑정과 함께 소주(蘇州) 4대 정원 중의 하나이다. 1342년 원나라 혜종 때 선승(禪僧) 유칙(惟則)이 조성한 개인 정원(庭園)이라는 내용이 있다. 정원이 만들어진 후 당대의 많은 시인 학자 문인들이 이곳을 방문하였다는 기록도 있다. 이곳에서 지어진 시화집으로는 『사자림 기승집(獅子林 紀勝集)』이 있고 그림으로는 주득윤(朱得潤)의 「사자림」이 있다. 소주에는 많은 정원이 있다. 한곳을 보는 데에도 자세히 보려면 하루가 모자란다. 몇 시간 보고 나오니 아쉬움이 많이 남았다.

2021. 10.

자전거 타고 구경

중국과 국교 정상화 후 몇 년 안 되어 계림을 여행할 때다. 일정에 따라 관광을 모두 마치고 6시에 호텔로 왔다. 한여름이라 해가 길어 시간이 많이 남았다. 호텔 정문을 나오니 대여해 주는 자전거가 보였다. 1시간 빌리는데 20위안이란 가격이 보였다. 호텔방 열쇠와 사용료를 선불하고 자전거로 시내 구경을 나갔다.

그때는 차가 많이 다니는 번화한 거리도 교통질서가 없어 아무 곳에서나 눈치껏 건너다녀도 되었다. 가까이 있는 이강(漓江)부터 보았다. 얕은 곳에서 벌거벗고 미역 감고 노는 어린아이들도 가까이서 보았다. 강둑 옆에서 쌀국수 먹는 중년 남녀도 보였다. 여러 종류의 작은 상점들과 노점상들의 장사하는 모습도 보인다. 차가 많이 다니는 큰길 옆으로 남녀노소 할 것 없이 생업을 위하여 열심히 자전거로 좁고 넓은 도로를 주행하고 있는 상인들과 함께 달려 보았다.

연평균 온도가 20도로 더운 지방이지만 겨울에는 6도까지도 내려간다. 계절풍의 영향을 받아 비가 많아 오는 지방이다. 강수량은 평균 2,000밀리로 우리나라와 비슷하다. 여름에는 덥고 비가 자주 오니까 자전거에 우산을 고정시켜 비나 햇살을 피한다. 계림도 한국의 중소 도시와 비교가 되었다. 깡통에 든 메탄가스를 사용하고 단칸방이나 방 2개 아파트에 사는 사람도 많다. 산쪽에는 드문드문 묘가 보인다. 법에 따라 앞으로는 모두 화장을 하게 된다고 한다. 들판을 달리다 보니 이모작 현장도 보았다. 석양이 가까웠는데 논밭에서 일하는 사람들이 많이 보였다. 열심히 일하면 돈을 많이 벌게 만든 사회 같다는 생각을 했다.

농촌도 같은 시대 우리나라와 비슷하게 보인다. 승용차는 일본차가 많이 보인다. 가로수를 보면 나무 밑 등에 흰색 칠을 한 나무가 많이 보인다. 이유를 물으니 야광을 설치한 나무라고 한다. 자연수를 이용하여 가로등과 전신주 역할을 한다고 설명했다.

도로를 달리며 들판을 보니 벼 밀 옥수수 고구마 사탕수수 참깨 감귤 바나나 파인애플 등을 재배하는 넓은 들판이 보인다. 먼 산에는 산림이 무성한 곳도 있다. 과일도 풍부하고 가격도 싸다. 망고 큰 것 한 개가 몇백 원이면 사고, 용안 등 여러 가지 열대

과일이 많았다. 망고와 여지는 너무나 맛이 좋아 양귀비가 매일 시안에서 말을 타고 와서 세 개씩 먹었다는 옛날이야기가 전해 온다.

이강 강둑에 까마귀 같은 새가 보인다. 가마우찌라고 부르는 새다. 일급수에서만 사는 고기를 매일 2kg 이상 잡는다고 한다. 보기에는 오리 같기도 한 작은 새가 고기를 잘 잡아 한 마리 가격이 우리나라 소 한 마리 값과 같다고 자랑한다. 이강에는 물소가 낮은 물에서 노는데 색이 검고 수영도 하며 한가롭게 수초를 뜯어먹는 모습도 보인다.

시내 건물들의 색깔이 대부분 어둡다. 우중충하고 지저분하다. 아파트는 5층까지 창문에 철창을 하거나 가시철망을 쳐 놓은 곳이 많다. 철망에 녹이 슬어 붉은 녹물이 흐른 자국이 보인다. 그들은 의심이 많다. 은행도 못 믿어 돈을 집의 장판 밑에 숨겼다가 모르고 여름이 지나면 썩어 버릴 때도 있다고 한다. 이사 갈 때 깜빡하면 두고 가기도 한다고 말했다.

대부분은 대형 금고를 이용하고 있다고 한다. 이유는 집의 외모를 깨끗하게 해 놓으면 형제자매 친구 친지 등 아는 사람들이 돈을 빌려 달라고 하기 때문에 돈이 없어 보이려고 일부러 지저분하게 보이게 하고 산단다. 그러나 남이 안 보는 속옷만은 명주 팬티를 입는다고 한다. 겉옷은 거지같이 허수룩하게 하는 것이 중국 사람들의 생활 방식이란다.

계림 여자들은 파마를 하지 않고 목욕도 하지 않는다. 계림에는 미용실과 대중탕이 없다. 1년에 한 번도 샤워를 안 한다고 한다. 대신 이강에서 목욕을 한다. 이재에 밝은 사람들이다. 중국 음식은 기름기가 많다. 그래서 오차를 많이 마신다고 한다. 먹는 것은 최고로 잘 먹는다. 먹는 것을 절약하고 병에 걸리면 병원비가 훨씬 많이 든다고 생각하는 사람들이다.

여러 곳을 다니고 재미있게 놀고 의심나는 것을 알아보다가 시간이 10분 늦었는데 추가금을 요구하지 않았다. 중국을 자주 여행하면서 자전거를 타는 사람들을 많이 보았으나 이들과 함께 자전거를 타고 즐기기는 처음이었다. 여행보다 더 재미있고 즐거운 시간이었다.

『성동문학』 2021년 10월

사원 이야기

상트페테르부르크 네바강 변에 있는 작은 섬의 페트로 파블로프스키 목조 사원이 있다. 건설하는 데 많은 인원이 동원되었다고 한다. 늪지대여서 지반이 약한 곳에 사원을 짓는 것이 쉽지 않았기 때문이다. 수만 명의 국민이 동원되어 발트해와 핀란드만에서 화강암과 대리석을 가져와야 했다. 이렇게 하여 1733년 6월 29일 사원을 준공했다는 기록이 있다. 이날은 성자 표트르와 파벨의 축일이기도 하다.

러시아 정교 성인(聖人) 반열에 오른 성자들의 이름을 본떠 아이들의 이름을 짓는 것처럼 이 사원의 이름도 준공 일에 해당하는 성자의 이름을 따랐다고 한다. 페트로 파블로프스키 사원은 성 베드로와 사도 바울의 사원이라는 뜻이라고 설명했다. 이 목조 사원은 얼마 후 석조 사원으로 변했지만 목조건물 때 화재와 번개의 피해로 몇 차례 개축했다는 기록도 있다.

하늘로 높이 솟은 황금빛 첨탑의 위용을 자랑하고 있는 이 정교 사원은 필자가 갔을 때는 사원 전체를 수리하느라고 일반인의 입장을 막았으나 안내인의 섭외로 해결했다. 탑도 전체를 보수 중이라 제일 높은 산의 높이가 70미터인 이 지역에 121.8미터 높이의 황금빛 첨탑이라고 설명하는 안내자의 말이 실감이 안 났다. 도메니코 트레치니라는 이탈리아 건축가가 1,700년 초부터 21년 동안 건축하였다는 이 사원은 반원 모양의 전통적인 러시아 정교회 사원과는 달리 눈과 비바람에 잘 견딜 수 있게 실용적이고 상징적인 첨탑 구조로 설계했다고 한다. 사원 내부도 커다란 창을 통해 빛이 밝게 비쳐들게 하여 황금빛 장식들과 잘 어울려 보였다.

첨탑 중간 아래쪽 종루 밑에는 커다란 시계가 걸려 있어서 18세기부터 이곳은 요새의 명소가 되었다고 설명했다. 교회 종소리로 시간을 알리던 중세의 방법이 시계로 대체되었는데, 이것은 당시 런던 파리 로마에서나 볼 수 있던 사원 외벽의 시계가 러시아의 새 수도에 등장한 것이다. 안내인 설명에 의하면 첨탑 종루 윗부분에 달려 있는 철재 천사 조각상을 이곳 사람들은 '날아다니는 성처녀'라고 부른다는데 이 첨탑에 얽힌 다음과 같은 사연을 들었다.

표트르 대제는 사원을 건축할 당시 사원 첨탑의 장식용이자 풍향계 역할도 할 수 있도록 주문 제작했다. 깃발이 달린 이 천사상은 처음에는 바람개비같이 돌았으나 후에 이것을 고정시켰다. 그런데 1,830년 네버강에서 불어오는 바람과 번개로 지주가 부러지면서 곧 떨어질 것같이 아래로 굽어져 아주 위험한 상태가 되었다.

이 사원과 첨탑은 1,800년 초 스웨덴과 전쟁을 할 때 스웨덴을 꼭 이겨달라고 기원하는 뜻으로 지은 사원이기도 한데, 벼락이 떨어져 탑 끝의 십자가가 부서지고 천사상이 위험하다는 보고를 받은 표트르 대제는 신하를 불러 꾸짖었다. 이때 신하 중 유학을 다녀온 사람이 피뢰침을 첨탑 꼭대기에 설치하고 천사상을 바로잡으면 된다고 말했다. 그러나 누가 그 높은 첨탑 꼭대기에 올라가 피뢰침을 달고 천사상을 고칠 사람이 있느냐가 문제였다. 장대같이 하늘로 높이 치솟은 첨탑 꼭대기에 올라가 작업하기가 쉽지 않았기 때문이다. 대제는 전국에 방을 붙여 이 천사상을 고치고 피뢰침을 설치하는 사람은 무엇이든지 원하는 것을 모두 들어주겠다고 했다.

그러자 한 남자가 나타나 자기가 고치겠다고 나섰다. 표트르 첼루슈킨이라는 중년의 야로슬라블리 출신의 목수였다. 그는 열대지방에서 야자나무에 올라가는 사람처럼 맨발로 망치와 그물

망태만 가지고 첨탑 꼭대기까지 순식간에 올라가 구부러진 천사상을 바로잡고 피뢰침도 달고 내려왔는데, 그 후부터는 세찬 바람과 천둥번개가 여러 번 쳤는데도 십자가와 천사상은 무사했다고 한다. 그래서 대제가 목수를 불러 네가 원하는 것이 무엇이냐? 약속대로 원하는 것은 무엇이든지 해 주겠다고 하였다.

말없이 고개를 숙이고 있던 목수가 말했다. 자기가 원하는 것은 한 가지인데 평생 동안 국내 아무 곳에서나 언제든지 술과 고기를 공짜로 실컷 먹게 해 달라는 것이었다. 대제는 쾌히 승낙을 했으나 잠시 후 생각해 보니 걱정이 생겼다. 그렇게 되면 목수를 한 곳에 붙잡아 둘 수 없다는 생각이 들었던 것이다. 대제는 생각 끝에 쌍독수리 머리로 된 황질 문장(紋章)을 새긴 암행어사패 같은 것을 만들어 주면서 국민 누구라도 이 쌍독수리패를 보여주는 사람에게는 술과 고기를 실컷 먹도록 해 주면 대금은 대제가 지불하겠다는 영을 내렸다.

그 후 그 목수는 어디에서나 공짜로 술을 양껏 먹었다고 한다. 그러던 어느 날 사고가 났다. 술에 취한 이 목수가 쌍독수리패를 분실한 것이다. 목수는 대제를 찾아가 쌍독수리패를 잃어버렸으니 다시 만들어 달라고 했다. 다시 패를 받은 목수는 계속 술을 마시며 다니다가 또 패를 잃어버렸다. 이런 일이 여러 번 반복되니 쌍독수리패를 습득한 여러 가짜 목수들이 공짜 술을 먹고 다니는 문제가 발생했다. 이렇게 되자 대제는 여러 가지 생각을 하다가 좋은 방법이 떠올랐다. 대제는 목수의 오른쪽 목에 쌍독수리패 문신을 새겨주기로 했다. 대제는 목수를 불러서 술과 고기를 많이 먹여 몹시 취하게 한 뒤 신하를 시켜 목 오른쪽에 쌍독수리머리패를 문신으로 새겨주었다. 그 후 이 목수는 술이 먹고 싶으면 아무 집이나 상점이나 사무실에 들어가 목을 쑥 내밀면서 문신을 보여주었다.

그 후부터 러시아 사람들은 친구들과 술 한잔하자고 할 때 우리나라 사람들같이 손목을 뒤로 젖히며 술 먹는 시늉을 하지 않고 한잔하자는 몸의 표현 동작을 우측 목을 쳐들며 한 손가락으로 목의 문신을 가리킨다고 한다. 지금도 러시아인들은 술 먹으러 가자고 할 때는 이런 행동을 한단다. 후세 사람들은 그 목수를 '천상의 지붕 장인(匠人)'으로 불렀다고 한다.

지금의 첨탑은 19세기에 새로운 모습으로 수리했으며, 10년 전에 대대적인 수리를 했다. 수도가 상트페테르부르크로 정해진 뒤 사원은 로마노프 왕조의 황실 납골당으로 이용되었다. 알렉산드르 3세와 상트페테르부르크를 건설한 표트르 대제의 유해도 이곳에 있다. 현재 상트페테르부르크 역사박물관이 있는 이 성당의 내부는 성상벽(聖像壁)과 성모의 탄생을 그린 그림 같은 귀중한 것들이 있다.

이 섬은 유럽의 성곽 도시처럼 견고하게 화강암으로 쌓아올린 울타리로 되어 있는데 이 요새는 원래 전쟁 때 방어하기 위한 목적으로 설계되었으나 전쟁에 사용된 적은 없고, 18세기 후반에 들어와서는 정치범들을 수용하는 교도소로 사용되었다고 한다. 표트르 대제의 아들 알렉세이도 아버지의 개혁을 반대하다가 죽임을 당하기 전인 1718년까지 갇혀 있던 곳이기도 하다. 또한 19세기 중엽 도스토예프스키가 페트라세프스키 사건에 연루되어 8개월 동안 옥고를 치른 곳으로도 유명하다.

사원이 네바강변에 있어 강 건너에서 보면 코발트색 강물과 어울려 아주 아름답다.

2022. 2. 5.

인왕제색도와 단경왕후

인왕산 성곽 옆에 있는 등산길로 접어들었다. 앞쪽 위를 쳐다보니 돌계단이 까마득하게 높이 보이고, 계단도 수천 개는 되어 보였다. 한양 도성을 왼쪽에 끼고 앞 계단만 보고 계속 올라갔다. 중간에 다리가 아파서 몇 번 쉬었다. 도성에 올라서서 성의 모양과 쌓은 돌의 색깔과 희미하게 쓰여 있는 글자도 보았다. 성 밖은 천야만야한 낭떠러지로 성곽 위에 서 있기가 무서웠다. 가파른 인왕산 정상을 향해서 땀을 흘리며 앞만 보고 걸었다. 도성은 조선 왕조의 도읍지인 한성부의 경계를 표시하고 있다. 왕조의 권위를 지키며 외부에서 오는 침략자를 막기 위한 울타리로 쌓은 돌 성(城)임을 확인했다.

건국 초기에 북악산, 낙산, 남산, 인왕산의 능선을 따라 돌 혹은 흙으로 쌓은 도성임을 알 수 있었다. 돌의 색깔을 보면 중간에 여러 번 고친 흔적을 볼 수 있었다. 바깥쪽에서 보면 높이가 7~8미터는 됨직하다. 전체 길이도 40리가 넘는다고 한다. 500여 년의 세월을 지나면서 낡거나 부서진 곳을 고친 흔적들이 오랜 역사를 말해 주고 있다. 성벽 돌에 새겨진 희미한 글자들과 선명한 글자들이 보였다. 이 돌들의 글씨를 보면 시대별로 돌의 모양도 다르고, 색깔도 달라 축성 시기와 시대마다 돌 쌓는 기술의 발달 과정도 달랐음을 짐작할 수 있었다.

인왕산에는 도성 주변 길 근처에 기차바위, 치마바위, 범바위 등 잘생긴 바위들이 가까이 보인다. 정상 근처에 오르니 아름다운 서울 강북 사대문 안의 전경이 다 보였다. 광화문, 경복궁, 청와대가 바로 발아래 있는 것 같다.

등산이 아니고 둘레길 수준이라며 같이 가자던 후배는 미안해서인지 옆에서 지키며 도와주기도 했다. 330미터의 산 정상이 코앞인데 자신이 없었다. 바위를 비스듬히 깎은 계단이 보인다. 옆에 잡을 끈이 멀어 의지하기가 힘들어 보였다. 정상을 20여 미터 남기고 포기했다. 등산회장과 올라간 길을 다시 내려와서 팔각정 가는 도로로 접어드니 이곳이 둘레길이란다. 윤동주 문학관에서 일행과 만났다. 문학관 2층 야외 휴게실에서 무거운 다리를 쉬면서 마시는 차 한 잔은 생명수 같았다.

일행은 단풍이 절경이고 볼거리가 많다는 서촌 계곡으로 향했다. 여기가 인왕산 자락 겸재 정선이 사랑했다는 수성동 계곡이다. 아기자기한 계단을 오르락내리락하는데 어렸을 때 고향에서 같이 놀던 참새와 박새들이 머리 위로 날고 있었다. 늦가을 붉은 단풍잎이 발아래 깔려 밟히기도 했다. 아직 남아 있는 잎들은 눈 내릴 때를 기다리며 바람에 날리고 있었다. 산꼭대기에서 치마바위를 타고 내려오는 신선한 바람이 땀을 씻어 주었다. 여름에는 진초록색의 무성한 잎들이 수성동 계곡을 덮고 흐르는 물소리도 시원하겠지! 겨울에는 눈 내린 풍경이 겸재의 그림과 잘 어울릴 것 같았다.

겸재 정선의 그림이 있는 곳에 왔다. 여러 각도에서 보았다. 그림은 조금 퇴색해 보였다. 가까이서 자세히 보았다. 작품 이름은 겸재 정선의 「인왕제색도」이다. 한지에 검은 묵으로 그린 그림이다. 비 온 뒤에 안개가 낀 인왕산의 큰 바위들을 꽉 차게 배치한 것도 좋게 보였다. 아래쪽의 안개와 나무와 풀이 있는 광경을 조화롭게 그려서 산 아래서 보고 그린 것으로 보인다. 산을 멀리 올려다보는 것과 산 아래를 굽어 내려다보는 점을 착안해서 인왕산을 바로 눈앞에서 보는 듯한 현장 감각을 살렸다. 안개와 능선은 엷게 보이게 했고 바위와 나무는 짙은 색으로 처리했다. 먹색의 강렬한 획은 흑백의 대비를 선명히 보이게 했다. 굴곡과 산의 습진 계곡을 아주 효과적으로 나타내면서 화면의 변화와 활력을 불어넣었다. 아주 훌륭한 그림 같다.

그림 왼쪽 바위에는 '송석원(松石圓)'이라는 한문이 쓰여 있다. 가운데 있는 비스듬한 바위에 크고 작은 소나무 열두 그루가 있고, 뒤에는 바위산을 배경으로 알맞게 처리했다. 한시가 조금은 퇴색되었고 초서에 가까워서 읽기가 어려웠다. 화면을 꽉 채운 구도로 한 색을 내는데 여러 차례 반복한 붓의 지나감이 화가의 개성을 잘 드러낸 작품으로 보였다. 그림 오른쪽 위쪽 여백에는 '인왕제색 신미윤월하완(仁王薺色 辛未潤月下浣)'이라고 먹색으로 썼다. 그 밑에 정선(鄭敾)이라는 백문(白文)방인이 있다.

그림을 감상하고 산꼭대기 쪽을 보니 산 정상 바로 밑에 소문으로 듣던 이빨바위와 전설의 치마바위가 보인다. 비운의 왕비 단경왕후(端敬王后)의 전설이 전해오는 치마바위에 대한 애절한 사연이다. 조선 11대 임금 중종의 첫 부인이었던 신 씨는 중전이 된 지 7일 만에 중전의 자리를 박탈당하고 죄인이 되어 인왕산 아래에 살게 되었다. 폐비가 된 이유는 친정아버지가 중종반정에 연루되었기 때문이다. 이때 단경왕후도 사형은 면했으나 졸지에 죄인의 딸이 된 것이다.

폐비는 중종이 경회루에 나와 한숨을 쉬며 단경왕후를 그리워한다는 소식을 듣고 경회루에서 잘 보이는 인왕산 치마바위에 올랐다. 폐비가 궁궐에 있을 때 왕이 좋아해서 즐겨 입었던 분홍색 치마를 펼쳐 놓고 중종이 다시 찾기를 기다리며 세월을 보냈다고 한다. 이 소문이 장안에 퍼져 바위 이름도 치마바위라고 불렀다고 전해오고 있다.

훌륭한 그림을 보았지만, 정권이 몰락하면 한 인생은 재기하기가 어렵다는 교훈도 얻었다. 지금 부르는 단경왕후의 이름도 폐위된 지 250여 년 지난 영조 때 복권되었다니, 지금 돌아가는 세태를 보면 머리가 복잡해진다. 역사는 돌고 돈다지만….

『성동신문』 2021. 가을호

전통시장과 디즈니랜드

동경 시내에 있는 센소지는 서기 600년경에 스미다강 어부들이 고기를 잡다가 그물에 걸린 관음상을 발견하고 절을 세웠다는 전설 같은 기록이 있는 곳이다. 센소지의 상징인 가미나리몬(雷門)은 시장 남쪽 입구에 걸려 있는 커다란 제등이다. 제등 밑을 지나 본당까지 300여 미터 뻗어 있는 길 양쪽과 뒷골목에는 일본 전통의 냄새가 물씬 풍기는 상가가 펼쳐져 있다.

에도(江戶) 시대 이래로 아사쿠사 최대 상가였던 나카미세(仲見世)는 지금은 관광객을 상대로 각종 일본 전통 음식과 기념품을 팔고 있다. 일본 우동 집과 센베이 도라오꼬시 등 과자점은 3대 혹은 5대에 걸쳐 이곳에서 사업을 하는 상점도 있다고 한다. 10여 년 전에 갔을 때는 손님도 많고 물건들도 잘 팔리는 것을 보았는데 시대가 변해서인지 요즘은 그전만 못해 보였다.

한참을 걸어서 잔초사 본당인 관음당 앞에 도착했다. 갑자기 향냄새가 코를 찌르며 숨쉬기가 곤란했다. 연기가 퍼지고 주변에 사람들이 몸을 연기에 쬐고 있었다. 관음상 앞에는 가마솥 같은 큰 분양대가 있고, 여기에 향을 피우는 사람들이 줄을 잇고 있다. 이 향의 연기가 몸에 좋다고 하여 너도나도 한 번씩 연기를 몸에 쬐며 지나간다. 우리 부부도 긴 줄을 서 기다려 향 연기를 쬐었다. 정문 쪽에 교통이 복잡하니까 어떤 때는 잔초사 동쪽 문 밖에 차를 세우고, 관광객을 동문으로 입장시켜, 관음사만 보게 하고는, 그대로 떠나는 경우도 있다. 필자도 한번은 시장 구경을 못한 적이 있다.

아키하바라(秋葉原)는 한때 세계적으로 유명한 전자상가였었다. 도쿄전기대학 학생들이 라디오를 조립하여 아키하바라 부근에서 판매한 것이 상가의 시작이라고 한다. 그 후 노점상 철거에 따라 지금의 장소로 옮겨와 대형 상가를 이루게 되었다고 설명했다. 각종 전자제품과 게임 관련 상품이 많다. 일본이 자랑하는 전자 산업의 현주소를 볼 수 있다. 여행자가 가전제품을 살 때는 같은 상품도 가격의 차가 있으니까 마음에 드는 상품이 있으면 여러 곳을 들러 값을 알아보고 사는 것이 안전하다.

대로변보다는 안쪽에 있는 상점이 대체로 싸다. 비닐 등 두께를 재는 게이지를 사려고 값을 알아보니 안쪽에 있는 상점이 20% 이상 싼 것을 확인하고 그곳에서 산 경험이 있다. 지금은 우리나라 전자상가와 비슷하게 변해가고 있는 것 같은 느낌을 받았다.

동양 최대의 놀이동산 도쿄 디즈니랜드는 미국의 디즈니랜드를 본떠 건설되었다고 설명했다. 연평균 1억 2천만 명이 입장할 정도로 인기를 얻고 있는 곳으로, 도쿄에서 지하철을 이용할 수 있는 교통이 편리한 곳에 있다. 지하철을 타면 마이하마역에서 하차하면 된다. 볼거리가 많아 문을 여는 동시에 들어가 문 닫기 바로 전까지 부지런히 다녀도 전체를 다 보기는 힘들 것 같았다.

우선 중앙에 위치한 신데렐라 성을 중심으로 월드 바자, 어드벤처 랜드, 웨스턴 랜드, 크리터 컨트리, 판타지 랜드, 투모로우 랜드, 툰 타운 등의 다양한 시설을 갖추고 있다. 몇 개만 설명하면 월드 바자는 쇼핑 아케이드와 식당가를 이루고 있다. 미국의 거리를 재현한 모습이다. 어드벤처 랜드에서는 정글 탐험이 재미있고 제트코스터 류의 스릴을 맛보려면 웨스턴 랜드가 좋다. 관광열차 빅 선더 마운틴과 그 옆 동네에 스플래시 산이 멋있다. 살아있는 유령을 만날 수 있는 혼티드 맨션과 미래여행을 환상적으로 꾸민 투모로우 랜드를 보면 핵심적인 곳은 거의 본 것이 된다.

그 외에 시간별로 디즈니 만화 주인공들이 나와서 시민들과 함께 각종 퍼레이드와 공연을 펼친다. 각각 테마별로 꾸며진 캐릭터 숍에서는 디즈니 캐릭터로 만든 각종 생활용품이 관광객을 유혹하고 있다. 다시 보고 싶은 충동을 느끼게 한다. 온 가족이 여행을 마음대로 할 수 있었던 40년 전 이야기다. 구경 가서 여러 곳을 보고 점심 먹을 곳을 찾았으나 식당들이 만원이라 바이킹해적 배 앞 그늘에서 아내와 아이들과 함께 점심 식사를 한 기억이 난다.

놀이동산으로 꾸민 곳이라 전통시장과는 결이 다르다.

2021. 10.

뭄타즈마할의 사랑

한 왕비의 무덤이지만 타지마할(Tajmahal)은 인도의 대표적 건축물이다. 아그라 신시가지 동쪽 야무나강변에 자리 잡고 있는 타지마할은 먼 곳에서 보아도 아름답고 가까이에서 봐도 아름답다. 매표소 앞문을 통과하려면 검색대를 지나야 한다. 몸수색도 공항 수준이다. 들어가 100미터쯤 가서 우측으로 돌면 가로 300미터, 세로 580미터 넓이의 광장이 있다. 북쪽에 반듯하게 건축된 붉은 사암으로 지은 정문을 보게 된다. 이 정문의 아치를 통과하면 몇 개의 계단이 있다. 여기서 정중앙을 보면 분수와 정원이 있고 그 뒤쪽 200여 미터 근처에 타지마할의 완벽한 건축물이 찬란하게 햇빛을 받고 서 있다. 좌우의 건물이 보조를 하고 있다. 완벽한 대칭에 감탄하게 된다.

이와 같은 완벽한 건축물이 수세기 전에 지어졌다니 놀랍다. 더욱이 이 건물이 왕궁이나 신에게 제사 지내기 위한 건물이 아

왕비를 추모해 지은 묘소 인도 아그라의 타지마할

니고 죽은 왕비의 무덤이라는 사실에 놀라움을 금치 못한다. 주위를 살펴보아도 뒤쪽은 야무나강이 유유히 흐르고 좌우에는 좀 떨어진 거리 양쪽에 비슷한 크기의 보조 건물이 있을 뿐이다. 타지마할은 기단부의 크기가 사방 95미터이고 본체는 사방이 57미터, 높이는 67미터라고 한다. 네 귀에 대리석 원형 탑이 있는데 탑의 높이는 43미터라는 기록이 있다.

무굴제국 제5대 황제 샤자한의 왕비 뭄타즈마할의 무덤으로, 타지마할이라는 것은 죽은 부인의 칭호인 뭄타즈마할을 의미하는데 마할이 붙지만 궁전은 아니다.

황제 샤자한이 끝없이 뜨겁게 사랑한 왕비 뭄타즈마할은 1631

년에 사망했는데 그녀의 죽음을 몹시 슬퍼한 샤자한 황제는 제국의 국력을 낭비하면서까지 이 타지마할에 돈을 퍼부어 건설하였으며 이것으로 사랑을 표현하고자 했던 것 같다. 이 건축물을 짓기 위해 세계 각지에서 비싼 돌을 가져오고 기술자를 뽑아서 장장 22년 동안 천문학적인 자금을 들여서 1653년에 완성했다는 기록이 보였다.

지을 때도 1만 2천 명의 이란 기술자들을 불러 왔고 인도 대리석 80%에 이태리 대리석 20%로 지었다. 타지마할 내부 공사도 12년이 걸렸고 담장 등 외곽 공사도 10년이 걸렸다고 설명했다. 대문의 조각 글씨는 재스민꽃 형태이다.

황제 샤자한은 야무나강 건너 쪽 산기슭에 검은 대리석으로 타지마할과 같은 무덤 건축물을 건설하고 강 위에 다리를 놓고 양쪽을 다니게 하는 계획을 세웠다고 전해진다. 이슬람 가르침에는 이 세상에 종말이 오면 무덤에서 죽은 사람들이 모두 되살아나서 알라의 심판을 받을 때까지 자손 대대로 잘 살다가 잠든다고 믿고 있다. 황제도 죽은 왕비를 다시 만나 강 양쪽에서 살면서 낙원으로 갈 것을 믿었기 때문일 것이다.

그러나 세상은 권력자라고 해도 마음대로 되지 않는 것이 있다는 교훈을 남기려 했는지, 또는 권력은 무상한 것인지 황제 샤자한은 아들 아우랑제브에 의해 유폐 당하였고 아그라성 한 귀퉁이 무삼만 버즈에 갇혀 살다가 그곳에서 쓸쓸히 세상을 떠났다. 아들 아우랑제브 황제는 아버지에게 마지막 효도로 죽은 뒤 어머니 무덤인 타지마할 옆에 안장해 주었다고 전해온다. 타지마할 지하에는 샤자한 부부의 실 묘가 있다. 1층 중앙 원형 홀에는 중앙에 부인 묘, 좌측에 샤자한 묘가 관광객들에게 시달림을 받고 있다. 그들 부부는 하루에도 수천 명씩 구경꾼들의 시선을 받으며 외화를 벌겠지만 안락하게 잠들지 못하고 아들과 세상의 변화를 한탄하면서 누워 있는지도 모른다.

밤에는 무덤 안팎에 조명을 밝혀 더욱 아름답다. 건물 중앙 1층 묘소를 투조하는 실루엣이 내벽을 비쳐서 더욱 신비롭게 느껴진다. 묘 앞 입구를 지키는 경비원이 '알라 악바르(알라는 위대하다)'라고 크게 소리치면 머리 위쪽 돔 안쪽에 반응되어 소리가 울려 퍼진다. 정면 좌측 지하로 내려가는 계단은 진짜 묘소로 가는 길이다. 등이 없어 휴대용 회전 전등을 가지고 내려가다가 대리석을 비춰보면 컴컴한 지하도 대단히 화려하고 아름다워 저절로 감탄사가 나온다.

타지마할은 인도를 대표하는 건축물로 가장 완벽한 인도 모슬렘 예술의 진주이며 세계 문화유산의 최고 걸작품이다. 그리고 이슬람의 대표적 건물이다. 앞마당에 인공호수를 파서 조경하고 장미공원도 만들었다. 매월 15일 만월에 호수에 비친 타지마할은 환상적이라고 한다. 대리석 문에 구멍을 뚫어 만든 문양은 모두 다르다. 관을 둘러싼 대리석이 문갈이 살을 만들어 안을 볼 수 있게 했는데 크기, 모양 등 문양이 모두 다르다.

총면적이 170,580㎡이다. 정면을 보고 좌측 부속건물은 기도실 건물이고 우측 건물은 스님 접대 건물이다. 1685년 5대 황제 샤자한의 셋째 아들이 두 형을 죽이고 왕위를 찬탈하여 아버지 샤자한도 유배시키고 왕위에 등극하였다.

무굴제국은 7대 바하두르샤 2세 때 멸망하고 지구상에서 사라졌다. 타지마할 경내 기도실 앞쪽에 박물관이 있다. 입장료를 주고 들어가 보았다. 무굴제국의 정치, 군사, 생활, 서적 등의 전시물을 볼 수 있다. 황제의 도장, 모든 황제의 사진, 사인도 있다. 왕의 그림을 도자기에 입혀 영구 보존하고 있다.

각종 그림 중에는 왕의 회의 장면, 코끼리 훈련 등 일상생활의 모습도 전시되어 있다. 왕의 대리석 사진이 있고 마할의 3개 건물 균형을 맞추어 실내조명도 조정했다. 샤자한 황제 22세, 타지마할 왕비 20세에 결혼해 자녀 14명을 낳고 39살에 죽었다는 설명과 그림이 있다. 그때 쓰던 은화, 금화 동전이 전시되어 있다.

황제 샤자한은 사랑하는 아내의 묘를 세계적인 건물로 짓고 이름을 타지마할로 지었다. 400년이 넘은 건물이 지금도 인도를 대표하는 세계적 건물로 이름을 날리니 부인의 사랑이 얼마나 크고 깊었는지 감탄하게 된다.

2021. 10.

일생 최대의 행복

바라나시는 인도 북쪽에서 남쪽으로 흐르는 바루나강과 아시강에서 따온 이름이라고 한다. 석가가 깨달음을 이룬 후 자신이 습득한 법을 처음으로 펼친 사르나트도 멀지 않은 곳에 있다. 가서 현장을 보았다. 3,000여 년을 이어온 힌두성지 바라나시는 한때 번성했던 불교와 무굴제국이 이어지는 동안 많은 변화를 겪었음도 짐작할 수 있었다. 무굴제국 말년에 많은 힌두 사원이 파괴되고 회교 사원으로 바뀐 때도 있었다고 말했다. 오래된 건축물을 보면 힌두 사원과 회교 사원의 혼합형 건축물을 볼 수 있다.

뉴델리에서 완행열차로 12시간 거리에 있는 바라나시는 종교를 토대로 발전한 도시라고 설명했다. 이 도시에는 수천 년 동안 전해 내려오는 전설이 있다고 한다. 갠지스강물에 목욕하면 죄가 씻겨진다는 믿음이다. 매일 찾는 힌두인들로 북적이는 바라나시

는 현장에 갔을 때 세계 어느 도시보다도 일상생활에서까지 종교 냄새가 물씬 풍기는 도시임을 느낄 수가 있었다.

도시는 인도의 어머니로 부르는 갠지스강변에 있어 가트가 도시를 대표한다. 가트는 강 서쪽 기슭에 100여 개가 있다. 강변의 계단으로 연결된 제방으로, 목욕하는 장소를 말한다. 강 위쪽에는 힌두교 전용의 화장터가 있다. 가트 주변 긴 언덕 위쪽에는 화려한 황후의 별장도 있고 아래쪽으로는 일반 사람들이 사용하는 작은 사원들이 셀 수 없을 정도로 많다.

갠지스강물은 우기와 건기에 따라 물의 높낮이가 크게 차이 난다. 건기는 12월에서 5월 사이라고 설명했다. 필자가 1월 건기에 갔는데 수면이 많이 줄어들어 가트가 물 위로 많이 나와 있었다. 수많은 가트 중에서도 성지로 알려진 몇 곳이 있는 것도 알았다. 바루나 상가 앞 판치 강가 등 5곳을 알려주었다. 이 중에서도 최고로 꼽는 곳이 다샤슈와메드 가트라고 설명했다. 이곳에서는 낮은 강물을 따라 걸어서 가까운 가트로 갈 수 있고 많은 관광객들이 목욕하는 풍경을 가까이서 볼 수 있는 곳이다. 구경꾼을 더 가까이 볼 수 있는 보트도 이곳에 많다.

가트로 갈 때 일출을 보아야 최고라고 한다. 가트 높은 곳에서 강가의 일출은 장관이라고 한다. 필자도 일출을 보려고 복잡한 새벽길에 인파를 헤치고 갔는데 '가는 날이 장날'이라고 하더니 힘들여 간 일출 시간인데 날씨가 잠깐 흐려서 떠오르는 태양을 못 보았다. 예정대로 강가 앞에서 영업하는 배를 타고 관광을 즐겼다. 어둠이 남아 있는 새벽에 강물에 목욕하러 오는 사람들도 굉장히 많았다. 가트에는 세계 각국과 전국에서 모여든 다양한 계층의 순례자로 발 디딜 틈이 없을 정도였다. 깜짝 놀랐다.

갠지스강 근처 길거리에는 꽃을 파는 여인들도 많다. 노점상 옆에는 거지들이 지나가는 사람들에게 '기브미 원 달러' 하며 자선을 바란다. 걸인도 영어를 잘한다. 노인 등 걸식하는 이들에게 잔돈이나 음식을 주고 가는 사람도 많이 보였다. 조금 여우가 있는 노인들도 걸식을 하며 죽기를 기다린다고 한다. 사후 화장한 재를 갠지스강물에 뿌리는 것이 소원이니까!

가트 계단을 내려가 갠지스강물에 발을 담그면 잠시 인간의 영욕을 초월한 강물이 말없이 흐름을 느끼게 한다. 이 순간 동쪽을 보면 둥근 태양이 떠오른다. 찬란하게 비치는 햇빛은 이곳에 있는 거지나 노인이나 모든 순례자에게 똑같이 비추어준다. 자연은 공평하게 그리고 매일매일 영원히 회전하면서 시간의 흐름을 이어간다. 순간 엄숙함을 느꼈다. 많은 인파 속에서 신발을 벗고 한참 동안 발 목욕을 했다.

강변에서 배를 타고 구경할 때 위쪽 화장장에서 버려진 물건들이 떠내려가기도 하고 멀리 보이는 곳에는 대나무 틀을 천으로 둘둘 말은 시체가 가트 위쪽에서 화장하고 남은 재를 갠지스 강물에 던져 흘려보내는 장면도 보았다. 근처에서 커다란 물고기가 수면 위로 불쑥 올라오는 장면도 보인다. 물고기 천국인가?

목욕할 때는 '룽기'라는 아랫도리를 두르는 치마 같은 천을 받아서 근처에서 갈아입고 입은 옷을 맡기고 내려가야 된다. 보트를 타고 가트 근처 위아래를 다니면서 먼발치서 가트 위에 많은 인파와 오래된 별장 건물들을 보는 코스가 있다. 배 옆에는 작은 거루 같은 배에 상품을 싣고 배에 바짝 붙어서 상품을 팔아 달라고 물건을 흔들며 큰소리로 영어로 떠든다. 한쪽도 아니고 배 양쪽에 붙어 시끄럽게 한다. 관광배의 속도를 맞춰 계속 쫓아 붙는다.

나라마다 관혼상제(冠婚喪祭)가 다르고 지역마다 특성이 있음도 확인했다. 인도 바라나시에 있는 갠지스강의 위력은 대단해 보였다. 14억이나 되는 인도 국민 중 80% 이상의 힌두인들은 누구나 살아서 갠지스강을 와서 보고 강에서 목욕을 하고 거기서 살다가 죽어 화장한 뼛가루를 갠지스강물에 뿌리는 것을 일생 최대의 행복으로 생각한다는 현실을 현장에서 보고 실감했다.

2021. 10

잉카 제국의 유적

페루에 있는 마추픽추는 잉카 문명의 자취가 가장 완벽하게 남아 있는 세계적 유적지이다. 가는 길이 험악하다. 잉카의 옛 수도 쿠스코에서 아마존 저지대로 강을 따라 300여 리 가까이 가야 한다. 해발 3,000여 미터 정상에 험준한 계곡과 가파른 절벽에 숨어 있는 요새 도시다. 사방 10리가 넘는 넓은 땅에 위치에 따라 심한 경사를 이루고 있다. 산 아래에는 우르밤바강이 주위를 감싸 흐른다. 사방이 성벽으로 견고하게 둘러싸여 완전한 천혜의 요새지(要塞地)이다.

수백 년 동안 산속에 묻힌 채 아무도 그 존재를 몰랐다. 100여 년 전 대학 교수가 발견했다. '잃어버린 도시' 또는 '공중도시'라고 불렀다고 한다. 공중도시는 완벽한 채로 발견되었고 잉카 제국 건축의 우수성이 입증된 순간이었다.

공중도시 건설의 정확한 연대는 기록이 없어 알 수가 없다. 태양의 신전 산비탈의 계단식 밭 지붕 없는 집, 태양시계 목욕탕 돌담 벽 등 놀라운 것은 수준 높은 석조 건축 기술이다. 현대 건축 기술로도 어려운 놀라운 수준이다. 수백 톤은 되어 보이는 큰 돌을 다듬는 솜씨가 아주 정교했다.

마추피츠

각 변의 길이와 모양도 제각각인 큰 돌들을 정확하게 잘라 붙여서 성벽에 건물을 세웠다. 미롱지 한 장도 들어갈 틈이 없게 정교하게 사방이 붙어 있다. 가파른 산비탈에도 계단식 밭을 만들고 위쪽에는 산꼭대기에 샘을 찾아 저수조를 만든 것도 보였다. 배수시설을 만들어 농작물을 경작했다. 스스로 농사를 지은 것이다. 만 명 이상 살았다는 주장이 있으나 농사 경험이 있는 필자가 보기엔 천 명 정도 살았을 것으로 추정했다.

공중도시를 가려면 쿠스코에서 버스로 기차역까지 가서 열차를 타야 한다. 고산행 열차를 타고 우르밤바 강줄기를 따라 한 시간 반을 가서 마추픽추 입구 종점까지 가야 한다. 배차 시간을 기다려 25인승 버스를 탄다. 가파른 산길을 꼬불꼬불 산허리를 28번 돌고 돌아 25분 만에 요새 공중도시에 도착했다. 자세히 보면 산중도시 전체는 두 산봉우리 아래 사이에 건설되었는데 현대도시같이 모든 기능이 다 있다.

북쪽에 계단밭 남쪽에는 주거 지역과 상업 지역이 잘 정렬되어 있다. 돌로 만든 집들도 많이 보인다. 계단식 밭에서 주거 지역으로 가는 길에 돌을 깎는 채석장이 있다. 약간 비탈진 좁은 길 옆에는 크고 작은 바위 돌들이 어지럽게 깔려 있다. 옆에는 짓다만 돌집도 보인다. 이 큰 돌집은 이곳의 노예들을 동원해서 짓던 것으로 추정했다. 스페인의 침공을 받고 왕이 사로잡히자 짓던 건축물들을 그대로 두고 달아난 것으로 추측된다고 안내자는 설명했다.

채석장 아래로 내려오는 길은 오른쪽은 돌담이 있고 왼쪽은 난간도 없는 낭떠러지이다. 아래 우르밤바강까지는 천야만야한 비탈로 2킬로는 되어 보였다. 함께 간 젊은 사람이 비탈길에 아무것도 안 잡고 강을 본다며 난간에 걸터앉았다. 미끄러지면 2킬로 아래 강물에 빠지는 것이다. 너무 놀랐다. 필자는 내리막길이 무서워서 앉아서 간신히 내려왔다. 아래 주거 지역으로 왔다. 넓은 공간도 있고 넓은 마당 한가운데 큰 나무도 한 그루 서 있다.

주거지 높은 곳에 궁전과 신전 의례품 저장소 학교와 공장이 있다. 주택과 묘지도 있다. 10여 개의 취수장과 수도도 있다. 천체 관측을 위한 건축물도 있다.

옥수수 경작지도 있다. 돌로 지은 집의 돌 자르는 기술 등 현대 기술로도 짓기 힘든 집들이 보인다. 자급자족을 하고 있었다. 천문학을 위한 건축물 같은 것도 보인다.

농사짓는 농지 뒤 언덕에는 평지가 있다. 바위 위에 국기 게양대 같은 단이 있다. 하늘에 제사 지내는 곳으로 보였다. 바위 뒤쪽 평지에서 179구의 시체가 나왔다는 기록이 있다. 그중 여자가 164구라고 했다. 알 수가 없는 일이다. 여러 가지 추측을 했다고 한다. 혹자는 궁녀들의 교육장으로 추정한 학자도 있었다고 한다. 다른 학자는 지금 코로나같이 어느 날 전염병이 창궐하여 모두 사망했으리라는 추측도 했다. 정확한 내용은 알 수가 없었다.

공중도시 모두가 잉카 제국의 찬란했던 문명을 현재의 시각으로 보면서 많은 의문과 감탄을 했다.

2021. 10.

온천과 아이누족

일본 북해도에 있는 노보리베츠 온천은 일일 물의 용량이 만 톤이나 되고 종류도 10여 종이나 되는 최고의 온천이라고 알려져 있다. 화산이 폭발한 화구로 직경이 450여 미터 된 지옥곡이 계속 연기 같은 수증기가 주위를 덮고 있는 것을 보았다. 이곳이 온천의 원천(原川)이라고 기록하고 있다. 온천 호텔에서 300여 미터쯤 거리의 산속 낮은 곳에 있다.

관광객을 위해 만든 통행로를 따라갔는데 오른쪽에 사람들이 많이 모여 있었다. 눈을 씻으면 시력이 좋아진다는 눈 씻기 용으로 만든 우물에 사람들이 모인 것이다. 그 뒤로 100여 미터 가니 큰 둥근 우물이 있는데 안개 열이 뜨거워 들여다볼 수가 없었다. 섭씨 100도의 수증기가 뜨겁게 솟구친단다. 위험 방지용으로 1미터 이상 간격에 나무로 둘레를 만들어 놓았다. 주변 전체

에 유황 냄새가 코를 찔렀다. 식염천 망초천 산성 녹초 약 스염천 등 7가지 성분의 온천을 갖추고 있다는 온천탕은 남탕과 여탕이 매일 바뀐다. 호텔은 완벽한 숙박시설은 물론, 일본 특유의 전통 음식을 맛볼 수도 있었다.

노보리베츠 온천 중심 상가에서 10여 분 거리에 있는 케이블카를 타고 산으로 올라가면 산 정상 부근에 곰 목장과 일본의 원주민인 아이누족의 마을을 볼 수 있다. 정상 주변에는 전시관과 매장, 전망대 등 볼거리가 많다. 바로 앞에 있는 곰 목장에는 수백 마리의 곰들이 우리를 달리하여 여러 곳에 분산 수용되어 있다. 곰에게 먹이를 던지면 입으로 정확하게 받아먹는다. 닳은 사람들을 상대한 곰들이라 곰같이 미련하지 않았다. 곰도 맹수에 속하기 때문인지 먹이 주는 방법과 구경하는 길도 안전하게 장치를 해 놓았다.

곰 목장 근처에 일본 원주민인 아이누족의 마을이 있다. 움막 속에서 생활하는 그들은 여러 가지 상품을 만들어 판매하고 있다. 수작업의 목공예품을 비롯하여 철제품 등 많은 물건을 생산하여 직판하고 있다. 관광객이 많이 오는 시간을 이용하여 아이누족 특유의 민속 쇼가 펼쳐진다. 묘하게 생긴 악기와 북 몽둥이 채찍과 모자를 이용하여, 그들만이 사용하는 언어로 다채롭게 관객과 어울려 한마당을 연출한다. 그들은 까무잡잡한 피부색과 짙은 눈썹 그리고 동그란 눈과 몸에는 털이 많다. 머리는 일반 사람들보다 크고 얼굴에는 웃음이 별로 없다. 행동도 느리고 고유 의상도 특이하다.

원주민 격인 이들이 일본에 들어와 살기 시작한 것은 기원전 수천 년 전으로 추정한다. 일본 전 지역에 분포되어 살던 이들이 8세기 무렵부터 수적으로 우세한 본토인에게 밀려 북쪽으로 쫓기며 이주해 살다가 최북단 북해도에 정착하여 사는 것으로 알려져 있다. 아이누족으로 부르는 이들의 식생활은 독특하다. 고기를 삶아서 국으로 먹으며 아침과 저녁 두 끼를 먹는다고 한다. 또한 곰이나 사슴의 내장을 가늘게 썰어서 날것으로 즐겨 먹는단다. 일본이 농경민족인데 아이누족은 수렵민족이라는 점도 흥미롭다. 곰 목장 근처에 아이누족 마을이 함께 있는 것도 이들의 식생활과 무관하지 않은 것 같았다.

삿포로 남쪽에 아이누 민속촌도 보았다. 정문을 들어가면 높이 10여 미터의 거대한 아이누족 추장 동상이 서 있다. 더 안쪽으로 들어가면 아이누족의 전통 가옥과 나무로 된 식량보관 창고와 민속 박물관이 있다. 이곳에는 옛 아이누족 민속 복장을 한 사람들이 안내를 하고 있으며 광장에서는 일정 시간에 고유의 민속 춤도 볼 수 있다.

노보리베츠 호텔에서 아내와 2박을 하면서 온천을 직접 보고 온천수에 얽힌 재미있는 경험도 했다. 곰 목장의 민속 쇼도 흥미 있었다. 아이누족의 생활상도 관심 있게 보았다. 즐거웠던 시간이 오랫동안 추억으로 남았다.

2021. 10.

경제 전쟁

상하이를 가로질러 흐르는 황푸강의 동쪽 지역은 하루가 다르게 변모하고 있다. 보잘것없던 모래땅에 즐비하게 늘어선 고층 빌딩들은 푸둥 개발 10년의 산 증거다. 폭 백 미터의 넓은 길은 21세기를 겨냥한 중국의 도전을 상징이나 하는 듯 이름도 스지다다오, 즉 세기 대도라 부른다. 이 길의 끝에는 중국의 자본주의 실험실인 루자쭈이 금융 무역가가 자리 잡고 있다.

진마오 타워는 루자쭈이 금융 무역가 중심에 자리 잡고 있다. 6억여만 달러를 들여 지었다는 높이 421미터의 이 건물은 완공 이전부터 세계 각지에서 임대 문의가 잇따를 정도로 세계적 호재를 모았던 빌딩이었다고 설명했다. 월드트레이드센터 등 고층 빌딩들과 진마오 타워 주변에는 현대식 고층 빌딩이 즐비하다. 바로 옆 땅에는 일본 모리그룹이 101층짜리 상하이 환치우 금융

센터빌딩을 준공했다. 공급 과잉을 우려한 당초의 생각과는 달리 이 건물들에는 세계 유수 기업들이 앞다투어 입주했다고 자랑했다. 아시아의 새로운 금융 중심, 이것이 루자쭈이의 꿈이라고 말했다.

푸둥에는 금융 시스템 기능을 갖춘 많은 다국적 기업들이 이 금융 무역지구를 중국 및 아시아 진출의 교두보로 삼고 있었다. 한국도 포스코 개발이 투자해 지은 포스플라자가 스테인리스강을 외장으로 사용해 이곳에 새 명물로 등장했다. 황푸강 건너에서 보면 미래에셋 건물 간판도 선명하게 보였다. 물론 푸둥의 미래를 내다보고 투자했을 것이다. 푸둥 개발이 성공적인 곳으로 평가받으면서 최근에는 해외 자본 투자가 대형화 추세로 가고 있다고 한다. 지금도 10억 달러 이상의 대형 투자가 늘고 있다는 안내자의 설명이다. 또한 첨단 기술 투자와 점유율도 높아지고 이미 투자한 외국 기업들의 투자 규모가 점점 커지고 있다고 설명했다.

푸둥 개발은 앞으로 계속된다고 한다. 상하이시는 놀고 있는 땅을 메울 투자 기업들을 유지하려고 계속 노력 중이란다. WTO 가입 후 여건이 좋아지면 푸둥 지역은 외국 자본들이 더욱 많이 들어올 것으로 예상하고 있다. 2021년 푸둥 개발이 완료되면 싱가포르 규모의 계획도시가 세워지게 된다고 설명했다. 루자쭈이 금융 무역구가 푸둥 개발의 현재라면, 외곽에 자리 잡은 첨단 기술 단지는 미래 중국의 희망의 땅이라고 자랑했다. 25㎢의 엄청난 이 기술 단지는 개발을 시작한 지 20년이 못 되었지만, 상하이시는 이 지역을 미래의 책임질 최고의 하이테크 단지로 키우기 위해 시설 투자를 많이 했음을 알 수 있었다.

상하이의 외탄은 휘황찬란한 불빛이 눈을 어지럽게 하지만 그 이면에는 열강에 의한 조차지(租借地)라는 아픈 역사가 숨 쉬고 있는 곳이기도 하다. 그러나 중국은 이제 과거 비극의 역사를 딛고 세계에 우뚝 선 초강대국으로서의 비약을 준비하고 있음이 분명하다. 개혁 개방의 성공적인 20여 년, 눈앞에 보이는 경공업 제품의 세계 제패, 그리고 IT와 바이오산업 등의 분야에서 첨단 기술 개발로 미래에 던지는 승부수, 이것이 오늘의 중국 모습이다.

신개발지는 밝은 면만 있는 것이 아니고 어둡고 우려스러운 면도 함께하게 마련이다. 푸동지구 건설은 중국 GDP의 40%가량 되는 양쯔강 유역 70여 개 도시의 성패와 연결된다고 보아야 한다. 총인구의 40% 가까이가 이 지역에 살고 있음도 성공과 실패의 중요성을 말해준다. 푸둥이 상하이의 일부이지만 상하이는 경제의 중심지다. 무역과 금융 하이테크 산업이 큰 비중을 차지하고 있기 때문이다. 푸둥의 성패는 국가 전체 산업의 사활이 달린 중요한 사업이 분명해 보였다.

10여 년 전 특별 초청을 받아 상하이 엑스포를 구경했다. 현지 외교관의 도움으로 힘들지 않게 관람했다. 당시 내국인들도 인기 있는 관은 평균 5시간 이상을 기다려야 관람할 수 있었다. 여러 가지 미래 산업을 볼 수 있었다. 앞으로 상하이의 미래를 예측할 수도 있었다. 이 방대한 푸둥(浦東) 지역에 세계적 금융센터와 미래형 최첨단 시설이 들어와 도약하는 중국의 미래 비상(飛翔)을 예약하고 있음도 확인했다.

자본주의 실험에 성공한 중국, 내일은 대국에서 강국으로 변할 것이 분명해 보인다. 21세기를 맞아 세계 4위의 거대한 국토와 14억이 넘는 인구를 지렛대 삼아 초강대국으로 날아가려는 대국의 발걸음이 빨라지는 것을 보면서 이웃나라인 우리도 부러워만 해서는 안 되겠다는 생각을 했다. 앞서가고 있는 업종은 계속 선두를 유지해야 되겠다. 우리나라도 경쟁력을 유지하려면 정신을 바짝 차려야 중간은 갈 것 같다. 미사일보다 무서운 경제 전쟁이다.

2021. 10. 20.

자신감을 심어준 교장 선생님

경기도에 있는 오래된 학교로 발령이 났다. 정신없이 한 해를 보냈다. 신년 학년 담임과 보직을 발표하는 날이다.

"교직 생활 10년에 이 학교 부임한 지도 5년이 지났습니다. 오래 근무한 선생님들도 많은데 부임 2년차 선생님에게 교비와 기성회비 같은 알짜 보직을 몰아주십니까? 보직을 받지 않은 선생님도 계시는데요." 3월 초 교직원 회의에서 최고참 선생님의 항의성 발언이다. 다른 선생님들의 의견도 많이 나왔다.

여러 선생님들의 말을 다 들은 교장 선생님은 낮은 목소리로 말씀하셨다. "무보직은 임신 등 본인의 사정을 듣고 배려한 것입니다. 윤 선생에게 두 보직을 몰아준 것은 사범학교나 교대 출신이 아닌 상고와 일반 사범대학 출신이란 것도 고려했습니다. 교장으로서 선생님들에게 말씀드립니다. 윤 선생이 1년 후 여러 업

영평초등학교 전경

무 처리 등이 선생님들의 마음에 안 드시면 내가 책임지겠습니다." 단호한 말씀에 회의는 무사히 끝났다.

보직을 받았지만 마음이 편하지만은 않았다. 당시 학교 경리는 단위도 크지 않았고 단순한 단식 부기 수준이었다. 미숙한 교사는 교육청에서 실시하는 여러 부서의 전달강의도 받고 보직 수행을 하고 있을 때였다. 1년 동안 교장 선생님의 말씀을 생각하면서 최선을 다해서 열심히 맡은 일을 했다.

한 해가 지났다. 같은 조회시간에 교장 선생님은 인사 말씀을 하시며, "1년 전 정해드린 보직 관련해 하실 말씀 있으면 하세요."라고 하셨다. 회의장은 잠시 조용했으나 조금 후 "아주 만족했습니다."라는 함성이 터졌다. 웃음이 별로 없으신 교장 선생님이 활짝 웃으시며, "여러분 노고의 경의를 표한다."고 하셨고, 회의는 순조롭게 진행되었다. 새로운 보직발표 순서에서 또 교비를 맡아 달라고 하셨다. 그때 "4년제 교육대학교 졸업 후 부임한 유능한 선생님도 계시니 선처 바랍니다." 하면서, 보직을 내놓는 대신 다른 어떤 보직도 흔쾌히 받겠다는 의견을 말씀드렸다.

새로 받은 보직은 체육이다. 연중 최대 행사인 가을 운동회와 군 대항 축구대회를 주관하는 부서이다. 초등학교에서 가을 운동회는 전체 학생과 모든 교사가 참여하는 1년 중 가장 큰 행사이다. 각 학년 담임 선생님의 협조가 절대적인 보직이다. 추석 전후에 하는 운동회는 한 달 전부터 계획을 세워 고학년을 포함해 반별 학년별 모두가 함께하는 운동이다. 교과과정에 맞게 연습을 해야만 하는 어려움이 있다. 담임 선생님들의 도움 없이는 어려운 일이다. 학생 규모에 맞는 프로그램도 필요했다. 저학년 고학년의 시간 배정도 잘해야 담임들이 협조한다. 순서지에는 학부모의 참여도 시간대에 알맞게 넣어야 된다. 주어진 예산을 효율적으로 사용하는 것도 필요하다. 총예산 대비 운동 내용에 따른 상품의 배정도 중요하다.

우선 상품을 경기종목에 맞게 안배했다. 다음은 지난 운동회 때 구입한 상품 내용을 보았다. 상품 품목을 가지고 도매로 흥정을 했다. 많은 양은 아니지만 시골에서 가을 운동회를 하는데, 서울 전국 도매상을 찾는 선생님은 처음 본다는 상인도 있었다. 그때는 배달도 안 되어 손수 버스로 운반했다.

도매로 상품을 구매하니 지난해 운동 때 상품보다는 품질도 좋았고 양도 많았다. 같은 운동을 해서 1등 한 고학년 학생들은 상품이 작년보다 많고 품질도 좋다고 기뻐했다. 날씨도 좋아 운동회는 성황리에 끝났다. 운동 후 열린 종합 평가 조회에서 교장 선생님이 금년 운동회는 성황리에 진행되었고, 상품도 같은 예산인데 푸짐했다며 체육 담당자에게 칭찬을 해 주셨다.

매년 봄 교육청 주관으로 축구 대회가 있다. 체육 담당자의 책임으로 선수들을 선발하고 연습을 해야 한다, 고학년 위주로 선수를 선발하게 된다. 봄이라 해가 길어 수업이 끝난 후에 연습을 했다. 대회 시작 직전에 조 추첨을 했다. 군내 최강팀으로 해마다 거의 우승을 하는 팀과 예선에서 만났다. 최선을 다했으나 후반 종료 몇 분을 남기고 한 골을 먹었다. 0 대 1로 패한 것이다. 예선 탈락으로 싱겁게 끝났다. 응원 나온 동료 선생님 보기가 민망했다. 실력도 없이 출전해서 망신만 당했다며 지도교사를 안 좋게 보는 선생도 있었다. 해 질 무렵 결승에 오른 팀은 우리와 예선에서 싸운 팀이다. 결승 결과는 3 대 0으로 완승했다. 우승 팀은 우리만 간신히 이기고 다른 팀들과는 결승까지 7 대 0, 5 대 0 또는 3 대 0으로 완승하는 것을 본 후 영평초등학교가 2등 했다고 지고도 즐거워했다.

국가 교육공무원으로 첫 근무지였던 영평초등학교를 찾아갔다. 일진이 좋았는지 교장 선생님을 만날 수 있었다. 전직 교사였다는 설명에 교장 선생님은 손수 차를 타 주시며 반갑게 안내해 주셨다. 아내와 같이 예절 있는 후한 대접을 받았다.

노 교장 선생님은 현재 학생이 60여 명으로 몇 년 후면, 우리 학교와 이웃 영중초등학교, 금주초등학교가 통합된다는 설명을 하셨다. 새로 양문에 신축교사를 짓고 합치면 영평초등학교는 없어진다고 말씀하셨다. 다행인 것은 영평초등학교는 포천시에서 가장 오래된 학교라 교육박물관으로 될 것 같다는 설명을 하셨다. 이름도 영중면에 영중 금주 영평초등학교가 있는데 세 학교가 통합 후 새로운 학교명을 영평초등학교로 정했다고 한다. 통합 신축교사는 2022년쯤에 준공 예정이라고 설명하셨다. 38교 근처 양문에 있는 신축교사를 한번 가 보고 싶다.

학교 내부를 안내하시며 선생님이 가르치신 교실이 어디냐고 묻기에, 여기라고 말씀드리니 친히 열린 교실 문 쪽을 보시면서 안내해 주셨다. 50여 년 전에 필자가 가르쳤던 교실을 볼 수 있었다. 5학년 교실을 보면서 그때 가르친 학생도 지금은 환갑이 넘었겠구나, 생각하니 '참 세월이 많이 갔구나' 하는 생각에 알 수 없는 야릇한 마음이 머리를 스친다.

부임한 지 1년밖에 안 된 초임 교사에게 학교 살림살이를 다 맡겨 주신 교장 선생님의 깊은 뜻을 평생 잊을 수가 없다. 믿음에 대한 감사함을 마음속 깊이 간직하며 평생의 은인으로 존경하며 살고 있다.

『잊지 못할 내 삶의 순간』 고 장만기 회장 문집 2020.

우마탁 만(Umatac Bay)

우마탁은 괌의 남쪽 끝에 있는 작은 바닷가 마을 이름이다. 우리나라 시골 마을과 비슷해 보였다. 1926년에 세웠다는 기념비에는 마젤란이 1521년 이 근처로 상륙하였다고 기록하고 있다. 근처에 있는 작은 비에는 마젤란 기념비(Magellan Monument)라고 쓰여 있다. 옆에는 규모가 큰 베이지색 성당이 있는데 이것이 산 디오니시오 성당(San Dionisio Church)이다.

시멘트 벽으로 바다 쪽을 막았고 벽에 산 디오니시오 성당(San Dionisio Church)이란 간판이 선명하게 보였다. 지붕 위에는 십자가가 있다. 밀려오는 태풍과 파도가 벽면에 쓰인 교회 이름과 십자가를 보고 잠잠해지라는 염원을 담은 것 같다. 이 성당은 아테네의 첫 번째 주교 아레오 파구스의 산 디오니시오 성인께 헌정되었고 그의 축일인 10월 8일에는 해마다 마을 주민들이 축제를 올린다고 한다.

우마탁 만

배가 들어와서 정박하기에 아주 알맞게 생긴 곳으로 남쪽 앞으로는 언덕이 있어 자연스러운 방파제 구실을 한다. 언덕 위를 보면 옛날에 바다를 내다보던 망대가 있고 유적이 몇 곳에 남아 있다. 철판에는 어느 나라 말인지 알 수 없는 글씨가 선명하게 적혀 있었고, 땅굴처럼 파인 곳에 또 다른 망대가 있다.

19세기 초 우마탁 만(Umatac Bay) 남서 끝에 구축된 누에스트라 세뇨라 데라 솔레다드(Fdrt Unestra Senora De La Soledad)라는 긴 이름이 새겨진 요새이다. 이곳은 괌 전체에서 가장 원형이 잘 보존된 요새로 석조 관망대가 아직도 공원 언덕 위에 있다. 솔레다드 요새에 올라가니 나지막한 성의 흔적이 있고 초소 같은 석조건물이 하나 있다. 대포 3문이 태평양과 우마탁 만을 향하고 있다. 스페인 해군함이나 영국 해적을 감시하는데 가장 적합한 위치로 생각되었다.

이런 역사적으로 뜻깊은 우마탁은 마을 전체가 삼태기같이 생겼다. 원래는 17세기 스페인 통치 시절에 괌의 수도였다. 지금은 없어졌지만, 총독 관저도 있었다고 전해온다. 섬 남쪽의 매리도라는 마을에는 1940년대 일본 군대의 횡포에 견디다 못해 이주해 온 사람들이 모여 살고 있다는데 집도 많고 가축도 많이 기르는 것을 볼 수 있었다.

괌은 강한 모계 사회이다. 주로 원주민 여인들에 의해 차모로어로 문화, 언어, 음악, 무용, 풍습 등이 보전되어 왔다고 설명했다. 1668년 예수교 선교사들이 와서 유럽 문명을 전하기 시작했으며 옥수수 농사와 목축 나무껍질로 옷을 짜는 법 등을 가르쳤다고 한다. 그 후 가톨릭이 들어오면서 주변 활동의 중심이 많이 변화했다고 말했다. 1972년 태풍이 강타해서 남쪽 낮은 지역은 대부분 집들이 파손되었다.

그러나 우리나라 기술자들이 지은 집은 태풍에도 파괴되지 않고 무사했다. 그래서 한국인의 건축기술이 크게 인정받아 건축 주문이 쇄도하고 있는 실정이라고 한다. 정부는 이 피해의 복구를 위해 융자를 해 주면서 주택을 많이 짓도록 장려했다. 그래서 몇 년 전까지도 남쪽 지방에는 한창 건축 붐이 일고 있었다고 한다. 파도가 심하지만 산호초가 자연방패 구실을 해 주어서 파도의 피해는 거의 받지 않고 있는 살기 좋은 지역으로 유명하다.

괌은 미국의 자치령이므로 언어는 물론 영어를 사용한다, 하와이와 필리핀에서 이민 온 사람이 많아 억양이 강한 동양적 영어가 주로 쓰인다. 그렇지만 현지 주민들은 아직도 그들의 고유 언어인 차모로어를 사용하고 있다고 설명했다. 제2차 세계대전 때 일본 점령하에 살면서 강제로 일본 교육을 받았던 노인층을 포함한 일부 주민들은 일본어를 가끔 사용하는 것도 볼 수 있었다. 이러한 현상을 보고 의아해하고 신기하면서도 한편으로는 역사는 무시할 수 없다는 것을 실감했다. 사용하는 돈은 미국 본토와 같이 달러를 쓰고 있다.

서남쪽을 돌아 남에서 동쪽을 향해 가는데 큰 바위에 온갖 번쩍이는 끈이 감겨져 있었다. 그것은 곰 바위(Bear Rock)라고 부르는데 이 바위는 승전을 기리는 것으로, 혹은 기원하는 것으로 전해져 왔다고 한다. 거기 붙여진 반짝이들은 지난 1991년 걸프전쟁의 사막의 폭풍작전 때 파병한 미군 가족들이 이기고 무사히 돌아오라고 기원하는 뜻에서 붙여 놓은 것이라 한다. 그곳에서 눈을 돌리면 동쪽으로 망망대해가 펼쳐진다. 그곳의 바닷물은 하루에 색깔이 일곱 번 바뀐다고 하는데, 우리가 보는 동안에도 한 번 바뀌는 것이 느껴졌다. 그 현상은 햇빛과 풍향에 따라 변화하는 것이란다.

우마탁 북쪽 해안에 큰 검정 바위가 있다. 이 바위는 우마탁 만의 북쪽 경계를 이루고 있다. 이 바위가 유명한 포하바위(Fouha Rock)인데 우마탁 인들이 매년 축제를 여는 곳이다. 바위는 46미터 높이로 바다에 솟아 있다. 차모로인들의 전설에 의하면 이곳에서 여인 푸나(Fu'una)가 오빠 푸탄(Putan)과 함께 이 세상을 창조하고 쉬었던 곳이라고 한다. 황당한 말을 듣고 10분쯤 가니 작은 마을이 보였다. 사실 남쪽 지방의 주택은 볼품도 없고 경치도 그저 그런 것으로 느껴졌다. 우리나라 제주도는 거기다 비교하면 훨씬 근사한 섬이다.

잠시 바다 근처로 가 보았다. 빙 둘러 바위가 있고 파도가 칠 때마다 물이 넘쳐흘러 자연스럽게 조성된 야외 수영장이 있었다. 들어온 그 물이 일정한 양이 차면 반대편으로 나가는 수로가 만들어져 있어 저절로 수위가 조절되었다. 이곳이 유명한 이나라한(Inarahan) 만에 있는 이나라한 천연 풀(Natural Pool)이었다. 수영장의 크기는 한국의 올림픽공원 내에 있는 실내 수영장 정도 된다. 깊이는 2미터쯤 되며 다이빙을 할 수 있는 높은 바위도 있고, 바비큐 용 화덕이 준비되어 있어 주말에는 많은 사람들이 몰려든단다. 국가 소유로 되어 있어 누구든지 무료로 이용할 수 있는 곳이다. 우마탁 만은 괌 전체에서 천혜의 조건을 갖춘 가장 훌륭한 요새의 항구이다. 동북쪽에 있는 미군기지도 좋지만 들어갈 수가 없다.

몇 년 전부터 젊은 부부들의 인기가 있는 여행지로 각광을 받고 있는 미국령이기도 하다.

2021. 11.

규슈의 문화

규슈는 일본의 4대 섬 중 최남단의 위치한 섬이다. 오이타현에 있는 벳푸는 도시 전체가 온천지로 온천의 천국으로 부른다. 미야자키현은 천연 모래찜질의 고장 이브스키가 있고 세계 최대 화산지대로 불리는 아소산도 여기에 있다. 일본 3대성(三大城)의 하나인 구마모토성도 볼만하다. 벳푸의 짐을 풀고 온천을 즐기고 일기가 좋아서 아소산의 화산 현장도 구경했다. 지대가 높아서 찬바람이 불었다. 아내는 처음 보는 남자의 외투를 빌려 입고 추위를 피하기도 했다.

후쿠오카는 부산과 가까운 도시로 규슈 제일의 도시다. 일본 전체에서도 큰 도시로 많은 볼거리를 제공하고 있다. 일본 가장 남쪽에 위치하여 서울에서 한 시간도 안 걸리는 가까운 거리다. 일찍부터 선진 문화를 적극적으로 받아들였던 여러 흔적을 볼 수 있다. 8세기와 12세기에는 조선과 중국으로부터, 근대에 들어 와서는 포르투갈 네덜란드 등과 교역하여 서양의 문물을 받아 들였다. 지금도 풍차와 튤립꽃이 무성한 네덜란드의 생활 풍습을 재현한 스텐보 스텐이란 작은 도시를 만들어 놓고 네덜란드를 소개하고 있다. 기록영화 등 여러 가지 볼거리를 만들어 많은 관광객을 끌어들이고 있다. 이곳에 가면 예술성이 높은 도자기 등 공예품들도 접할 수 있다. 어느 해 늦은 봄 아내와 함께 가지각색의 아름다운 꽃과 정돈된 경관을 마음껏 즐기면서 하루를 즐기기도 했다.

후쿠오카 근처에 있는 다이자후는 고훈시대(古墳時代)와 헤이안 시대(平安時代)인 지금부터 약 1300년 전부터 규슈 전체를 관할하던 관청이 있던 곳이라는 기록도 볼 수 있다. 후쿠오카가 성장하기 시작한 16세기 이전에는 행정의 중심지였을 뿐만 아니라 상업은 물론 외국과의 문물교류에 있어서도 중심적 역할을 했던 곳이라고 한다. 고훈 시대와 헤이안 시대란 약 일만 년 전 어로와 수렵생활을 하던 주몽 시대에 이어 기원전 3세기부터 AD 3세기까지 우리나라로부터 농경과 청동 그리고 철기문화를 이어받은 야요이 문화가 형성된 것으로 본다.

야요이 문화의 뒤를 이은 고훈(古憤) 시대에는 거대한 인력을 동원하여 만들었을 법한 수천 개의 무덤이 발견됨에 따라 붙여진 이름이다. 또한 막강한 세력을 가진 야마도 부족이 등장함에 따라 야마도 시대라고도 부른다.

고훈 시대에는 한반도와 중국으로부터 선진문화가 전래되어 아스카 문화가 꽃피었던 시기이기도 하다. 고훈 시대를 잇는 나라(奈良)시대에는 그전까지 일본 천황이 바뀌면 수도도 바뀐다는 전통을 폐지하고 나라에 영구적 수도를 세웠다. 나라 시대에는 불교문화가 융성하다가 75년 만에 막을 내리고 수도를 교토로 옮기면서 헤이안 시대가 전개된다. 이 시대는 독자적인 일본 문화가 구축된 시기로 볼 수 있다. 문화 예술 종교 사상 행정제도가 크게 발달하였으며, 일본의 원주민인 아이누 종족과 싸워 영토를 확장한 것도 이 시기이다. 그러나 일본 천황과 왕실이 여흥과 향락만을 추구하고 정치를 태만하게 하여 다시 혼란에 빠지게 되자 사무라이 계층이 탄생하게 되고 사무라이 정신을 확립한 가마쿠라 시대로 이어지게 된다.

다자이후텐만구(太宰府天滿宮)는 교토에서 유명한 시인이자 학자였던 스가와라 미차자네(菅原道眞)를 신으로 모신 곳이다. 조정의 대신이었던 그는 정치적 음모에 휩쓸려 다자이후(太宰府)의 말단 관리로 좌천된 후 극심한 가난과 병고로 고생하다 2년 후 사망했다. 그의 시체를 태우고 가던 우마차가 지금의 텐만구(天滿宮) 자리에 이르러서는 꼼짝달싹도 하지 않자, 할 수 없이 이곳에 묻고 안라쿠지(安樂寺)라는 절을 세웠다고 한다. 일설에 의하면 그가 죽은 후에 다이자후에는 각종 재앙이 끊임없이 일어났다. 후세 사람들이 그의 억울함에 대한 호소라 생각하고 높은 관사와 안라쿠지 텐만구(安樂寺天滿宮)를 지어 '학문과 문화의신'으로 추대해 모시게 되었다. 태재부신사(太宰府神社)라 부르다가 제2차 세계 대전 후 다자이후텐만구로 격상시켰다고 전한다. 다자이후텐만구의 본전(本殿)은 1951년에 건축된 것으로 중요 문화재로 지정되어 있다. 후쿠오카 공항에서 가까운 거리에 있는 텐만구는 주차장에서 정문까지 걸어서 10분 걸어 올라가야 한다.

입구 주변에는 많은 점포들이 있다. 우리나라의 절 입구에서 느끼는 경건함은 찾아볼 수가 없다. 천(天) 자 모양 비슷한 정문으로 들어가 여러 곳을 두루 구경했다. 스가와라의 생애와 텐만구 역사에 대한 모형과 유물을 보관하고 있는 역사 박물관과 보물관도 구경했다. 몇 번을 가 보아도 계절에 따라 느낌이 다르다. 철 따라 피는 꽃도 아름답고 볼 것도 많다. 정치나 사상을 떠나 한 학자 일생의 삶을 보는 것도 많은 것을 생각하게 하는 곳이다.

절 입구에 있는 천(天) 자 모양의 대문은 의미 있는 건축양식의 일종이다. '도리이(鳥居)'라 부르는 이것은 신사의 상징물과도 같은 것으로, 옛날 일본 사람들은 새(鳥)를 하늘과 인간을 연결해 주는 매개체로 생각했다고 한다. 신을 모시는 신사 앞에 새가 머무를 곳을 만들어 주었던 곳으로 도리이는 절의 정문에 해당되는데 자료는 나무나 콘크리트 등 다양한 재질로 만든다. 초기 신사에는 '시메나와'라고 불리는 새끼줄과 '고헤이'라 부르는 흰색 종이로 신사의 영역을 표시했는데 요즘은 도리이가 역할을 대신하고 있다고 전해진다.

일본도 우리와 비슷한 역사 문화를 가지고 있음을, 태재부천만궁을 구경하면서 확인할 수 있었다.

2021. 11..

추위를 참으며 오돌오돌 떨었다

이과수 국립공원 안에 있는 이과수 폭포는 브라질 아르헨티나 파라과이 3국에 걸쳐 흐르고 있는 세계에서 제일 큰 폭포이다. 아열대 밀림에 둘러싸인 이과수강이 브라질과 아르헨티나 국경 중심부를 흐르던 물이 거대한 계곡으로 물을 흘러내린다. 270여 개의 크고 작은 폭포가 직경 10리 가까이 되는 넓은 지역에 퍼져 흐르고 있다. 평균 높이 80여 미터에서 떨어지고 있는 폭포는 빅토리아 폭포보다 넓고, 나이아가라 폭포보다 높은 곳에서 떨어진다고 안내하고 있다.

이과수 폭포는 1억 2,000만 년 전에도 있었다고 알려져 있으며 옛날부터 원주민들 사이에서는 성지로 추앙받았다고 한다. 서양에 알려진 것은 16세기 중반으로 아르발누에스 경이 여행 중에 우연히 만나게 되었다고 한다. 현재는 이과수 폭포 일대 브라질 땅이 약 1,700제곱킬로미터이고 아르헨티나 국토가 약 550제곱킬로미터인데 모두 국립공원으로 지정되어 있다는 기록도 볼 수 있다. 현재 동식물의 보고로서, 보호 구역으로 지정되어 있다고 한다. 특히 이곳은 새들의 공원으로 불릴 만큼 다양한 조류가 살고 있는데, 그 종류가 수백 종이 된다고 안내인이 설명했다.

이과수에서 가장 유명한 폭포는 '악마의 숨통' 또는 '악마의 목구멍'이라 불리는 곳이다. 100여 미터 아래로 떨어지는 웅장하고 세찬 물살이 자연의 위대함을 새삼 느끼게 하는 인상적인 장관을 연출한다.

이 폭포는 두 나라 국경에 걸쳐 있어서 두 나라에서 서로 상대국의 폭포를 보게 된다. 브라질에서는 아르헨티나에 있는 폭포 270여 개를 볼 수 있고, 아르헨티나에서는 이과수 폭포에서 가장 큰 브라질 땅에 있는 악마의 목구멍을 포함하여 5개 폭포를 볼 수 있다.

아르헨티나는 관광객이 '악마의 숨통'을 바로 눈앞에서 볼 수 있게 만들었다. 관광객의 편의를 돕기 위해 꼬불꼬불한 길을 돌아 직선거리 1킬로미터의 다리도 놓고, 바다 같은 호수 가운데로 가면서 주변도 볼 수 있게 했다. 제일 큰 폭포를 바로 옆에서 볼 수 있게 길과 다리를 만들어 놓은 것이다. 좁은 다리를 지날 때 약간 어지럽기도 했다. 손에 만져질 듯한 산더미 같은 폭포 바로 옆에 서 있으니 엄청난 폭포 소리는 귀를 먹먹하게 하고 거대한 물살에 온몸이 그대로 빨려 들어가는 것 같았다. 공포와 위험에 겁을 먹고 안전 기둥을 꼭 잡고 정신을 바짝 차리고 평생 몇 번 볼 수 없는 거대한 폭포를 한참 동안 실컷 구경했다.

아르헨티나에서 20분간 기차를 타고 가다가 내려서도 한참을 더 걸어갔다. 여러 개 다리를 건너서 폭포 물까지 갈 수 있었다. 브라질 쪽 폭포에서는 스릴 넘치는 보트 투어가 있다. 차로 정글을 3킬로미터 가서 보트를 타고 파도와 급류를 거슬러 올라가는 보트 관광이다. 온몸이 다 젖도록 위험한 운행을 하며 폭포 밑까지 접근하여 폭포수를 직접 맞기도 하는 코스가 있다.

필자도 비옷을 2달러에 사서 온몸을 감싸고 작은 거룻배 같은 보트를 탔다. 제일 큰 폭포 아래 가까이까지 갔는데 거친 폭포가 머리를 내려치며 쉴 새 없이 떨어졌다. 겁을 잔뜩 먹고 마음을 단단히 가졌지만 상당히 무서웠다. 일행이 있어 서로 꼭 잡고 극참으며 억지로 견디었다. 폭포의 대단한 위력을 실감했다. 폭포수에 두들겨 맞고 아래쪽으로 내려오니 우비를 썼는데도 옷이 흠뻑 젖었다. 비옷을 벗어도 온몸이 속옷까지 다 젖었다. 추위를 참으며 오돌오돌 떨었다. 배에서 내려서 호수를 나와 안도의 한숨을 쉬었다. 무섭고 춥고 떨렸지만 기분은 좋았다.

이과수 폭포!! 한번 가 보라고 권하고 싶은 폭포였다. 큰맘 먹어야 갈 수 있는 너무 먼 곳이기는 하지만….

2021 11.

졸부의 정원

중국 쑤저우 시내 동북쪽에 있는 오래된 정원이다. 명나라 때 관직에서 물러난 왕헌신(王獻臣)이 고향으로 돌아와 16년에 걸쳐 지은 개인 정원이라고 한다. 정원 이름은 진(晋)나라 무제 때 문인 반악(潘岳)이 쓴 「한거부(閑居賦)」의 한 구절 '졸자지위정(拙者之爲政)'으로 '어리석은 자가 정사를 다스린다.'에서 따온 말이라고 전해오고 있다.

정문 앞에는 전체 평면도가 있다. 모두를 옥으로 만든 것이다. 정문을 들어가면 왼쪽에 큰 백송나무가 있다. 복도를 포함해 문창살의 무늬가 모두 156개인데 모양이 각각 다르다. 정원을 만들 때 여러 사람에게 모양을 만들어 오게 했는데 마음에 드는 것이 없었다. 한 가지로 통일을 하려니까 다른 여러 사람들이 손해를 보게 되어 모두의 것을 그대로 사용했다고 한다.

쑤저우 졸정원

물을 주제로 하여 만든 명나라의 대표적인 정원이다. 크게 동원(東園) 중원(中園) 서원(西園)으로 나눈다. 정원의 반 이상이 연못이다. 대부분의 건물이 물가 또는 물 위에 세워져 있다. 동원은 70여 년 전 전쟁으로 파괴된 것을 고증으로 원래의 모습을 만들었다는 기록도 있다.

연꽃이 만발한 계절에 졸정원을 구경 간 것이 행운으로 생각되었다. 여러 곳을 구경하고 해설도 듣고 설명서도 읽어 보았다. 정문을 들어가면 동원의 시작이다. 연못 앞 정면에 출향관(秫香館)이 있다. 이곳은 동진의 시인으로 귀거래사(歸去來辭)로 유명한 도연명(淵明陶)의 시 구절에 나오는 귀전원(歸田園)이 있던 자리란다. 주변에 함청전(函靑亭) 천천정(天泉亭) 부용사(芙蓉榭) 철운봉(綴云峰) 등이 있다. 안내인의 설명을 듣고 각각의 의미를 알게 되었다.

중원은 졸정원의 중심부로 정자에 설향운위정(雪香雲蔚亭)이 있고 송풍수각(松風水閣) 원향당(遠香堂) 청우헌(淸雨軒) 견산루(見山樓) 옥란당(玉蘭堂) 오죽유거(梧竹幽居)가 있다. 원향당은 기둥이 앞뒤 2개씩 연결되어 있는 명대 건축물의 품격을 유지하고 있다. 각종 연회가 개최되었던 곳으로 벽이 없고 사방이 창으로 되어 있다. 창을 통해 주변 경관을 감상할 수 있다. 창문 유리는 눈을 보호하는 색이라고 한다.

서원은 별유동천(別有洞天)을 지나면 나온다. 청나라 말 장리겸(張履謙)에 의해 분할되어 장 씨의 보원(補園)으로 불린다. 서원(西園)의 수랑(水廊)은 높낮이가 있고 굴곡이 있는 등 변화가 심해 잔잔한 물결 위를 걷는 것 같았다. 모든 정원 중에서 가장 잘된 복도로 평가받는다고 설명했다. 서원의 중심 건물은 삼십육원앙관(三十六鴛鴦館)과 십팔입만타라화관(十八入曼陀羅花館)으로 남쪽과 북쪽 근거리에 있다. 남쪽에 탑영정(塔影亭)은 8각형으로 된 건물이다.

원내(園內)에서 가장 서쪽은 분경구(盆景傴)로 되어 있다. 철죽 분재 대나무와 돌의 분경을 보면 오래된 작품들이 많다. 입정(笠亭) 의양정(宜兩亭) 유청각(留廳閣) 부취각(浮翠閣) 여수동좌헌(与誰同坐軒)이 있다. 그 외 득월루(得月樓) 송서계어(松鼠桂魚)가 있다.

주변은 연꽃이 무성한 연못 가운데 있어 여름철에는 연못 향기가 온 정원을 떠다닌다 하여 원향단이라 부른다고 한다. 원향단은 연꽃을 화분에 넣어 연못에 넣은 것이다. 이곳에 16명의 손님을 접대할 수 있는 응접실이 있다. 가구는 거의 홍 나무인데 이 나무로 가구를 쓰면 관재와 풍수해를 방지한다고 알려져 있다.

용의 머리부터 꼬리를 상징하는 건축물이 있다. 꼬리 부분이 주인의 방이었다. 옛날 중국에서는 용의 형상을 일반 백성이 사용하거나 용을 상징만 해도 국법에 저촉됨으로 용과 비슷하게 배 모양으로 위장했다. 용도 물에 살고 배도 물 위에 있으니까 물위에 집을 지은 것이다. 다른 의미로는 백성은 물이고 자기는 배라고 생각하여 항상 위에서 군림하는 자기 과시용으로 생각했다. 삼십육원앙관의 창문 유리는 영국에서 수입한 것이라 하고, 집 자체도 물 위에 지은 것을 볼 수 있다.

분재나무 앞에 목숨수(壽) 자로 지름 1미터 크기로 써 놓고 둘레에 박쥐 다섯 마리 그림이 있다. 박쥐 다섯 마리를 한 번씩 밟고 중앙의 수(壽) 자를 밟으면 장수한다는 속설이 있다고 말했다.

서원에는 60여 년 된 백향목이 있는데 현재는 통나무라 부른다. 나무 주위에 땅바닥을 울룩불룩한 돌을 깔아서 맨발로 밟으면 혈액 순환이 잘되게 만들었다. 통나무 동쪽 옆에는 노란색 대나무가 많이 있다. 세계의 대나무 종류는 131가지가 있는데 중국에는 모든 종류가 다 있다고 설명했다.

왕헌신은 이 정원을 늦게 아들에게 물려주었는데 불효자였던 아들은 주색잡기에 빠져 하룻밤 놀음으로 졸정원 모두를 빼앗겼다는 말이 전해오고 있다. 부자가 졸지에 거지 신세가 되었다. 글자 그대로 졸부의 정원이 된 것이다.

정원 내부를 골고루 다 보려면 하루 종일 보아도 모두 볼 수 없을 정도로 볼거리가 많다. 여행 일정에 맞추어 많은 건물들과 구경거리를 한나절에 모두 끝냈다.

2021. 11.

탄산온천 그리고 신비의 도로

중문단지 안에 있는 색달해변은 서귀포시에서도 가장 아름다운 해변이다. 남태평양의 빛나는 쪽빛 바다는 '진모살'로 불리는 활같이 완만히 굽은 긴 모래사장이 있다. 근처에는 기암절벽 위에 신라호텔 등 몇 개의 호텔이 자리하고 있으며 푸른 숲과 모래 언덕이 빼어난 경관을 자랑한다. 이곳은 세계적 명소로 관계부처로부터 최우수 해수욕장으로 선정된 곳이라고 한다. 야자나무를 보면 하와이로 착각할 정도다. 또한 생태적으로도 국내 유일의 바다거북 산란장으로 추정되는 곳이기도 하다. 이곳에는 매년 내외국인을 합쳐 100만여 명이 찾는다고 한다. 윈드서핑, 스쿠버 다이빙, 철인3종경기 등 다양한 바다 레저스포츠로 유명하다. 몇 년 전에 왔던 중문단지가 아니다. 제주 올레 8코스가 잘 되어 하야트 호텔 등을 다니기도 좋게 되었다.

다음에 찾은 곳은 사랑의 집이다. 여러 가지 성에 대한 내용물들을 전시해 놓았다. 사진도 많고 설명도 많다. 구체적으로 현실적 감각을 살려 성인교육의 도움을 줄 것 같다. 몇 가지 제목을 보았다. 한국의 성문화, 한국의 춘화, 중국의 춘화, 동남아시아의 성문화, 결혼의 조건, 삶의 다양한 양식, 대가없이 자유롭게, 궁중혼례, 전통혼례, 여성이 원하는 섹스, 남성이 원하는 섹스, 섹스와 운동, 섹스와 스트레스, 여성의 성 장애, 남성의 성 장애, 노년의 성, 임신 중의 몸의 변화, 진정한 섹스란, 수탉효과란, 사랑의 타임, 세기의 결혼, 임신 중 섹스, 여성의 폐경기, 성병의 원인, 성병과 섹스, 여성의 폐경기, 행복하고 만족스러운 성생활을 위하여 등 수많은 제목을 볼 수 있다. 내용은 현장을 보면 알 수 있다.

서귀포시에 있는 삼방산을 갔다. 이 산은 높이가 395미터이고, 크기는 이 산을 반짝 들어서 한라산 백록담에 앉히면 꼭 맞는 크기란다. 약수를 마시려고 계단으로 200여 미터를 올라갔다. 전설에 의하면, 약수를 한 모금 마시면 3년 더 살고 두 모금 마시면 6년 더 살고 세 모금 마시면 9년을 더 산다는데 덤으로 1년을 더 넣어서 10년을 더 산다는 것이다. 그런데 네 모금을 마시면 모두가 무효가 된단다. 약수터에서 남쪽을 보면 끝없는 바다가 눈앞에 펼쳐진다. 산 안쪽에 방처럼 생긴 동굴이 있어 산방산이라 부른다는 속설도 있다. 조면암질 안산암으로 이루어진 종상

화산으로 굴 암벽에는 지네발난, 풍난 등 희귀식물이 자생하고 있다. 굴 앞에 있는 큰 소나무는 예나 다름없이 그 자리에 서 있다. 한번 안아 주었다.

소나무 아래서 남쪽 바다 쪽을 보면, 지형이 용이 바다로 뛰어들려는 듯하여 이곳을 용머리 해안으로도 부른다. 아래쪽 바다 근처 약간 우측에는 하멜이 표류한 곳에 하멜이 타고 온 배와 같은 배를 만들어 놓은 하멜상선전시관이 있다. 하멜전시관은 헨드릭 하멜이 제주에 표류했던 것을 기념하여 네덜란드 암스테르담에서 건조된 바타비아호를 모델로 재현하였다. 내부에는 하멜표류 관련 자료 등을 전시해 놓고 있다. 한번은 가 볼 만하다.

서귀포시 안덕면에 있는 산방산

삼방산

탄산온천은 지하 600미터에서 나오는 온천수로, 유리탄산과 나트륨 등의 성분이 함유되어 있다고 설명했다. 물 1킬로그램 중에 유리탄산이 1,000밀리그램 이상 함류된 온천을 탄산천으로 본다는데 이 온천은 1,452밀리그램이나 된다고 안내했다. 물은 약간의 산미(酸味)가 있고 무색투명하다. 탄산가스의 작은 물방울들이 많이 나오므로 '포말 탕'이라고도 부른다. 일반 물과 같이 잘 데워지고 비누도 거품이 많다. 탄산천이 미온천과 냉천에 많은데, 이유는 물의 온도가 높아지면 탄산이 기화하여 온도가 유지되어 유리탄산이 증발하기 때문이란다.

목욕할 때 천연 탄산가스가 피부에서 흡수되면 모세혈관이 확장되면서 고혈압 류마티스 등 성인병 치료에 도움이 된다고 설명하고 있다. 또한 탄산수가 모세혈관을 열어 심장에 부담을 가볍게 해 주고 혈액 순환을 돕는다. 마시면 위장의 활동이 활발해지고, 식후에 마시면 복부의 압박감 포만감을 덜게 하고 이뇨 촉진을 돕는단다. 이곳은 마라도 가파도 형제도의 3개 섬과 한라산 산방산 군산 송악산 단산의 5개 산 중심에 위치하여, 국내에서 희귀한 탄산온천으로 알려졌다.

들판 넓은 곳에 고품격 휴양시설로 천장과 벽면이 유리로 되어 있고, 노천탕과 황토 불가마도 있다. 천연 노천탕은 물의 온도가 낮아 목욕할 때 차게 느껴진다. 탕을 몇 곳으로 나누어 온도를 조절해 놓았는데, 제일 높은 온도는 40도까지 있다. 꽤 넓은 불가마 탕은 땀 내기도 좋고 만족스러우나, 홀 전체는 시설이 노화되어 고풍스러운 느낌보다는 고쳐야 할 곳이 많이 보였다. 우리 일행은 모두 건강에 좋다는 온천욕을 즐겼다.

한라산 아래에서 신비의 도로를 보았다. 눈으로 보면 오르막길인데 실지는 내리막길이다. 제주도는 골프를 칠 때도 항상 한라산 쪽이 높다는 설명을 듣는다. 눈으로 보면 한라산 쪽이 낮아 보이는데 도우미는 평지라고 말한다. 이 신비의 도로도 여러 번가 보았는데 눈으로 보거나 차를 타고 가면서 시험해 보면 항상 새로운 맛이 나는 도로이다. 갈 때마다 주변이 달라지고 정리가 잘 되어 가는 모습을 보게 된다. 이번에 갔을 때는 주차장도 전보다 더 넓게 만들고 화장실 등 관광객을 맞을 준비가 잘되어 있음을 보고 마음이 흐뭇했다.

제주에서 색달해변, 사랑의 집, 하멜의 표류지, 신비의 도로, 삼방산 탄산온천을 보았다. 모두가 교육의 장소이고 뛰어난 관광의 명소들이다.

2021. 11.

타산지석의 교훈(教訓)

일본은 가까운 이웃에 있는 나라로, 옛부터 우리와는 여러 방면에 밀접한 관계를 가지고 있다. 전체의 면적은 우리나라 남북한을 합친 면적의 약 1.7배에 달한다. 인구는 세계 7위로 많고 증가율은 연 1% 미만으로 매우 낮은 편이다. 1970년대 초 제2차 베이비붐 때 태어난 여성들의 출산이 준 것이 큰 원인이라고 한다. 또한 여성의 늦은 결혼과, 미혼 풍조가 계속되고 있는 것도 이유라고 한다.

일본은 장기불황을 걱정하여 생긴 미래 불안도 한몫했다. 이를 극복하기 위해 대부분의 지방자치단체는 아이 많이 낳는 가정에 특혜를 주기도 했다. 셋째 아이부터 어린이 수당을 따로 주거나, 출산 육아 지원금을 준다고 한다. 인구 감소를 막기 위한 조치의 하나이다. 뿐만 아니라 중앙정부도 여러 가지 대책을 내놓고 있다. 국가는 교육 환경 정비를 포함한 새로운 계획을 세웠다. 혼외(婚外) 출생아에게도 수당을 지급하고 육아 비용 세금 감면 혜택도 늘렸다고 한다. 그런데도 현재는 정부와 지방자치단체의 노력이 효과를 거두지 못하고 있다고 한다. 출생률 감소는 노동력 감소로 이어지고 이는 경제 전체의 위기감을 증폭시키고 있기 때문이다. 인구의 감소는 국내 시장규모의 축소와 현역 세대의 부담 증가로 작용하게 된다. 이러한 현상은 전후 최대의 경제위기 못지않은 일본의 말 못할 고민거리이다.

일본은 종족 관념이 정리되지 않았다. 아버지의 사업을 아들이 이어받지 않고 전문 경영인이 인수받아서 완전한 기능을 갖추면, 그에게 영업권을 물려주고 자식의 역할을 하는 제도다. 우동 집을 한곳에서 200년 했다면 200년 전의 사장이 그 아들에게 연속해서 가업을 이어가는 것이 아니고 우동을 제일 잘 만드는 기술자가 주인이 된다. 그가 그 집 대를 잇는 아들의 역할을 한다는 것이다. 가업을 잇는 것이 아니고 기능을 잇는 것이다. 가(家)의 개념이 씨족은 기능으로 합쳐진 조직에 불과하다는 뜻이다. 그러므로 그들은 사촌과도 결혼을 한다. 또한 사위가 들어와서 데릴사위(胥養子)가 되면 딸의 성 즉, 장인의 성을 따르기도 한다.

종교도 복합적이다. 기독교 신자가 불교 신자도 된다. 그래서 그들은 십자가와 부처님을 함께 걸어 놓고 기도하고 불공도 드린다. 한국인이 원리를 내세우는 이론 형이라면, 일본인은 기술을 앞세우는 실용주의 형이라 할 수 있다. 국가도 일본은 천황은 항상 건재하고 무인이 통치하든 호족이 통치하든 국가의 기본은 바뀌지 않았다. 장수하는 국민이다. 절약하고 욕심 없이 소식하는 좋은 습관이 오래 사는 이유인지 모르겠다.

외국인은 인구의 1%도 안 된다. 경제학에서는 국가 단위의 적정 인구가 일억 명 전후라 하니 알맞는 경제 인구다. 근검절약하는 내핍 생활을 일상생활화한 결과, 오늘과 같은 부자 나라가 된 것 같다.

경제는 1868년 이후 메이지 시대의 근대화로 자유 시장 경제를 채택하여 기업의 자유를 허용하는 영미식 자본주의를 채택한 이래, 많은 기업이 생겼다. 이때부터 일본은 아시아에서 가장 빠른 성장을 한 나라가 되었다. 그 후 1990년대에 이르러 성장이 둔화되기 시작했고, 부동산에 과다한 투자가 폭락으로 이어지면서 10년 이상 오랜 불황의 늪에서 어려움을 겪기도 했다. IMF와 2000년대 세계불황의 연속으로 성장이 멈추기도 했었다. 그래도 일본은 2010년까지 세계 2위의 경제 대국이었다. 2012년까지 계속되다가 중국에 2위를 내주었다. 2010년 이래 장기적 디플레이션 현상이 지속되고 엔화의 강세도 경제 성장의 악재로 작용했다는 평가를 받고 있다.

2012년 출범한 일본 내각은 경기 부양책을 적극적으로 시행하고 있었다. 침체된 내수경기를 살리려고 적극적인 방법을 동원하기도 했다. 새로운 모험을 하고 있는 것이다. 미래가 불확실한 코로나19 상황에서도 양적완화 정책을 포함한 다양한 경제 정책이 현재까지는 성공을 하고 있는 것으로 평가 받고 있는 것으로 보인다. 2020년 새로 탄생한 스가 내각은 올림픽을 치른 후 1년도 못 가고 무너졌다. 우리나라도 정치 외교를 떠나 경제는 전염병으로 인해 중소사업자와 자영업자들의 상상할 수 없는 어려움을 겪고 있다. 경제 선진국들의 위기 대처 능력을 타산지석(他山之石)의 교훈으로 받아들여야 할 것 같다.

2021. 11.

천년 도읍지

교토(京都)는 도쿄 남서쪽에 있는 도시로 3시간이면 갈 수 있다. 아름다운 언덕에 둘러싸인 교토는 역사와 전통을 자랑하는 옛 일본의 아름다운 도시였다. 서기 800년경 헤이안 시대가 열리면서부터 메이지유신까지 천년 이상 일본의 도읍지였다. 정치 경제 산업의 중심지가 도쿄라면, 역사 문화의 중심지는 단연코 교토라고 할 수 있다.

역 근처에는 교토 최대의 목조건물인 동본원사(東本願寺)와 몇 개의 국보(國寶)를 소장하고 있는 사본원사(四本願寺)가 있다. 역(驛) 서남쪽에 있는 예술품이 많이 있는 사찰이다. 여기에 있는 5층탑은 교토에서 가장 높은 탑이었다. 중심부에는 유명한 어소(御所)가 있다. 높은 담에 둘러싸인 어소는 1300년에서 500여 년간 왕실 일가의 주거지였다는 기록도 보였다. 대부분이 호화롭지는 않지만 고상하고도 간소한 분위기를 자아낸다. 1600년경에 세워진 이성은 도쿠가와 이에야스(德川家康) 장군이 교토를 방문했을 때 숙소로 사용하던 성이라고 한다. 아름다운 건축미와 내부 장식의 정교함에 감탄했다.

청수사(淸水寺)의 창건은 나라 후기 700년경 한 현인이 꿈속에서 "맑은 샘(淸泉)을 찾아가라."는 계시를 받고 폭포 근처에 왔다. 여기서 수행 중인 선인을 만나 관세음보살의 영험함을 담은 영목(靈木)을 받았다. 이 나무로 천수관음상을 조각하여 선인의 옛 암자에 바친 것이 이 절의 기원으로 전해 온다. 오토와의 폭포는 오랜 세월 동안 산중에서 나오는 샘으로 일본 10대 명수 중에서 필두로 손꼽는 물이다. 청수사는 천여 년의 역사를 가진 전국 굴지의 명찰인데 여러 번의 화재를 입었다는 역사적 설명도 보고 들었다.

지금의 건물은 16세기에 재건된 것이란다. 국보인 본당과 주요 문화재가 15개나 되는 웅대한 사찰이다. 본존 전면에 있는 천수천안관세음보살은 영험 있는 관세음으로 알려져 있다. 전국 관음 명소 중 16번째로 유명하다고 설명했다. 40만여 평방킬로미터의 넓은 면적이다. 봄철에는 벚꽃, 가을철은 단풍이 유명한 곳이라고 자랑했다.

번화한 시내 길을 지나 비탈진 언덕길을 올라가니 청수사 정문이 나왔다. 이 절은 139개의 기둥으로 15미터의 높이를 떠받치고 있는 깊은 계곡에 자리하고 있다. 앞이 탁 트이고 남쪽이 시원하게 펼쳐진 넓은 목조 베란다가 특히 유명하다고 자랑했다. 이곳에서는 교토가 한눈에 내려다보였다. 맑은 날에는 오오사가까지 보인다고 한다. 필자가 간 날은 흐린 날이라 먼 곳은 볼 수가 없었다. 베란다 앞 계곡에 울창한 숲이 눈을 시원하게 했다.

기둥 옆으로 들어가 안쪽을 보니 많은 사람들이 줄을 서 있었다. 가까이 가서 보니 바위 틈에서 맑은 샘물이 많이 나오고 있다. 그 물을 한 모금 마시면 몸에 아픈 곳이 싹 없어진다는 만병통치약이라 해서 수백 명이 줄을 서서 기다리고 있었다. 아내가 우리도 마시자 해서 줄을 서 기다려서 청수를 마셨다. 특수 표주박 자루가 길게 달린 바가지가 쇠로 되어 있다. 앞 사람이 마시면 뜨거운 열에 소독하는 시설이 있어 소독한 바가지에 물을 한 모금 마신 후 다음 사람에게 인계한다. 물맛이 좋고 청결해 보였다. 청수사란 절 이름을 알 만했다.

서기 1482년 무로마치 시대 제8대 쇼군 아시카가 요시마사의 별장인 은각사에는 금각사와 비슷한 건물이 있다. 주변에는 절이 많다. 료안지는 가레산스이 정원이 유명하다. 바다를 상징하는 흰 모래밭에 섬을 상징하는 15개의 작은 바위들이 잘 흩어져 있다. 닌나지(仁和寺)는 우다 일왕이 퇴임 후 첫 번째 주지가 된 절로 유명하다.

덴류지(天龍寺)는 9세기에 일왕 사가가 지은 절로 왕궁과 같은 느낌이 든다. 다이카쿠지(大覺寺) 옆에 있는 둘레 800미터의 연못은 일왕이 뱃놀이를 즐기던 곳이라고 한다. 연못 건너편에서 보는 각사의 풍경이 일품이다. 1300년대 창간된 덴류지(天龍寺) 역시 일본 왕의 별장이었던 곳인데 후에 선종사원으로 바뀌었다는 기록도 보였다.

교토는 천년 도읍지라 절도 많고 고적도 많아 볼거리가 풍성한 곳이다. 경주와도 비교되는 도시이다. 제2차 세계대전을 포함하여 수많은 전란에도 피해가 없이 원형을 유지하고 있음도 특이한 도시라 생각했다. 몇 번 가 보았지만 또 가 보고 싶은 유적지다.

2021. 11.

현장 학습

산 높이가 해발 5,000미터가 넘으면 만년설이 쌓인다고 알고 있다. 8,000미터 상공을 나는 비행기 안에서 장만기 회장이 여기를 보라며 손짓을 한다. 남미 페루에서 쿠스코로 가는 중이다. 내려다보이는 하얀 눈은 안데스산맥 정상의 만년설이다. 만면에 미소를 띤 장 회장의 모습이 지금도 눈에 선하다.

쿠스코에서 완행열차로 우르밤바 강줄기를 따라 한 시간 반 정도 가서 공중도시로 가는 버스를 탔다. 산허리를 28번 돌고 돌아 공중도시로 향했다. 모퉁이를 돌 때마다 겁이 많이 났다. 여기저기서 비명 소리가 들렸다. 현장에 도착하니 모두 감탄 연발이다. 남향의 계단밭과 가파른 계단을 올라 움집 근처에 가니 평평한 광장이 나왔다. 돌로 지은 집들을 보니 돌 자르는 기술은 현대 기술로도 불가능해 보였다. 어떤 학자는 공중도시에 어느

이과수 폭포

해 코로나 같은 전염병이 창궐하여 모두 사망한 후 수백 년 동안 폐허의 도시로 남았으리라는 추측을 했다고 한다. 공중도시 전체가 잉카 문명의 찬란했던 흔적으로 생각되었다. 장단기 회장을 비롯한 비슷한 연령대끼리 구경하면서 현지 안내인의 설명을 들었다. 2005년 마추픽추의 즐거웠던 여행은 인간개발연구원이 주체한 현장 학습의 하나인 연중행사였다.

다음에 간 곳이 브라질과 아르헨티나의 국경을 흐르는 이과수 폭포다. 요란한 물소리가 귀를 때려 마주 보고 있어도 대화가 안 될 정도로 주위를 압도했다. 폭포의 형태가 브라질에서 보면 200여 개가 보인다. 아르헨티나에서 보면 6개가 보인다. 거대한 폭포를 몇 미터 앞에서 볼 수 있다.

브라질 쪽 폭포 하류에 작은 배로 폭포 낙하지점 근처를 돌아오는 관광코스가 있다. 장만기 회장을 비롯한 일행 10여 명이 구명복에 비옷을 입고 폭포 아래까지 다녀오는 배를 탔다. 겁을 잔뜩 먹고 떠난 배는 폭포 바로 밑까지 가서 몇 바퀴 돌고 오는 체험 행사다. 무사히 돌아와 즐거움을 만끽했으나, 모두 속옷까지 다 젖어 비옷이 무용지물이 되었다. 단벌 신사가 물에서 나오니 8월 하순인데도 추위가 엄습했다. 남녀 모두가 오들오들 떨었다.

소띠나 토끼띠 고령자는 너무 추워서 얼어 죽나 보다 했다. 남미에서의 현장 학습은 오랫동안 추억에 남을 것 같다.

좋은 강사를 모시고, 좋은 프로그램과 유익한 곳을 찾아 회원들과 시간을 보내셨던 장 회장께서 긴 병환 중에 계시다 타계하셨으매 모든 회원들의 슬픔은 클 수밖에 없다. 인간개발연구원의 모임을 보고 계실 줄 믿는다. 슬픔과 아쉬움의 교차가 우리 회원들 가슴속에 남으리라. 지금도 송 회장 부부를 비롯한 여러 분들은 건강하고 매달 조찬회에서 만나고 있다.

2010년 상해 엑스포에도 장 회장 부부와 동행하여 중국관 한국관 일본관 조선관 등 8개국의 전시관을 보고 즐거운 시간을 보냈다. 중국관은 주최국에 걸맞게 과거 20년과 미래 20년을 첨단 기법을 동원하여 역동적인 음향으로 세계를 주름잡는 미래 산업을 광고하고 있었다. 조선관도 보았다. 한국관 근처에 있다. 이북에서 발행한 모든 우편엽서를 판매하고 있어 한 세트를 샀다. 한국관은 관장이 직접 나와 안내해 주었다. 몇 등 안의 규모라며 한국인 150만 명의 관람을 기대한다고 설명했다. 한국관이 규모나 배열을 보면 제일 잘된 것 같았다. 사람이 너무 많아 식당을 못 가고 도시락을 사서 길옆에 세워 둔 봉고차에서 해결하기도 했다. 피곤은 했지만 인간개발연구원의 연중행사인 현장 학습은 즐겁고 유익했다.

장만기 회장과는 여러 해 동안 여러 곳을 다니며 많은 것을 함께 배우고 즐거운 시간을 보냈다. 부인 엄 여사도 함께 다니며 처음 가 보는 곳도 많았다. 세월이 빨라 장 회장이 타계한 지도 벌써 몇 달이 지났다. 참으로 안타깝다는 생각을 지울 수가 없다. 인명은 재천이라 했던가?

2021. 11.

중국 역사의 중심지 시안(西安)

시안은 중국 역대 국가 중 가장 많은 왕조의 수도였다. 센양 국제 비행장에서 약 50킬로미터 거리이다. 비행장에서 시안으로 가는 길 왼쪽에 함양시가 있고 그 옆에 위수 강이 흐른다. 함양고도(咸陽古都)는 진나라 때 서울로 서역으로 통하는 실크로드의 시발점이기도 하다. 여기서 다시 50여 리를 가면 시안시가 나온다.

시안은 산시성(陝西省)의 성도(省都)이다. 중국 22개 성 중의 하나로 인구는 한국 인구보다 조금 적다. 황토고원과 관중평야, 한중분지의 세 곳으로 나눈다. 황토고원은 장안 북쪽 300킬로의 허허벌판이고 대부분이 고원과 사막지대다. 관중평야는 평야의 길이가 400킬로나 된다. 강우량이 적어 이에 알맞은 작물로 밀과 옥수수를 심고, 1년에 이모작을 한다. 보통 800리 밀양 천하라고도 부른다. 안내인의 설명은 계속된다.

기후는 여름에는 42도까지 올라가고 겨울에는 영하 10도까지 내려간다. 연 강우량은 평균에 못 미친다. 시안은 겨우내 거의 흐리다. 햇빛이 나는 날은 5분의 1 정도라고 한다. 처음 느끼는 시안의 외곽은 쓸쓸하기 짝이 없었다. 더구나 겨울의 시안 주변은 대평원의 한복판이라 동서남북을 보아도 산을 볼 수가 없었다. 일 년의 절반은 북서풍에 흙먼지가 일고 비만 오면 반은 흙비라고 한다. 이런 곳이 어떻게 여러 왕조의 수도였는지 알 수가 없었다.

허술한 궁궐 한 채도 없는 시안이지만 천년 고도는 맞는 것 같다. 기록에 의하면 기원전인 주나라의 서울은 지금 시안 시내 남쪽 10킬로미터 지점 근처 같고, 진나라 서울은 현재 함양 비행장과 시안 시내 중간 지점인 위수 강 옆 함양시로 추정한다. 안내인은 한나라는 현 시안 북쪽 변두리로 추정하고 당나라는 지금 시안시 서북쪽 변두리로 생각된다고 설명하고 있다. 지금 시안의 중심은 620여 년 전 명나라 홍무(洪武) 7년에 축조한 사각 성곽을 볼 수 있다. 이것이 유일한 땅 위에 있는 고도(古都)의 증거물이다.

시안은 1,100여 년에 걸쳐 13개 왕조가 세워졌던 6대 고도 중 으뜸이다. 베이징, 시안, 뤄양, 항저우, 난징, 카이펑이 6개 고도이고, 이곳들은 땅을 파면 고적 유물이 많이 나와서 돈을 벌려면 땅을 파라는 말이 전해지고 있는 곳들이다. 7대 고도면 안양이

추가된다. 시안은 동쪽의 진령(秦領)산맥만 빼면 삼면 800리에 산이 없다. 드문드문 작은 언덕이 보이는데 이것은 산이 아니고 귀족과 황제들의 무덤들이라는 안내인의 설명이다.

한(漢) 고조 유방의 능을 비롯하여 왕릉급에 속하는 것만도 70여 개나 되고 왕자와 공주의 무덤을 합치면 1,000여 개에 이른다고 한다. 옛날 싸움터였던 이 지역은 평화로운 농촌이 되었고 요순(堯舜) 시대를 살던 태평성대 때 불렀던 시가 생각난다.

해 뜨면 일하고 해가 지면 잠자고
日出而作日入而息(일출이작일입이식)
우물 파서 물마시고 밭 갈아 내먹으니
鑿井而飮耕田而食(착정이음경전이식)
임금의 은혜가 나와 무슨 상관이 있느냐
帝力干儀何有哉(제력간의하유재)

셴양 비행장에서 시안시로 사는 길가에 낮은 산 두 개가 보인다. 황경재 부부의 묘라고 설명했다. 산시성 주변에는 부자들의 무덤도 수천 개가 있을 것으로 추정한다. 이곳 주민들은 이 무덤을 파서 토담집을 만들어 그곳에서 사는 사람들이 많다고 한다. 토담집은 겨울에 따뜻하고 여름에 시원하다. 이곳 보통 사람들은 산소를 파서 그 속 토담집에 사니까 귀신과 함께 살고 있는 것이다.

천년 고도인 시안은 기원전 1134년 서주(西周)가 도읍을 정한 이래 진(秦) 서한(西漢)까지 13명의 임금이 164년 집권했다는 기록이 있다고 한다. 후삼국 후 나타난 16국 중의 하나인 전조(前趙) 및 후조(後趙)를 비롯하여 전진(前秦)과 후진(後秦) 모두 한 시대를 이어 왔다. 남북조 시대에 북위(北魏)가 110년 집권하고 동위(東魏)와 서위(西魏)가 16년 집권한 기록이 있다. 그 후 북주(北周)가 20여 년 집권했다는 기록도 볼 수 있다. 다음에 수나라가 29년을 집권하면서 3대 임금이 통치했다. 이어 당나라가 21명의 황제가 288년간 집권했다. 위와 같이 13개 왕조의 서울이었다는 기록을 대만 고궁박물원에서 확인했다.

『삼국지』의 배경 무대로 등장하기도 했던 이곳 시안은 기라성 같이 나타났던 난세(亂世)의 영웅들이 군웅할거(群雄割據)하며 패자(覇者)의 자리를 노리며 창검(槍劍)을 번뜩이던 옛 싸움터의 현장이기도 하다. 전란이 많다 보니 궁궐이나 고적들이 모두 소실 훼손되어 흔적조차 찾을 수가 없다. 현재 시안은 중국 서북(西北) 지방 동부에 있고 옛 이름은 장안(長安) 또는 서경(西京)이라 불렀다.

지금 시안은 석유 화학 등 중공업도 추진하고 자동차 공업과 항공 산업 기지도 있다. 서북 지역에는 시안에서 제일 큰 화력 발전소도 있다. 이 지역은 지하수가 풍부하고 적당한 온도와 연평균 500밀리의 적당한 강수량으로 농작물은 밀과 옥수수 경작이 적합하다. 넓은 평야는 중국에서 가장 일찍이 농경 문명이 발달한 지방이 되었다.

시안에는 '관중평야를 얻는 자는 천하를 얻는다.'라는 말이 있다. 이는 눈으로 보이는 평야는 일반 상식으로 보면 도읍지가 될 수 없다. 통상 수도의 조건은 산세가 수려하고 도시 주변에 강이 있어 좌청룡우백호 북현무 남주작의 지형이 형성된 곳이 대부분 도읍지인데, 시안은 황량한 사막에 중심부니 한 국가의 서울로는 조건이 맞지 않는다. 그런데 안내자의 설명을 듣고 보니 도읍지로 천하를 얻을 수 있겠다는 생각을 하게 되었다.

시안을 둘러싼 관중평야 주위에는 3면에 8개의 강이 자연 방어를 해 주고 있다. 동쪽에 진령산맥만 지키면 외적의 침략을 막을 수 있는 지리적 이점이 있다. 물도 귀하고, 황사가 일 년의 1/5을 덮는 열악한 평평한 평야지만 이와 같은 자연적 지리적 조건 때문에 천년의 고도로 정해진 것 같다.

그 후 진나라도 시안 옆 셴양(咸陽)에 도읍을 정하고 전한(前漢)의 장안을 계승하여 고대 중국의 중심 도시를 만들었다. 장안은 남북조(南北朝) 시대 분열기에는 전진(前秦), 후진(後秦), 북주(北周) 등 북조(北朝)의 국도가 되었고 수나라 당나라 때도 수도로 계속 되었다.

그 후 경제 중심이 남쪽으로 옮겨지면서 장안은 정치 문화의 중심이긴 했으나 경제 기반이 부족했기 때문에 5대의 혼란기를 거쳐 북송이 나타나면서 수도를 화북평야(華北平野)의 대운하 연변에 있는 카이펑(開封)으로 옮겼다. 오랜 역사 중 가장 번영했던 시기는 당나라 때라고 전해지고 있다. 그때는 왕후 귀족들의 저택 관청 사원 등 수려(秀麗)한 건축물이 있었고 동서로 시가지가 펼쳐져 있고 부근에는 상업과 수공업이 번영하였다. 한창 번성기에는 성내와 교외를 합쳐 100만 명의 인구가 살았다고 한다. 당대에는 실크로드를 통해 서구 문물이 들어와 장안은 일대 국제도시가 되었다. 당나라 말기의 전란으로 도시의 대부분이 폐허가 되고 남은 황성을 중심으로 소규모의 성곽이 남아 있을 뿐이다.

명나라 시대에 이를 기초로 시안부성(西安府城)이 구축되어 이것이 오늘날 시안의 원형이 되었다. 근년에 삼성전자가 시안에 큰 공장을 지으며 더욱 큰 도시로 발전하고 있다. 20여 년 전 그정때 시안을 갔을 때다. 비행기에서 내리는데 함박눈이 펑펑 쏟아지고 있었다. 모두 환호성을 지르며 난리가 난 것 같았다. 시안은 눈이 잘 안 오는 곳인데 몇십 년 만에 눈을 보고 즐거워하는 모습을 보았다.

졸저 『중국을 알면 미래가 보인다』 집필을 위해 여러 번 시안을 방문하면서 시안이 중국 역사에서 13개 왕조의 도읍지였음을 알았고 중국 역사의 중심지였음도 알게 되었다.

2021. 11. 10

관광 중 행운

페냐 성당은 마카오 반도 남쪽 언덕에 있는 성당이다. 남쪽을 바라보면 마카오 시내가 한눈에 보이고 중국 대륙도 잘 보인다. 페냐 성당을 찾아갔는데 근처가 한적하고 사람들의 내왕이 별로 없었다. 현장에서 성당에 얽인 설명서도 보고 많은 이야기를 들었다. 성당 이웃에 사는 주민도 평생 한 번도 성당 안을 들어가 보지 못했다고 한다. 수백 년 동안 성당 문을 잠가 두고 있었으므로 들어갈 수가 없었던 것이다. 그런데 1979년 10월 15일 이후 일 년에 딱 한 번씩 내부를 공개하고 있다고 한다. 5월 13일 성모 마리아 탄생일 하루만 문을 연다는데, 필자는 이날 관광을 가서 내부를 볼 수 있는 행운을 얻은 것이다.

성당 관리인의 자세한 설명을 들으며 성당 안으로 들어갔다. 큰 대문을 열고 들어가니 나무로 된 바닥인데 신을 신고 들어가란다. 바닥이 기름기가 자르르 흐르고 너무 깨끗해 신을 신고 들어가기가 미안했다. 바닥이 왜 이렇게 깨끗하냐고 물으니 1년 내내 외부인이 없고 청소는 자주하니 깨끗할 수밖에 없다는 대답이다.

페냐 성당

내부로 더 들어가니 정면에 성모 마리아가 아기 예수를 안고 서 있는 모습이 보였다. 도자기로 되어 있는데 본국에서 가져온 것이라고 설명했다. 마리아상 밑에 노란 문이 있는데 그 안에 루비 20캐럿짜리가 있다고 한다. 또 이 문은 '성심의 문'이라고 부르는데, 성모 마리아의 성서가 보관되어 있다고 한다. 라틴어로 되어 있는 이 성서는 세계에서 가장 오래된 성경책이라고 안내자가 자랑했다. 이야기 중에 가장 귀가 솔깃했던 부분은 우리나라 최초의 신부였던 김대건 신부가 한때 바로 이 성당 옆에서 공부를 하였다는 내용이었다.

연단을 바라보며 오른쪽 벽에는 어린 소녀상이 피 묻은 성경책을 들고 저주하는 모습으로 서 있다. 소녀는 옛날 어느 집 머슴의 딸이었는데 성당에 다녔다고 설명했다. 소녀의 집주인은 권력을 잡고 있는 당대의 유명한 장군이었다고 한다. 어느 날 장군이 자기 집 머슴의 딸을 꾀어 못된 짓을 하려 했으나 소녀의 심한 반항으로 뜻을 이루지 못했던 것이다. 다시 여러 가지 방법으로 소녀를 꾀었으나 역시 마찬가지였다. 화가 난 장군은 긴 칼로 소녀의 목을 쳤다. 이때 흘러내린 피가 소녀가 쥐고 있던 성경책까지 흘러내려 간 것이다. 소녀를 죽인 칼이 발밑에 놓여 있는 그림이 선명하게 보였다. 소녀를 죽인 칼을 발밑에 놓아둔 까닭은 누구를 막론하고 장군의 말을 안 들으면 이와 같이 단칼에 목이 잘린다는 사실을 보여 주기 위한 것이었다는 기록이 있다. 그 후 장군도 얼마 못 가서 망하고 말았다고 관리인이 설명했다.

정면 연단을 바라보며 왼쪽 벽에는 예수 그리스도상이 있다. 십자가에 못 박혀 고개를 숙이고 괴로운 모습을 하고 있고 발에는 피가 묻어 있다. 맨발로 십자가를 지고 골고다의 언덕을 오르다 흘린 피라고 한다. 그 옆에는 많은 글들이 있는데 예수님의 고난사를 벽에 죽 붙여 놓은 것이라고 한다. 포르투갈어로 써 있어 고난사를 읽을 수는 없었다. 그리스도상의 아래에는 상자가 있는데 그 속에도 성서가 들어 있는 것이 보였다.

정면 좌측 중간 지점에 사람이 올라가 연설할 수 있는 단이 있다. 무엇이냐고 물으니 신부님이 올라가 설교하는 곳이라고 말해 주었다. 앞쪽에서 설교하면 뒤쪽 사람들이 안 들리니 중간에

단을 만들었다고 한다. 성당 내부는 우리나라의 일반교회와 비슷했으며 딱딱한 의자가 놓여 있다. 성당 안에 소장되어 있는 그림이나 조각들은 모두 국보급에 속한다고 자랑했다.

성당 주변에는 사제의 집과 수도원이 있고 총독의 관저도 있었다. 모두 밖에서만 둘러볼 수 있었다. 원래 성당도 겉만 보고 오는 일정이었다. 관광을 하다 보면 때로는 생각지 않은 행운도 따르는데 이번에도 행운을 얻어 성당의 내면을 모두 볼 수 있었다. 맑은 공기와 깨끗이 정돈된 주변 환경이 마카오에 대한 첫인상을 밝게 해 주었다. 여러 해 전의 일이니 지금은 어떻게 달라졌는지 모르겠다.

2021. 11. 23.

제천 의식(祭天儀式)

하늘을 숭배하고 제사지내는 종교 의식은 고조선에서 고구려로 이어지며 백제까지 왔다는 기록이 전해온다. 중국의 제천 의식을 알아보았다. 천단(天壇)은 길이 360미터의 중앙의 큰길이 남북을 관통하면서 두 단을 하나의 유기적인 종합체로 연결해 놓았다. 중앙 부근 서쪽 모퉁이에 재궁이 있고 또 재생정 신찬주방 신고 등 부속 건물도 함께 있다. 외단에도 희생소 등의 건물이 있어 천단으로 하여금 완전하고 전형적인 예제 건축군이 되게 하였다. 명청(明淸) 시대 22명의 황제가 이곳에서 650여 회의 제천 의식을 거행했다는 기록이 있다.

천단은 중국 고대의 등급이 제일 높은 예제 건축인 황실 재단에 있으며 중화민국 문화의 캐리어로서 수천 년의 중화 문명을 유지해 오고 있다. 이곳은 고대의 제상 성지였을 뿐만 아니라 중국 역사, 철학, 천문, 회화, 음악, 예제, 역법 등 다방면의 지식을 포함하고 있는 곳이다. 단 내의 중요 건축물은 제각기 특색이 있고 상징적 의미도 명확하다.

기곡 단 건물의 남색 유리기와 지붕은 하늘을 상징하고, 재궁의 녹색 지붕은 고대 제왕이 하늘을 우러르며 자신을 하늘의 신하로 간주함을 상징한다. 원구단의 모든 건축 구조물은 모두 최대의 양수(陽數)인 '9'를 기수로 하여 하늘의 지고무상함을 상징하였다. 주변 부속 건물들을 보았다. 재궁은 영락(永樂) 18년에 지은 궁으로 소황궁(小皇宮)으로 부르기도 한다. 황제가 제천 의식 전에 쉬는 집이다. 주 건물은 모두 동향이고 녹색 유리기와를 얹어 '황천상제'의 높은 지위를 과시했다. '천자'인 황제가 하늘에 신복하고 하늘을 우러러봄을 보여주는 건물이다. 재궁 정전드 영락(永樂)년간에 지은 한백옥(漢百玉)의 기초 무전지붕 벽돌 구조로 되었다. 기둥이 없어 무량전으로도 부른다. 홀은 황제가 머무르는 동안 정무를 보는 집이다.

동인정(銅人亭)은 무량전 왼쪽에 있는 방형의 돌로 된 정자이다. 황제가 계실 때 앉은 자리에서 약 0.5미터 높이의 동인(銅人)을 모셔놓는 집이다. 전설에 의하면 동으로 된 인형은 강직하고 아부하지 않고 충신의 모습이라 한다. 시신정(時辰亭)은 무량전 앞 오른쪽에 있는데 황제가 하늘에 제사지낼 때, 위패를 모시는 장소이다. 제사와 곡하는 시간은 해뜨기 전 7각으로 새벽 4시 조금 넘는 때이다. 침궁(寢宮)은 무량전 뒤쪽에 있는데 제사기간 동안 황제가 휴식을 취하는 곳이라고 한다. 맞배지붕 건물로 정면의 넓이가 6간이다. 남쪽 부분은 여름에 쓰는 침실이고, 북쪽 부분은 겨울에 하늘에 제사 지낼 때 휴식하는 곳으로 화로 등의 난방 설비가 되어 있다. 영성 문이 있는데 제단 담장에 있는 문 모양같이 생겼고 방패와도 비슷하다.

원구단 안에는 여러 개의 문이 있다. 영성문의 윗부분은 구름을 그려서 '운문 옥립'이라고도 부른다. 크기가 모두 다르다. 가운데에 제일 큰 문이 있는데, 이 문은 의식 때 '천자'만 사용하는 문이다. 조금 좁은 문은 황제가 출입하고 제일 좁은 문은 대신들이 다니던 문이라고 한다.

원구대 남서쪽 변에는 망 등대가 있다. 원래는 3개가 있었다고 한다. 등대의 높이는 30여 미터가 된다. 제사 때는 높이 2미터 둘레 4미터 정도의 큰 등을 달아 불을 밝혔다고 한다. 등은 조명의 역할도 했다. 천등이라고 부르기도 했다는 여러 설명도 들었다.

종루(鍾樓)는 재궁 동북쪽 모퉁이에 있는데 겹처마 지붕 건물이다. 종루 안에는 명대(明代) 영락연간(永樂年間)에 제조한 큰 종이 있는데 태화종이라고 부른다. 옛날 제사를 지낼 때면 황제가 재궁을 떠나는 시각부터 종을 울리기 시작하여 제단에 도착해야 종소리를 멈추고, 제사가 끝나서 황제가 어가에 올라 환궁할 때, 또 울리기 시작하여 재궁에 도착해야 소리를 멈춘다는 전설의 종이다.

건륭종도 있다. 이종은 종루 밖에 중심길 남쪽에 있는데 청대 건륭(乾隆)년간에 만든 것으로 종도 크고, 공예가 뛰어나고 조형이 살아 숨 쉬는 것 같다. 재궁에는 해자호(垓字扈)가 있다. 내외 두 겹의 담장에는 두 개의 U자형 해자로 되어 있는데 동·서·북 삼면에 돌다리가 놓여 있다. 당시 내외 해자에는 물이 차 있었고 경비가 삼엄한 방어 체계를 이루고 있었다는 기록도 보인다.

원구단 주변에는 크고 작은 건물들을 많이 보게 된다. 단 남부에 위치한 원구단은 명나라 가정(嘉靖) 9년에 지은 건물로 천제 의식을 거행하는 장소라고 한다. 원구대는 본 건물에 해당된다. 3층 돌계단으로 된 원구대는 명대에는 규모가 작고 전면과 난간 기둥 유리도 모두 검은 색이였었다고 한다. 그 후 청대(淸代) 건륭(乾隆) 14년에 규모를 크게 하고 난간과 기둥을 모두 백색으로 하여 현재까지 오고 있다. 제천대라고도 하는 원구대는 3층의 높이가 5미터가 넘는다.

건물의 크기와 품위를 구분하는 서열이 있다. 황제가 사용하면 전(殿)을 쓰고 낮은 순서로 보면 전(殿) 당(堂) 합(閤) 각(閣) 재(齋)

헌(軒) 루(樓) 정(亭)의 순이다. 압구정(狎鷗亭) 하면 제일 규모가 작고, 황제와는 관계가 없는 건물로 보면 맞는다.

고대 음향학설을 보면 하늘은 양이고 땅은 음에 속한다고 한다. 홀수는 양이고 짝수는 음이다. '9'는 최대의 양수로 하늘을 의미하고 하늘의 지고 무상함을 의미했다. 원구단은 층마다 모두 구름과 용의 무늬를 양각한 한백옥(漢白玉) 난간으로 되어 있고 매 층의 난간 수도 9의 배수로 되어 상중하의 세 층은 각각 72개, 108개, 180개로 합하면 360개인데, 이는 일 년을 의미한 것이다.

천단의 조경은 고전건축물의 웅장하고 화려한 궁궐 건축과 여러 가지 단을 볼 수 있다. 주변의 경관도 훌륭하다. 황궁우 밖 북서쪽에는 구룡 측백나무가 있는데 생김새가 아홉 마리용이 하늘로 올라가는 형상을 하고 있어 붙여진 이름이란다. 천단 건설 이전부터 있었다는 측백나무는 천년이 되었지만 지금도 가지와 잎이 싱싱하다. 주변에는 백송이 하늘을 찌를 듯이 솟아 있고 화초도 무성하며 다양한 식물들이 자라고 있다. 녹음 우거진 좋은 계절에 간 것이 참 잘한 것 같다.

녹지 면적이 약 161만 평방미터에 6만여 그루의 각종 나무들, 3천여 주의 고목이 자라고 있다고 설명했다. 나무숲 사이에 정자가 있고 쉼터 의자들이 있다. 제단 서쪽에 있는 정자는 송백과 화초 속에 있어 운치를 더한다. 쌍황정은 청나라 건륭제(乾隆帝)가 모친의 50주년 생신을 축하하기 위해 특별히 지었다고 한다. 두 개의 원형 정자로 된 쌍 황정은 겹처마에 보정을 세웠고 주춧돌은 복숭아형 석대로 만들어 생신 선물로 바친다는 뜻을 담고 있다. 그 외에 부채 같은 선면 정육각형의 겹처마집인 백화정 두 개의 정자를 하나로 연결한 방승정도 보았다.

천단 전체가 황실 제단의 엄숙하면서도 자유스러운 분위기가 양립하는 중국풍의 원림을 보았다. 하늘과 조상을 섬기기 위하여 국가가 많은 자금을 투입해 여러 가지 건물을 짓는 중국의 제천(祭天) 사상은 조선왕조까지 종묘사직 제례에 큰 영향을 주었음이 확실하다.

『아름다운 만남 새벽을 깨우다』 2021. 인간개발 문집

리즈가든

올드 델리에 간디를 화장한 화장장이 있는데 간디 산소라고도 부른다. 리즈가든이라는 공원 안에 있는 이 화장터에는 24시간 계속 불길이 올라오고 있다. 필자가 방문했을 때도 불은 계속 타고 있었다. 극우파 힌두 청년에게 암살당한 간디의 화장 장소는 공원 중앙 낮은 곳에 검은 대리석으로 쌓은 네모난 단에 있다. 그 중앙에는 간디가 마지막으로 남긴 "오 신이여"가 새겨져 있다. 네모난 단 주변에는 화사한 꽃들로 잘 정돈되어 있었다. 옆에 있는 기념박물관에는 간디에 관한 여러 가지 유품과 유물을 볼 수 있었다. 독립운동과 민주주의 업적을 기록한 도서가 있고 최후에 입고 있던 의복도 전시되어 있다.

넓은 공원 안에는 간디 화장장이 있고 옆에 붙어 있는 공원에는 인도의 전 수상인 라지브 간디를 화장한 화장장이 있다. 간디의 큰아들이다. 라지 버트 공원은 3.5평방킬로미터의 넓은 공원으로 역대 왕들이나 수상들을 화장하는 곳이라고 한다. 근처에는 뉴델리에 있는 간디 자택으로 그가 암살된 곳도 간디기념관(Ganahi Smriti)인데 잘 보존되어 있다. 초대수상 네루의 저택도 네루기념관으로 근처에 남아 있다. 인도 국민들은 국가를 통치한 전직 수상들을 과거를 따지지 않고 존경한다는 생각이 들었다. 지금도 간디는 인도의 민주주의를 위해 영국과 싸운 위대한 지도자로 추앙을 받고 있음을 확인할 수 있었다.

간디 기념관

리즈가든에서 멀지 않은 곳에 연꽃잎 모양의 바하이 사원(Bahai Temple)이 있다. 멀리서 보면 호주 시드니의 오페라 하우스와 비슷하게 보인다. 종교와 관계없이 누구나 들어갈 수 있고 들어가서 신을 벗고 의자에 앉아 자기가 믿는 교식으로 기도나 불경이나 주문을 마음속으로 읽으면 된다고 설명했다. 연꽃 7개가 모여 27개 꽃잎을 형상화했고 재료는 거의 인도 대리석이고 20%만 이탈리아 대리석이라고 한다. 평화의 상징으로 건립한 것이란 설명도 보였다.

바하이 사원은 인도의 현대식 건축물로는 가장 아름다운 건물로 손꼽힌다.

누구나 편안히 앉아 명상의 시간을 가질 수 있는 곳이라 일행 중 몇 명이 피곤하기도 해서 편안한 의자를 찾아 한참 간디의 역사와 인도를 생각하며 쉬었다. 여행의 즐거움을 잠시 만끽했다. 모양이 연꽃 같아서 연꽃 사원으로 부르기도 한다. 높이가 수십 미터로 먼 곳에서 보면 더욱 아름답고 야경은 또 다른 멋을 느끼게 했다.

쉬면서 인도와 뉴델리의 역사를 설명 들었다. 3,000년 전 대서사시 『마하바라트』에 나타나는 인드라프라스타(Indraprastha)는 델리의 최초 모습을 말하고 있다. 현재 푸라나 킬라(Purana Qila) 근처가 도시 중심지였다고 추측하고 있다. 12세기 초 델리의 힌두오아국은 토마라(Tomara) 초탄(Chauthan) 왕조가 통치하였으며 현 쿠트브미나르 부근으로 추정하고 있다고 설명했다.

다음 왕조는 시리(Siri)인데 12세기경 알라웃딘(Ala-ud-din)이 지금의 호즈하즈(Hauz Khas) 근처에 건설했다는 기록이 있다고 말했다. 세 번째 델리는 투글라카바드(Tughlagabad)로 쿠트브미나르 남동쪽 10킬로미터 지점으로 현재는 완전히 폐허로 되어 있다고 한다. 네 번째 델리는 14세기 투글루크 왕조(the Tughlaqs)인데, 이

도시는 쿠트브미나르 부근에 세워졌었다고 설명했다.

다섯 번째는 피로자바드(Firozabad)로 현재 뉴델리에 있는 피르즈샤코틀라(Firoz shahkotla)에 있었다고 설명했다. 유적으로는 다른 곳에서 가져온 아쇼카 석주(Ashoka pillar)와 태얼레인(Tamerlane)이 침공했을 때 기도했던 모스크의 흔적이 남아 있다고 전한다. 셰르샤르 황제는 여섯 번째 델리를 현재 뉴델리의 인디아게이트(Indiagate) 근처 푸라나킬라에 지었다는데 그는 아프가니스탄 통치자로 무굴 제국의 후마윤을 물리치고 델리를 통치한 사람이라고 한다.

샤자한 무굴 황제는 17세기에 일곱 번째 델리를 건설하면서 무굴 제국의 수도를 아그라에서 델리로 옮겼다고 한다. 마지막은 지금의 뉴델리에 영국이 건설했다는 것이다. 1911년 영국령 인도의 수도 캘커타에서 델리로 옮긴다고 발표했으나 도시가 건설되고 공식적 수도로서의 기능을 시작한 것은 20년 후부터였다. 현재 인도의 수도가 된 것은 1947년부터라고 설명했다.

델리는 여러 시대를 거치면서 몇 차례 침략도 당했는데 1739년 페르시아의 나디르샤 황제가 델리를 침공해 약탈한 코이누르 다이아몬드와 유명한 공작 왕자(Peacock Throne)를 이른에 빼앗겼다고 한다. 다이아몬드는 현재 영국 황실에 있는 것으로 알려져 있다. 1957년 인도 독립항쟁 때 델리는 영국에 반대하는 저항 세력의 중심지가 되기도 했다.

현재의 델리는 인도의 정치와 비즈니스의 중심지며 세계 여러 나라의 대사관과 관련기관이 많고 세계 언론이 주목하고 있는 세계의 관문이다. 여러 정부기관이 모여 있는 인도 최대 도시이다. 델리 남쪽에 건설한 도시를 뉴델리라고 부른다.

여러 왕조의 흥망이 점철된 인도의 역사를 생각하며 바하이 사원을 나와, 뉴델리로 가서 내일 만나볼 뉴델리와 주변 유적들을 공부해야겠다고 생각했다.

2021. 12. 2.

항저우의 시후호

시후호는 항저우 서쪽에 있는 천연 호수로 둘레가 15킬로미터나 되고 수심이 깊은 곳은 2.8미터나 된다고 한다. 타원형으로 넓이는 5.6평방킬로미터로 넓다. 전당강(錢塘江) 모래가 오랜 세월 파도에 밀리면서 만구(灣口)가 막혀서 근처에 생긴 호수로 석호(瀉湖)이다. 시후호에 얽힌 대문호 백거이와 소식의 시 몇 수와 서호십경, 미녀 서시(西施)와 오나라 월나라의 싸운 이야기, 송나라 장군 악비의 충절 시 등을 설명했다.

남 · 북 · 서 삼면이 구릉으로 둘러싸이고 북쪽에 고산(孤山)이라 부르는 작은 섬이 있다. 그 섬에서 동쪽으로 항저우 시장 백거이(白居易)가 축조했다는 백제(白堤)가 뻗어 있다. 호수 서쪽으로는 소식(蘇軾)이 축조했다는 2킬로미터 거리의 소제(蘇堤)가 남북으로 뻗어 산책로로 이용되고 있다.

시후호는 백제 소제의 두 개 방파제와 작은 둑으로 된 본 호수와 북리호, 서리호, 악호, 남호의 작은 섬으로 나뉜다. 사계절 모두 아름답지만 특히 4월이 가장 아름다워 이때가 시후호의 진수를 볼 수 있다. 가 보기를 권한다. 호수 안의 고산은 『사고전서』(四庫全書)를 소장했던 문란각(文瀾閣)이 있었던 곳이라고 말했다.

중국 돈 일원권 뒷면에 나오는 시후호는 호수 안의 섬들과 제방, 연안의 구릉 등 사철에 걸쳐 변하는 자연경관은 예로부터 권력자와 문인들이 감탄한 곳들이라고 한다. 청나라 황제 서태후는 시후호를 보고 감탄하면서 베이징으로 돌아와 인공호수를 만들게 했는데 이것이 이화원의 곤명호란 말이 전해온다. 달맞이로 유명한 시후호는 서태후가 앉아서 달구경을 했다는 곳을 포함하여 시후호 10경(西湖十景)이 있다. 현장을 보면 별로 아름답지는 않지만, 5경의 화항관어 문을 지나면 수없이 많은 꽃들이 장관을 이룬다. 계절에 따라 목련, 홍련, 매화, 국화가 피어 아름답다. 시후호는 아침과 저녁 느낌이 다르다고 한다. 비 오는 날과 맑은 날이 다르고 4계절 맛이 모두 다르게 느껴진다고 설명한다.

제1경은 시후호로 들어오는 첫 번째 다리를 말한다. 눈이 오면 다리 위에 쌓인 눈이 가운데부터 녹기 시작하여 보석산에서 보면 눈이 녹은 부분의 다리가 끊어진 것 같이 보인다 하여 단교잔설(斷橋殘雪)이라 부르게 되었다. 이 다리는 시후호의 외(外)호와

내(內)호를 구분해 주고 있다.

제2경은 고산 남쪽에 있는 정원으로 넓은 전망대가 있다. 전당대는 호수 면과 비슷하여 평호라고도 부른다. 중추절 밤에 드는 달과 물의 어리는 보름달을 보고 문인들이 아름다움을 읊은 데서 평호추월(平湖秋月)이란 말이 생겼다고 한다. 보름달이 아니라도 맑은 날 달을 보면 아주 다른 맛을 느낄 수 있다고 한다.

제3경은 소동파 제방 서북쪽에 있는 비정(碑亭) 근처의 풍경을 말한다. 술을 주조하는 곡원이 근처에 있었다는데 여기서 나는 술 냄새와 활짝 핀 연꽃 향기가 바람에 섞여 날렸다는 데서 곡원풍하(曲院風荷)라 불렀다고 한다.

제4경은 시후호를 남북으로 개통하는 제방으로 소동파가 쌓은 2.8킬로미터를 말한다. 남에서 북으로 다섯 개의 다리가 있다. 후세인들이 이를 기념하기 위해 소제(蘇堤) 즉 소동파의 제방이라 불렀다는 기록이 있다고 한다. 사철 아름답지만 봄철에는 안개가 자욱이 끼어 있는 사이로 초록색 버드나무 가지가 길게 늘어져 있고 흰 복숭아 꽃잎이 물 위에 살짝 떠 있는 것이 매우 아름답게 보여 소제춘효(蘇堤春曉)라 부른 것 같다.

제5경은 소동파가 축조한 가장 남쪽 끝 근처에 있는 화항공원

(花港公園)을 말하고 있다. 화가산(花家山)에서 내려오는 물이 이곳을 지나 시후호로 들어가기에 생긴 말로 생각된다. 수백 그루의 모란, 수천 그루 꽃에 둘러싸인 홍어지에서 노니는 비단잉어를 보고 화항관이라 부른 모양이다. 시후호에 배를 타러 가는 길이 화항관어(花港觀魚)라고 쓴 문을 지나가면서 '고기어' 자를 설명해 주었다. 글자에 이상한 자가 없느냐는 안내인의 질문을 받고 자세히 보니 글자 맨 끝의 '고기어' 자에 점이 하나 없어서 틀렸다고 하니 잘 찾았다며 맨 끝의 점 하나가 없는 이유를 설명했다. 필자가 보기에는 네 글자 중 맨 끝이라 먹이 약해서 없어진 것으로 보였다. 호수 주변의 울창한 나무들은 20년 전에 왔을 때와는 너무나 많이 자라 위치를 분간하기가 어려웠다.

제6경은 시후호 동남쪽에 있는 정원이다. 늘어진 버드나무 가지와 잎이 잔물결치듯 하늘하늘 움직이는 모습과 그늘 아래서 지저귀는 꾀꼬리 소리를 듣고 있는 풍경을 말한다. 유랑문앵(柳浪聞鶯)이라 부른다. 주변 공원 안에는 휴식을 취할 수 있고 앵무새 소리를 들을 수 있는 찻집도 있었다는데 지금은 안 보였다.

제7경은 시후호 안에 있는 바닥을 긁어모아 만들었다는 인공섬이다. 섬 남쪽에는 한길이 넘어 보이는 석등 세 개가 있다. 이 등에 불이 켜지면 작은 달처럼 보여 운치가 있다고 한다. 보름밤에 배를 띄우면 호수에 비친 탑이 호수를 세 개로 나눈다 하여 삼담인월(三潭印月)이라 했다.

제8경은 시후호 남서쪽에 있는 남고봉(南高峰)과 서북쪽의 북고봉(北高峰)을 말한다. 구름이 낮게 깔리는 날, 두 봉우리 사이에 걸려 있는 구름을 홍춘교(洪春橋) 쪽에서 보면 멋이 있다고 한다. 쌍봉삽운(雙峰插雲)이라 했단다. 비 오는 날 보면 더 아름답다는데 문인들의 느낌이겠지?

제9경 시후호 남쪽에 있는 정자사(淨慈寺)에서 해질 무렵 종이 울리면 적막에 싸였던 산 끝과 호수에 적막을 깨는 소리를 남병만종(南屏晩鍾)이라 묘사했다.

제10경은 시후호 남쪽 연안에 있는 영봉 산의 탑이 석양에 아름답게 보인다 하여 뇌봉석조(雷峰夕照)라 하여 10경에 넣었는데 억지로 맞춘 느낌도 든다.

당(唐)대 문인으로 유명했던 백거이는 항저우 시장으로 근무하면서 시간이 나면 시후호에 가서 사방을 돌아다니며 창작에 몰두하여 이곳에서도 많은 자연시를 남겼다고 한다. 일생 동안 3,800여 수의 시와 문장을 남겼다는 기록이 있다. 시장으로 있을 때 아름다운 자연에 매료되어 지은 시 한 수를 한글로 풀이했다.

바람은 고목(古木)에 불어오고

하늘은 맑은데 비가 내려
달은 넓고 넓은 모래밭을 비추니
한여름 밤에 서리가 내리는 듯하다.

소식(蘇軾)은 부자(父子)가 당송팔대가로 북송 때 한 시대를 풍미한 역사의 인물이다. 그가 항저우 시장으로 근무할 때 지은 시 두 수를 소개한다.

소식의 철학적인 시 한 수
「**서림의 벽에 적다**」(제 서림 벽: 소동파 題 西林壁: 蘇東坡)

옆에서 보면 산맥을 이루건만 곁에서 보면 우뚝한 봉우리
여산의 산들은 원근과 고저가 제각각이다.
여산(廬山)의 참모습을 알지 못함은
이 내 몸이 여산 속에 있기 때문이다

횡간성령 측성봉(橫看成嶺 側成峰)
원근고저 각부동(遠近高低 各不同)
부식여산 진면목(不識廬山 眞面目)
지록신재 차산중(只錄身在 此山中)

오월(吳越) 전쟁 때 미인계를 써서 강력한 오나라를 쳐 승리로 이끈 미인 서시(西施)를 비유해서 쓴 시다. 서시는 전국시대 오나

라 왕 부차가 총애했던 월나라의 미녀를 말한다. 맑게 갠 날 햇빛을 받아 반짝이는 시후호를 짙게 화장한 서시와 같다고 했고, 비 오는 날 빗물에 젖은 시후호의 경치를 엷게 화장한 서시와 같다고 했다. 소동파는 그래도 황저우 시후호의 아름다움을 다 표현할 수 없어 시후호를 서시의 호수라고 극찬하여 부르기도 했다고 한다.

시후호의 아름다움을 서시에 비유한 시 한 수

비 오고 갠 뒤 호수 가에서 술을 마시며
몸살 하느작거려 갠 날의 전망 아주 멋지고
비 오는 모습과 어우러진 산의 경치 또한 기가 차누나
만일 이 시후호를 미녀 서시에 비교한다면
엷은 화장 짙은 화장 어우러져 아름답다 하리라

음호상초 청후우(飮湖上初 晴後雨)
수광렴염 청방호(水光瀲灩 晴方好)
산색공몽 우역기(山色空濛 雨亦奇)
욕파서호 비서자(欲波西湖 比西子)
담장녹말 총상의(淡粧濃抹 總相宜)

20년 전에는 차가 시후호 근처까지 가서 기다림 없이 금년에 탔던 배와 비슷한 배를 탔다. 조용한 분위기에서 안내자의 설명도 잘 듣고 궁금한 것은 질문도 하고 40분 정도 많은 공부를 했었다. 주변 경관이나 가까이 오는 섬이나 백거이 제방 소동파 제방 등 설명도 잘 들을 수 있었다. 배에서 잘 보이는 보석산 탑(寶石山塔)에 대한 고사도 잘 들었다.

시후호 북쪽에 높이 솟아 있는 산 정상에 탑이 보인다. 송나라 때 창건되어 70여 년 전에 재건된, 높이 40여 미터의 연와로 만든 보숙탑(保俶塔)이다. 6면 7층의 벽돌 탑으로 천년의 역사를 가지고 있다는 설명이다. 90년 전에 이 탑이 이유 없이 무너졌다는데 전해오는 말로는 이 탑이 무너져야 중국 여성이 해방된다고 했다. 무너진 후 여권(女權)이 날로 신장되었다. 특히 탑이 있는 항저우 지방은 여권이 지나치게 높아져 지금까지 보통 여자들이 하던 일을 모두 남자가 맡아서 하고 있다며 확인해 보란다.

다른 전설은, 오(吳)나라 오자서(伍子胥) 장군이 월(越)나라를 쳐서 월나라 황제 구천(句踐)을 사로잡아 오나라 전 황제 함려의 아들 부차(夫差) 황제의 몸종으로 부렸다는데 오나라 황제가 몸종으로 일하는 동안 월 황제 구천이 말을 잘 들어 자기 나라로 돌려보내려 하자 오자서 장군은 구천을 죽여야지 살려 보내면 얼마 후 구천이 다시 쳐들어와 오나라가 망한다고 주장하며 죽이기를 간청했다. 그러나 오왕 부차는 그 후 미녀 서시(西施)를 선물로 받으면서 호의에 넘어가 월 왕 구천을 자국으로 돌려보냈다.

이때 오자서 장군은 앞으로 월나라가 오나라를 칠 것이고 그

때는 오나라가 망할 것이라고 예언을 했다. 대노한 부차 황제는 오자서에게 자결을 명했다. 오자서는 내가 죽으면 그 현장을 똑똑히 보게 시후호에서 잘 보이는 성왕각 정자(보숙탑)에 내 눈알을 빼서 붙여 놓으라고 했다. 그 후 오나라는 생각대로 망하고 월나라가 승리하니 오자서의 예언대로 되었다. 미녀 서시가 월나라를 승전국으로 만든 일등 공신이 된 것이다.

몇십 년 전 정자를 보수했는데 오자서의 두 눈알이 헐리기 전 정자에 그대로였다고 한다. 월나라는 지금의 항저우 땅이다. 전국시대 오월 두 나라는 수없이 밀고 밀리는 싸움을 계속했다. 결국은 서시를 미인계로 쓴 월나라의 승리로 끝났다. 오월동주(吳越同舟)와 와신상담(臥薪嘗膽)의 유래도 여기서 나왔다. 오월(吳越) 두 나라는 긴 세월 앙숙지간(怏宿之間)의 역사였음도 알 수 있다. 이러한 재미있는 옛이야기도 시후호 배 안에서 들을 수가 있었다.

시후호 뱃놀이가 끝나는 근처 서북쪽에 악비의 묘가 있다. 남송시대 민족의 영웅 소리를 듣던 그는 북송과 금나라와도 싸운 백전노장이다. 투항과 정치적 모략에 적폐로 몰려 투옥되고 독살 당했다는 기록도 보았다.

20년 전에는 대문도 없고 입장료도 없어 그대로 들어가 보았다. 대전 안에는 높이 4미터가 넘는 악비의 좌상이 있다. 밖에 정원에는 악비 부자의 묘가 있다. 묘 앞에는 손이 뒤로 묶인 채

무릎을 꿇고 있는 네 명의 철로 만든 동상이 있는데 이것은 악비 장군을 투옥하고 독살한 재상 진회 부부와 그들의 심복들이라고 한다. 주변에는 악비와 관계있는 여러 자료들이 전시되어 있었다. 한글로 된 책자가 없어 중국어판 악비 책자를 한 권 샀다. 이번에 갔을 때는 웅장한 정문이 보였다. 항저우 시후호 근처에 있는 악비의 기념관과 묘 주위에는 울창한 숲이 하늘을 덮고 있었다.

악비 장군의 목숨 건 노력에도 남송 왕조는 자중지란으로 싸움 한번 제대로 못하고 금나라에 패하고 120여 년 만에 멸망했다. 역사는 이를 정강지치(靖康之恥)로 부른다. 동서고금의 역사를 보면 왕조의 멸망은 권력 다툼과 간신배들의 모략으로 미래 예측을 잘못한 집권자들의 실책 때문이 많다. 정강의 패망 원년은 1126년이다.

항저우에서는 시후호와 쏭청(송성) 가무 쇼를 보면 더 볼 것이 없다고 말들 한다. 쏭청 가무 쇼는 시후호를 배경으로 펼쳐지는 전설과, 송나라의 흥망성쇠 이야기를 담고 있는 가무극이다. 전체가 4막으로 구성되어 있다. 입장 전 시간이 남아 극장 주변 여러 곳을 구경했다. 아내는 중국식 예쁜 꼬까신발을 샀다.

제1막은 송나라 황제의 권위를 상징하는 화려한 연회로 시작된다.

제2막은 남송과 금나라의 전쟁 이야기다. 남송의 장군으로 금나라와 항전을 주장하다 황제 두 아들의 권력 다툼과 간신배 진회(秦檜)의 계략으로 싸우지도 못하고 억울하게 죽은 악비(岳飛)장군의 한이 남고 결국 금나라에 패망한다는 상징적 내용이다.

제3막은 시후호의 전설과 아름다움을 노래했다.

제4막은 대만의 원주민인 고산족의 춤과 노래를, 일본인들의 단합된 모습의 음악과, 한국의 아리랑 곡으로 구성했다. 관객을 의식한 내용으로 생각된다. 현대화시킨 서커스와 화려한 가무를 보여 주었으나 외국어 자막이 없어 아쉬움이 남았다.

항저우는 삼국지에도 나오는 뺏고 뺏기는 오월전쟁의 격전지로 사자성어를 양산한 곳이기도 하다. 시후호(西湖)는 중국 역사 속에서 한 시대를 대표했던 백낙천 소동파 등 문인들의 치적과 문학이 현장에 살아 숨쉬고 있는 유명한 곳이다. 몇 번 가 보았으나 또 가 보고 싶은 관광지이다.

2021. 12.

잉카 제국의 숨결

페루는 해안 쪽으로 평야가 있으나 너비가 좁으며 대부분이 사막이라고 한다. 대부분의 큰 도시가 이쪽에 위치하여 팬 아메리칸 고속도로도 이곳을 지난다. 안데스 지역은 태평양에서 내륙으로 100여 킬로미터 거리에 있고 3~4천 미터의 산과 협곡들이 많다. 최고봉은 와스까란 봉으로 6,768미터나 된다고 설명했다. 보통 해발 5,400미터부터 만년설이 쌓인다고 한다. 리마에서 1시간 거리인 쿠스코를 가는데 8,000미터 상공에서 내려다보는 안데스산맥의 만년설은 장관이었다.

페루는 남미에서 세 번째로 큰 나라다 남미대륙 서부 태평양 연안에 위치하고 있다. 국경선의 길이가 7,000킬로미터나 된다고 한다. 해안선도 2,400여 킬로미터에 이른다. 전체적 지형은 태평양 연안과 안데스 산지 아마존 지역으로 나눌 수 있다.

기후는 우리나라 겨울이 우기이고, 여름이 건기이다. 전 지역이 열대 기후지만 태평양 쪽과 고도의 영향으로 특색 있는 기후를 맛보았다. 인구의 반 이상이 해안 사막 지역에 살고 있다. 수도 리마에 천만 명 이상이 살고 있다고 한다. 개도국의 공통된 현상이다. 생활 및 교육환경이 열악한 농어촌 산간 지역 사람들이 해안가 도시로 이사하고 있어 지나친 도시 인구 집중이 여러 가지 문제를 안고 있다는 설명이다.

토착민이 반 가까이 되고 메스티소 혼혈이 절반 가까이고 백인 15%, 기타 일본인 중국인 흑인 등으로 구성되어 있다고 한다. 언어는 스페인어, 케추아어, 아이마라어를 쓰고 있다고 설명했다. 오지에 사는 200만 명 정도는 스페인어를 잘 모르는 것으로 알려졌다. 문맹률이 높다. 로마 가톨릭이 전체 인구의 80%가 넘고 13%가 개신교라고 한다.

페루는 고대의 높은 문명을 일으켰던 남미 최대의 잉카 제국의 숨결이 살아있는 나라다. 약 3천 년 전에 현재 우아라스 지역인 북부 안데스의 차빈 문화를 기초로 모티카 나스카 티무라 문화로 이어졌다는 설명이다. 11세기 말 중부 안데스 지역에서 발원한 잉카족은 12세기 초반에는 수도 쿠스코를 중심으로 에콰도르 볼리비아 칠레에 걸쳐 약 5,000킬로미터에 이르는 대제국을 건설하여 잉카 문명의 번영을 구가하였다는 기록이 있다.

15세기까지 잉카 제국은 태양신 숭배, 거석을 이용한 건축과 의술도 발달된 것으로 추정된다. 1532년 스페인의 프란시스코 피사로가 내란 상태의 잉카 제국을 정복하여 식민지 시대가 시작된다. 스페인의 식민지배는 300년 가까이 계속되었다. 그 후 1821년 독립 영웅 산마르틴 장군에 의해 독립을 찾았다고 한다. 그러나 식민 지배 기간 동안 잉카 문명이 만들어 낸 수없이 많은 문화재들은 황폐화되었다고 한다.

수도인 리마는 신도시와 구도시로 구분한다고 설명했다. 신도시라고 해도 40년 이상 되어서 그런지 여기저기 다녀 보아도 새롭다는 것을 잘 느낄 수가 없었다. 태평양 해안가에 있는 리마는 스페인 통치 이전과 이후 전통에서 유래된 요소들이 풍부하다. 고대 페루인들은 건물을 자연 경관에 조화시키는 훌륭한 건축물을 가지고 있었다고 한다. 가장 오래된 건축물은 리마 대성당이며 산 프란시스코 교회와 수도원도 중요하게 생각한다고 말했다.

시내 한복판에 페루 대통령궁을 비롯하여 볼거리가 많다. 식민지 시대 건물들도 많다. 대통령궁과 근처에 황금 박물관도 보았다. 이곳에는 금은 세공품, 도자기, 직물 등 왕이 자신의 권위를 상징하는 의미로 들고 다니는 물건들이 전시되어 있다. 전시물들은 고대 페루의 발전된 금세공과 야금 기술을 볼 수 있다. 벽면 크기의 머플러에 황금을 모두 칠했다 하여 황금 박물관이란 이름을 지었다고 한다. 재벌의 개인 소유 박물관이라고 설명했다. 황금 박물관에서는 3,000년 된 미라를 볼 수 있고 역사적인 유물 특히 무기 전시장도 모두 보았다.

대통령궁에 들어가 내부 여러 곳을 구경했다. 대통령의 집무실과 국무회의 장소 외국인 접대실 등 다양한 내부 시설을 보았다. 궁의 내부는 프랑스 베르사유 궁전을 본떠서 지은 곳이 많다고 한다. 대통령이 사는 관저도 궁 안에 있다. 유사시 대비한 여러 시설도 보았다. 회의실로 안내 받아 수석 비서관의 투자 유치 설경도 들었다. 미래가 보였다. 리마의 대통령궁은 19세기 초 건물로 스페인의 정복자인 피사로(Pizrro)의 집과 가까운 거리에 있다. 궁의 입구를 지키고 있는 근위병들의 복장은 1824년 독립전쟁 대 입었던 군복과 똑같다고 자랑스럽게 설명했다.

페루는 지금은 잘 살지 못하지만 지진이나 태풍이 없는 태평양 연안의 좋은 기후와 쿠스코에 있는 잉카 문명의 유적지 등 관광 자원을 활용하면 잘 사는 나라가 될 것 같은 느낌을 받았다. 잉카 제국의 후손답게 잘 살아야 되겠다는 마음이 중요하지만….

2021. 12.

황제들의 지하궁전 도시

북경에서 한 시간 거리인 천수산(天壽山) 부근에는 명나라 역대 황제 13명이 묻힌 능원(陵園)이 있다. 3대인 영락제부터 최후 숭정제까지 황제가 묻힌 무덤 군으로 삼태기같이 둘러싸인 남향 산기슭에 자리 잡고 있다. 황후 2명과 태자 30여 명의 비도 있다고 설명했다. 영락제의 장릉을 시작으로 마지막 황제인 수정제의 사릉까지 200여 년간 조성한 곳이라고 한다.

명나라의 황제들은 전통적으로 사망한 후 지하 궁전을 만들어 살게 했다고 한다. 규모도 생전에 생활하던 궁궐과 비슷한 규모로 만들었다는 기록을 볼 수 있다. 능원 입구에는 가정 제19년에 건립했다는 석패방(石牌坊)이 있다. 문은 5개의 원형으로 된 기둥과 6개의 일반 기둥으로 지어졌다. 모두 백옥으로 만들어졌고 용과 기린, 사자, 구름 무늬 등이 조각되어 있다. 좌우측에는 낮은 산이

명나라 역대 황제 13명이 묻힌 능원(陵園)

있는데 모양이 좌청룡 우백호(左青龍右白虎)의 형상으로 보였다.

주변은 울창한 숲이다. 능을 만들 때부터 경작은 물론 벌목도 못하게 했기 때문으로 생각했다. 한적한 곳으로 아늑함마저 느끼게 했다. 능역은 역대 황제들의 유택 도시같이 보였다. 천수산에 있는 능 중 가장 규모가 큰 것은 영락제의 무덤인 장릉이다. 길옆에는 큰 돌사람과 돌로 된 동물들이 질서 있게 줄지어 서 있다.

현재 발굴한 것은 만력제(萬曆帝)인 신종황제(神宗皇帝)의 능묘라고 한다. 황제 무덤을 처음 발굴한 것이다. 중국 역사에서 진나라 시왕에서 청나라 마지막 황제인 푸이에 이르기까지 300여 명 황제들의 평균수명은 36세라고 역사서는 기록하고 있다. 청나라 건륭제는 89살까지 살았다고 한다. 중국 황제 능들의 구조는 황제만 다니는 신로가 있다. 신로는 도로 정중앙으로 청석판이 깔려 있고 양옆에는 낮은 굽을 두었다. 우측은 대신 좌측은 무인과 평민이 다니는 길로 구분하고 있다.

60여 년 전 처음 발굴 당시 수은의 피해 등 만일의 사태에 대비하였고 2년 만에 무사히 발굴하였다는 설명도 있다. 도굴 흔적은 없다고 말했다. 계단으로 된 수십 미터의 지하궁전을 내려가 보았다. 재궁이라는 황후와 황제의 관이 쇠뚜껑에 덮여 있고 황제의 시신은 부패되어 앙상한 뼈만 남은 것을 보았다. 만력제는 임진왜란 때 파병을 해 준 조선과는 관계가 있는 황제이다. 얼마 전 사극에도 나왔던 만력제는 역사에서는 탐욕으로 정사에 무관심했던 황제로 기록되어 있다. 죽은 뒤 지낼 궁을 22살에 시작하여 6년 만에 완성하였으나 30년을 더 살고 60이 다 되어서 사망한 장수 황제로도 유명했다.

처음 갔을 때에는 정문으로 들어가 편안한 언덕길을 한참 올라갔다. 중일 전쟁 때 화재로 소실되어 터만 남아 있다는 능은전(稜恩殿) 터를 보았다. 조금 지나니 안뜰이 있고, 그 좌우에는 전시실이 있다. 전시실에는 지하궁전에서 출토된 유품 유물들이 전시되어 있었다. 길을 따라 각종 돌조각을 보면서 북쪽으로 올라가니 정면에 명루(明樓)를 만났다. 명루에 올라가니 장릉과 영릉이 나왔다. 이 명루 뒤쪽이 능묘(陵墓)인데 지하궁전의 출구와 연결되어 있었다.

지하궁전은 지하 27미터 정도 되는데 계단으로 계속 내려가면 된다. 대리석 문을 몇 개 지나 후전으로 들어가니 넓은 공간이 나왔다. 천장은 원형의 아치형 구조이다. 만력제(萬歷帝)와 두 명 황후의 유해를 안치한 철판으로 된 관이 중앙 석대 위에 놓여 있다. 65평방미터의 넓이에 양쪽 벽에는 능의 규모와 공사에 투여된 자금과 인원 등을 투박하게 표시해 놓았다. 이 후전(後殿)을 지나 들어가게 되는 다른 전시실에 있는 많은 유품들을 보았는데 모두 복제품들이라는 설명이 있다.

남문 쪽으로 나와 2층 높이의 망루에 올라가니 신종대왕(神宗大王)의 비석이 있다. 다른 이름으로 만력대왕(萬歷大王)이라고도 한다. 신종대왕(神宗大王)은 명나라 13대 황제이다. 근년에 주변이 많이 달라졌다. 대궁문(大宮門)이라고도 부르는 대홍문(大紅門)을 들어가니 능은문(陵恩門)이 나왔다. 이 문을 지나면 능원의 정원과 능은전(陵恩殿)이 있다. 생전에 황제가 정무를 보던 태화전과 비슷한 규모이다. 이곳에는 제왕의 위패를 모시고 제사를 올리는 중요한 곳이라고 한다. 옆으로는 비석 정원이 있고 안에는 비석이 있다. 뒤쪽에는 영성문이 있다. 맨 뒤쪽 명루에는 정자 형태의 건축물이 있고 그 안에 큰 비석을 보았다. 주위에 원형의 담장이 있는데 보성이라 부른다. 보성 안에 지하궁전이 있고 그 안에 황제와 황후의 옥체가 있다.

정릉의 신로(神路)는 삼공교(三孔橋)와 금수교(金水橋)가 있다. 여기를 지나면 능원 앞에 무자비(無字碑)가 있다. 글자 없는 비석을 말한다. 원래는 한나라 무제가 자기 공이 태산 같아서 작은 돌에 모두 기록할 수 없어 아무 글자도 쓰지 않았다는 무자비의 기원설이 있다. 사실은 황제가 게을러서 어떤 비문을 쓰라고 원고를 안 준 탓이라고 말하는 학자도 있다. 후인이 좋은 의미로 무자비를 공적비로 남겼다는 설이 있다. 어떤 설이 맞는지는 알 수가 없다.

현궁(顯宮)의 구조는 전전(前殿), 중전(中殿), 후전(後殿), 수도(遂道), 좌배전(左配殿), 우배전(右配殿)으로 되어 있고 전체 길이가 길게 보이는데 안내인이 80미터라고 설명했다. 전전 입구는 철문으로 되어 있고 다른 입구는 돌문으로 막고 자래석(自來石)으로 받쳐 놓았다. 자래석이란 궁묘의 도굴 방지용 돌문을 말한다. 어둠컴컴한 계단을 더듬더듬 내려가서 보았다. 중전에는 3개의 백옥제(百玉製) 보좌(寶座)와 2개의 사각형 석대(石臺), 그리고 황색 유리 향로, 촉대와 청화(靑花) 화병이 있다. 좌우 배전에는 중앙에 한백옥(漢百玉)의 수미좌(須彌座)가 있고 후전에는 황제의 관을 안치했다. 수미좌의 원뜻은 불교사원 본전(本殿) 정면에 불상을 모셔드는 단(자리)을 말한다.

출토물 중에는 호화로운 금 그릇과 명대 황실의 제도 공예 미술의 수준을 보여 주는 귀중한 자료들이 많이 나왔다고 한다. 이들 부장품들은 앞뜰에 있는 전시관에 전시되어 있었다. 지하 묘실 품도 정릉 박물관에 전시되어 있어 누구나 볼 수 있었다. 베이징올림픽 때 갔을 때는 어디로 옮겼는지 볼 수가 없었다.

아직 개발이 안 된 능도 많이 있고 13개 능 중 3개만을 공개했다. 영락제의 장릉(長陵), 목종 융경제의 소릉(昭陵), 신종 황제 만력제의 정릉(定陵)이다. 각 능은 규모는 조금씩 차이가 있으나 기본적인 건축양식은 능문, 능은문, 능은전, 명루, 보정, 지하궁전 순으로 배열되어 있는데 순서도 비슷하게 보였다. 언제쯤일지는 모르겠으나 남은 10개의 능을 모두 개발하면 황제들의 지하궁전 도시가 될 것 같다.

2021. 12.

활화산

벳푸에서 한 시간 거리인 아소산은 세계 최대의 활화산이다. 기록에는 300만 년 전부터 화산 활동을 했고 10만 년 전에 화산 폭발이 최대의 폭발로 기록되어 있다. 지금의 형태가 그때 만들어진 형태라고 한다. 관광지로 정해진 분화구를 보기로 했다.

주차장에 내리니 여름인데도 추위를 느꼈다. 케이블카를 타고 약 500미터 거리인 분화구 앞에 내렸다. 분화구 바로 입구에서 아래쪽을 직접 내려다보았다. 분화구 주변에는 안전 철책도 없었다. 몸이 빨려 내려갈 것 같고 현기증도 났다. 대단히 위험해 보였다. 20여 년 전 처음 갔을 때 상황이다. 그러나 주변 여러 곳에서는 위험을 무릅쓰고 기념품을 파는 노점상도 있고 구경꾼들도 많이 보였다. 지금은 안전 철책도 있고 접근금지 구역도 있어 위험하지는 않다고 근래 다녀온 지인의 설명을 들었다.

주변 곳곳에는 수십 톤의 지진석이 공중에서 떨어질 때 대피할 수 있는 원두막 형태의 대피소가 여러 개 있다. 대피소 주변에는 큰 돌들도 보였다. 사진 촬영도 자유롭게 할 수 있었다. 하지만 위험 표지도 없고 잘못해서 미끄러지면 그대로 분화구로 미끄러져 내려가면 쥐도 새도 모르게 사망하는 위험이 도사리고 있었다. 깊은 화산 구덩이에서는 쉴 새 없이 짙은 안개 같은 하얀 연기가 계속해서 솟아 나오고 있었다. 이 연기는 바람 방향에 따라 사방으로 휘날린다. 갑자기 우리 쪽으로 올 때도 있었다. 지대가 높아서 여름인데도 추위를 느꼈다. 일본 남쪽 기후에 맞게 입은 아내는 너무나 추워서 쩔쩔매다가 다른 팀으로 관광 온 일행 중 처음 보는 남자가 고맙게 점퍼를 빌려주어서 크지만 입고 추위를 이겨내기도 했다. 고마운 마음을 전한다.

1950년대에는 예고 없이 화산이 폭발하여 10여 명의 관광객이 사망했다는 기록이 있다. 1970년대에도 안전지대라고 생각한 약 1킬로미터까지 화산재가 날아와 여러 명이 목숨을 잃고, 많은 사람들이 부상을 당했다고 설명했다. 1990년에도 한 차례 화산 활동이 있어 많은 피해를 입었다고 한다. 그 후 분화구 옆에 대피소도 설치했고 최근에는 첨단장비로 화산 활동이 심상치 않을 때는 케이블카 운행을 중단하여 관광객 안전에 최선을 다하고 있다고 말했다.

올라갈 때는 케이블카를 타고 가고, 내려올 때는 걸어서 내려오는데 약 20분 정도 걸린다. 분화구까지 가는 길은 등산로를 따라 걸어가면서 주변을 구경했다. 볼거리도 많았다. 그러나 부녀자나 노인 등이 함께 가면 꼭 케이블카를 타고 왕복하는 것이 좋다. 드문드문 위험한 곳도 있기 때문이다. 필자가 갔을 때도 케이블카를 이용했다.

10여 년 전에 벳푸로 골프여행을 갔다가 일행 중 몇 명이 아소산 분화구를 보고 싶다고 해서 시간을 내서 가기로 했다. 도중에 날씨가 안 좋아서 걱정을 했다. 아소산은 높은 산이다. 입구에 검문소가 있다. 현장에서 오늘은 날씨가 험해서 분화구 관광을 할 수 없단다. 험한 산은 가고 싶다고 언제나 갈 수 있는 것이 아니다. 전에도 악천후 기상관계로 관광 일정에서 뺀 기억이 났다.

분화구의 깊이는 수백 미터나 되어 보였다. 쉴 새 없이 뿜어오르는 하얀 연기로 인하여 끓어오르는 마그마는 좀처럼 구경하기 힘든 장관이다. 예고 없이 언제 폭발할지 모르는 화산 폭발의 두려움과 숨이 막힐 듯한 유황냄새 때문에 분화구 옆에는 오래 있지 못하고 떠났지만 기억은 오래 남는 활화산이다.

2021. 12. 11.

기독교식으로 바꾼 조상 섬김

중국의 천단은 고대의 제상성지였을 뿐만 아니라 중국 고대 역사, 철학, 천문, 회화, 음악, 예제, 역법 등 다방면의 지식을 포함하고 있는 곳이다. 단내의 중요 건축물은 제각기 특색이 있고 상징적 의미도 있다. 기곡 단 건물의 남색 유리기와 지붕은 하늘을 상징하고 재궁의 녹색 지붕은 고대 제왕이 하늘을 우러르며 자신을 하늘의 신하로 간주함을 상징한다고 설명하고 있다.

여러 부속 건물들을 보았다. 재궁은 명나라 영락(永樂) 18년에 지은 궁으로 소황궁(小皇宮)으로 부르기도 한다. 황제가 천제의식 전에 쉬는 집이라고 한다. 주 건물은 모두 동향이고 녹색 유리기와를 얹어 '황천상제'의 높은 지위를 과시하고 '천자'인 황제가 하늘에 신복하고 하늘을 우러러봄을 보여주는 건물이라고 한다. 정전도 영락 18년에 지은 한백옥(漢百玉)의 기초 무전지붕 벽돌 구조로 되었고 전체 전당에는 기둥이 없어 무량전으로 부르기도 한다고 설명했다. 5간 크기의 홀은 황제가 있는 동안 정무를 보는 집이라고 기록하고 있다. 동인정(銅人亭)은 무량전 왼쪽에 있는 방형의 돌로 된 정자이다. 이곳은 황제가 있을 때 좌석 위 약 반 미터 높이의 동인(銅人)을 모셔 놓는 집이라고 한다.

시신정(時辰亭)은 무량전 앞 오른쪽에 있는데 황제가 제사 지낼 때 위패를 모시는 장소라고 한다. 제사 시간은 새벽 4시 조금 넘는 때란다. 침궁(寢宮)은 무량전 뒤쪽에 있는데 황제가 있는 동안 휴식을 취하는 장소란다. 침궁은 맞배지붕 건물로 정면의 넓이가 여섯 간이다. 남쪽 부분은 여름에 쓰는 침실이고, 북쪽 부분은 겨울에 휴식하는 곳으로 화로 등의 난방 설비가 되어 있는 것이 보인다.

영성문이 있는데 이 문은 제단 담장에 문 모양으로 만든 것으로 방패처럼 생겼다. 원구단 안에는 24개의 문이 있다고 한다. 문의 윗부분은 구름을 그려서 '운문 옥립'이라고도 부른다고 기록하고 있다. 영성문은 크기가 모두 다르다. 가운데에 제일 큰 문이 있는데, 이 문은 의식 때 '천제'만 사용하는 문이란다. 조금 좁은 문은 황제가 출입하고 제일 좁은 문은 대신들을 다니게 했던 문이란 설명이 있다. 원구대의 남서쪽 변에 망 등대가 있다. 원래는 3개가 있었다고 한다. 등대의 높이는 30여 미터가 된다고 한다. 제사 때는 높이 2미터 둘레 4미터 정도의 큰 등을 달아 불을 밝혔다는 설명이다. 이 등은 조명의 역할도 했고 천등이라고 부르기도 했다고 말했다.

종루(鍾樓)는 재궁 동북쪽 모퉁이에 있는데 겹처마 지붕 건물이다. 종루 안에는 명대(明代) 영락연간(永樂年間)에 제조한 큰 종이 있는데 태화종이라고 부른다. 옛날 제사를 지낼 때면 황제가 재궁을 떠나는 시각부터 종을 울리기 시작하여 제단에 도착해야 종소리를 멈추고, 제사가 끝나서 황제가 어가에 올라 환궁할 때 또 울리기 시작하여 궁에 도착해야 소리를 멈추었다고 설명했다. 건륭종도 있다. 이 종은 종루 밖에 중심길 남쪽에 있는데 청대(淸代) 건륭(乾隆) 연간에 만든 것으로 종도 크고, 공예가 뛰어나고 조형이 살아 숨 쉬는 것 같다고 극찬했다. 재궁에는 외침을 닥아주는 해자호(垓字扈)가 있다.

원구단 주변에는 크고 작은 건물들을 많이 보게 된다. 대단 남부에 위치한 원구단은 명대 가정(嘉靖) 9년에 지은 건물로 제천의식을 거행하는 장소라고 기록하고 있다. 3층 돌계단으로 된 원구대는 본건물에 해당된다. 명대에는 규모가 작고 전면과 난간 기둥 유리도 모두 검은색이었다고 한다. 후 청대 건륭(乾隆) 14년에 규모를 크게 하고 난간과 기둥을 모두 백색으로 하여 현재까지 오고 있다는 설명이다. 제천대라고도 하는 원구대는 3층의 높이이다. 건물의 크기와 품위를 구분하는 서열이 있다. 황제가 사용하면 전(殿)을 쓰고 낮은 순서로 보면 전(殿), 당(堂), 합(閤), 각(閣), 재(齋), 헌(軒), 루(樓), 정(亭)의 순이다. 압구정(狎鷗亭) 하면 제일 규모가 작고, 황제와는 관계가 없는 건물로 보면 맞는다.

고대 음양 학설도 있다. 하늘은 양이고 땅은 음에 속한다고 한다. 홀수는 양이고 짝수는 음이다. '9'는 최대의 양수로 하늘을 의미하고 하늘의 지고 무상함을 의미했다. 원구단은 층마다 모두 구름과 용의 무늬를 양각한 한백옥(漢百玉) 난간으로 되어 있고 매 층의 난간 수도 9의 배수로 되어 있다. 상중하의 세 층은 각각 72개, 108개, 180개로 합하면 360개인데, 이는 1년을 의미한 것이라고 설명했다.

천단의 조경은 고전 건축물의 웅장하고 화려한 궁궐 건축과 여러 가지 단을 볼 수 있다. 주변의 경관도 훌륭하다. 황궁우 밖 북서쪽에는 구룡 측백나무가 보이는데 생김새가 9마리 용이 하늘로 올라가는 형상을 하고 있어 붙여진 이름이라고 한다. 천단 건설 이전부터 있었다는 측백나무는 천년이 되었지만 지금도 가지와 잎이 싱싱하다. 주변에는 백송이 하늘을 찌를 듯이 솟아 있고 화초도 무성하며 다양한 식물들이 자라고 있다. 나무숲 사이에 정자가 있고 휴식 때 쓰는 의자들이 있다. 서쪽에 있는 정자는 송백과 화초 속에 있어 운치를 더한다.

천단 전체가 황실 제단의 엄숙하면서도 자유스러운 분위기가 양립하는, 중국풍의 원림을 보게 된다. 조상을 섬기기 위해 국가가 많은 자금을 투입하여 여러 가지 건물을 짓는 중국의 효 사상은 조선에도 큰 영향을 주었다. 그들의 독특한 문화를 조선이 받아들여 지금도 많은 국민들이 효의 근본으로 삼고 있고, 계속 대를 물려 전승하고 있다.

필자는 시조 이래 1000여 년을 이어온 중국식 효 사상을 버리고 아내와 자식들이 교회를 다니므로 10여 년 전부터 기독교식의 조상을 기리는 방법으로 바꾸었다. 좋은 점도 많으나 마음 한구석에는 아직도 허전함이 많이 남아 있다.

2021. 12. 19.

병마용 박물관

병마용(兵馬俑) 박물관은 진시황릉에서 1.5킬로미터 거리에 있다. 10여 리 거리에 화청지가 있다. 병마용의 뜻은 '흙으로 만든 허수아비 병사와 말'을 말한다. 2000년까지 발굴한 토용이 8,000여 점이나 된다고 한다. 인용들은 질서 있게 좌우 정렬로 서 있다. 고대 전차도 100대나 된다고 설명했다.

병마용은 1974년 양지발(楊志發)이란 한 농부의 감나무 숲 옆에서 발견되었다고 한다. 자기 이름도 못 썼던 농부가 유명해지면서 전시장에서 사인도 해 주며 바쁜 시간을 보내고 있었다. 20여 년 전에 필자와 만났을 때는 '병마용 발견 양지발(兵馬俑 發見楊志發)'이란 글을 써서 주고 같이 기념사진도 찍었다. 어렵게 자필 서명도 받았다. 긴 줄을 서서 한참 만에 촬영할 수 있었다.

병마용 박물관은 커다란 동네로 볼 수 있다. 입구에서 구매한 표는 나올 때까지 잘 보관해야 된다. 내부 여러 곳을 보는데 들어갈 때마다 표를 보자는 곳이 많았다. 안내 영화도 보았다. 내용 중에는 진시황릉 작업, 황하 대홍수, 병마용 작업 과정, 진시황릉 작업 과정, 패왕 항우도 보여준다. 병마용 1호갱은 동부 1호로 1974년 3월 말에 양 씨가 밭이 가물어 우물을 파다가 발견했다는 화면도 나왔다.

병마용 박물관

1호갱은 선정 부대라고 한다. 수천 명 되는 병마용의 키가 큰 것은 197cm, 작은 것은 178cm이며 무게도 110kg이란 설명이 있다. 말(馬)은 실물보다 작게 만들고 사람은 크게 만들었다. 1호 갱은 3개 갱 중 제일 크며 장방형으로 보병과 전차 연합작전의 군진(軍陣)이라고 설명했다. 면적은 1만 5,000평방미터이고 도제병마용은 6,000여 명이다. 전차도 40여 대나 된다.

석용(石俑)은 돌을 갈아 진흙과 이겨서 세 번 굽고 색을 칠한 것이라고 한다. 지하 5미터를 파고 담은 벽을 쌓고 전차로 실어

나르는 통로를 만들었다. BC 210년까지 12년에 걸쳐 만들었다는 기록이 있다. 줄 맨 앞의 병사는 갑옷이 없다. 뒤에 병사들은 모두 갑옷을 입었다. 갱 안에는 파괴되고 불에 그슬린 흔적이 보인다. 항우가 보복하려고 파괴하고 불도 놓았다는 설도 있다. 병마용의 색깔이 다른 것은 불에 탄 흔적이 증명된 것이라고 한다.

갱의 뒷부분에는 넘어지고 파괴된 것이 많다. 말 무리 뒤에 전차가 있던 흔적이 보인다. 머리와 허리까지는 토용(土俑)의 속이 비고 허리 아래는 흙이 꽉 찼다. 바닥에 있는 벽돌은 실험 결과 지금 벽돌 강도의 두 배 이상 단단하다는 설명이다. 8,000개의 병마용 얼굴이 모두 다르다. 병마용의 얼굴은 모두 동쪽을 보고 있다. 초(楚), 연(燕), 제(齊), 한(韓), 위(魏), 조(趙) 6개 나라를 통일할 때 이들 나라가 모두 동쪽에 있었기 때문으로 보고 있다. 발굴 전 발견한 벽돌들은 돼지우리 마당 뜰에 널려 있었어도 소중하고 비싼 벽돌인지 몰랐다고 한다.

2호갱은 내용을 보면 기마 부대다. 6,000평방미터로 1994년 10월에 발견했다는 기록도 보인다. 8여 년 걸려 완공했다. 병사 수는 제일 많다. 사람 뼈도 전시되어 있다. 이 뼈는 진나라 후에 생긴 한(漢)나라 사람들의 무덤에서 나온 뼈로 추정한다. 도자기도 출토되었다. 2호갱은 곡척(曲尺)형으로 보병기병 전차가 상호 보완 작전의 군진이다. 실물 크기에 도제로 된 각종 안마(鞍馬)병용이 900여 구이고 전차가 90대나 된다고 설명했다.

무덤에서 나온 도자기를 보고 한(漢)나라 무덤임을 확인할 수 있었다. 기병부대인 2호갱 주변 옆 둘레에는 미남자 토용 사진을 전시했다. 장군토용(사령관)도 전시했는데 이 토용은 세 개 갱에서 단 한 명뿐이다. 1, 2, 3호갱을 총지휘하는 사령관으로 추정된다. 넓은 광장을 중심으로 우측 전면에 '진 병마용 2호갱 전왕대청(秦兵馬俑 2號坑 全王大廳)'이란 큰 간판이 있고 그 우측에 진시황제릉 문물 진열청(秦始皇帝陵 文物陣烈廳)을 새로 지어서 최신 시설로 내부를 꾸며 놓은 것으로 보였다. 1999년 10월 개장했다는 안내 표시가 있다.

반지하 1층 전시장을 보았다. 1호 2호 차가 전시되어 있다. 옆에는 말 네 마리가 끄는 철 동상이 설명과 함께 실물 크기로 전시되어 있다. 옆방에는 사진 전시실이 있다. 시황제의 치적과 당시 문물을 보러온 많은 고관대작들의 사진도 함께 볼 수 있다. 병마용은 손톱, 발톱, 손금, 머리카락, 눈썹 등 섬세한 부분이 모두 다 있다. 사슴뿔, 짐승 뼈를 놓고 제사를 지낸 흔적도 있다. 초창기라 정리를 못한 탓인지도 모르겠다.

3호갱은 사령부 자리로 추정한다. 일꾼들이 공사를 하다가 완공을 못하고 죽은 것으로 생각된다. 마차 한 대와 토용 68개뿐이다. 주위가 산만하고 어지럽게 널려 있다. 3호갱은 제일 특수하다. 면적도 500평방미터도 안 되고 중앙의 실물 크기의 사마고차(駟馬鼓車)가 한 대 있다. 도제병용의 위치와 의장(儀仗)으로 보아 병마용의 지휘소로 보인다.

진시황 병마용은 수량이 많고 실물 크기에 도제병용의 얼굴 모양이 모두 다르다. 방대한 진열이 놀라울 뿐만 아니라 조각예술도 최고의 수준이다. 동 마차는 주조 제련 공예 수준이 현대인이 보아도 감탄을 금치 못하게 한다. 전국시대 일곱 나라 중 진나라군만 갑옷을 입은 장수가 있다. 갑옷 입은 진나라 군사와 안 입은 여섯 나라 군사들과 싸우니 진나라가 통일의 과업을 이룰 수 있었음은 당연한 결과로 생각할 수 있다.

병마용 박물관은 전 세계에서 제일 완벽하게 보존된 고대 지하 군사 박물관으로 평가할 만하다.

2021. 12. 24.

리우 카니발

리우데자네이루의 이름은 1502년 과나바라만을 발견한 포르투갈의 탐험가가 강으로 생각한 것에서 유래되었다는 설이 있다. 포르투갈 말로 히우데자네이루는 '1월의 강'이라는 뜻이라고 한다. 그 후 영어식 발음으로 '히우'가 '리우'로 바뀌어 '리우데자네이루'가 되었다고 설명했다. 바닷가 주변에 기름진 땅에서 생산되는 여러 가지 농산물과 미나스제라이스주에서 캐낸 다이아몬드와 금의 수출항으로 17세기부터 리우항은 중요한 항구로 유명세를 타기 시작했다고 전해오고 있다.

브라질 2대 도시인 리우데자네이루는 세계 3대 미항의 하나이다. 높은 산 위에는 예수 그리스도의 상도 있다. 브라질 최고의 해안으로 꼽는 코파카바나가 있는 아름다운 항구 도시이기도 하다. 과나바라만을 비롯하여 낭만이 가득 찬 이파네마 해안도 볼

만하다. 리우 카니발 춤은 세계적으로 유명하다.

1800년대 포르투갈에서 독립한 브라질이 브라질리아로 수도를 옮긴 1960년까지 150여 년간 수도였다. 필자도 초등학교 때 세계 여러 나라 수도를 외울 때 브라질의 수도는 리우데자네이루로 배우고 암기하면서 '왜 이렇게 이름이 길지' 하며 외우기가 어려웠던 생각이 떠올랐다. 지금도 큰 도시로 계속 발전하고 있다.

60년대 이후 수도가 옮겨짐으로써 여러 항구의 많은 시설이 어려움을 겪다가 폐업을 하면서 생사의 갈림길에서 밑바닥 생활로 세월을 보낼 때도 있었다고 설명했다. 오랫동안 고통을 겪으면서 어렵게 살았다는 이야기다. 항구 주변에는 수십 년간 폐허로 회복될 기미도 볼 수도 없었고 불경기는 계속되었다고 한다. 경기가 언제 살아날지 예측할 수도 없고 살아날 기미도 찾아볼 수 없었다고 노인들은 회고하고 있었다.

긴 세월이 지나면서 천혜의 아름다운 항구에서 관광사업 등 다각도로 노력하여 오늘에 이르고 있다며 노인 교포는 한숨을 쉬었다. 어려움을 극복하면서 여러 가지 아이디어를 생각해 냈고 얼마 후 브라질을 대표할 수 있는 다양한 축제 콘텐츠를 개발했다고 설명했다. 지금은 브라질을 상징할 만큼 유명해진 리우의 카니발을 개발한 것이다. 매년 2월 하순에 개최하는 축제는 원래는 유럽에서 열렸던 금욕 기간인 사순절을 앞두고 즐기던 가톨릭 축제의 한 행사였다. 이 유명한 축제는 남미 브라질로 건너와 변형시켜 지금과 같은 대규모의 카니발로 자리매김한 것이란 설이 있다.

지금의 화려한 축제는 19세기경 포르투갈 사람들의 의해 생겼다는데 아프리카의 타악기 리듬과 춤 원주민의 문화를 접목시켜 인종을 초월한 브라질의 독자적인 축제로 정착하게 되었다고 한다. 현재 최고의 카니발 팀으로는 에스콜라치 삼바로 총인원이 5천 명이나 된다고 자랑했다. 이 중에서도 A급 그룹이 16개나 된다고 말했다. 최고로 꼽는 '삼보드로모'는 8만 명을 수용할 수 있는 중앙역 근처의 특설대회장에서 많은 관객을 상대로 화려한 무대를 펼친다. 그리 넓지 않아 보이는 이곳은 해마다 2월에 한 번 쇼가 있는 곳이다. 유명한 축제 장소라고 소문이 나서 필자도 8월에 가서 텅 빈 계단과 거리를 한 바퀴 둘러보았다. 한번 끝나면 1년 내내 텅 빈 공간으로 남으니 썰렁하고 쓸쓸하게 느껴졌다. 금년 크게 유행하는 코로나가 계속 창궐하면 이 유명한 축제도 대폭 축소되거나 역사의 뒤안길로 사라질까 걱정도 된다.

코르코바도 언덕은 해발 700여 미터의 높은 산이다. 산꼭대기 못 간 중턱에 1931년 브라질 독립 100주년을 기념하기 위해 만들어졌다는 예수 그리스도상이 높이 서 있다. 브라질의 천재 조각가 다실버유스타의 작품이란 기록이 있다. 높이가 30미터이고 좌우로 벌린 두 팔의 너비가 28미터나 되며 무게는 1,145톤으로 기록되어 있다. 세계적으로 유명한 작품이란다.

예수상의 내부에는 리우 시내 경관을 한눈에 볼 수 있고 코파카바나 해안과 이파네마 해안의 수려한 곡선까지 감상할 수 있는 내부전망대가 있다. 언제부터인가 전망대 출입을 금지시켰다고 한다. 동상 옆에서 보아도 아름다운 전경을 모두 볼 수 있다. 얼마 전 남쪽에서 촬영하기 좋게 수리했다는 기사를 보았다. 십여 년 전에 갔을 때 스위스제 케이블식 등산열차를 이용했다. 코즈메베르 역에서 약 20분이 걸렸다. 전차에서 내려 많은 계단을 오르고 에스컬레이터를 탔다. 이곳에서 또 다른 케이블카를 타고 10여 분 더 올라가니 리우시 전체를 볼 수가 있었다. 한눈에 보이는 해안의 아름다움은 나도 모르게 감탄이 저절로 나오게 했다.

브라질의 수도를 빼앗기고 오랫동안 어렵게 살던 국민들이 관광업 개발과 카니발 춤 등 여러 가지 아이디어를 개발하여 세계적으로 유명한 도시가 된 것은 리우 시민들의 끊임없는 노력의 결과로 높이 평가해야겠다. 누구나 노력하면 잘살 수 있다는 교훈을 얻은 사례로도 기록될 것이다.

2021. 12. 29.

시안 박물관

산시성 역사박물관을 구경했다. 정문을 들어가면 대부분의 관광지는 입구에 상품 판매장을 거치는 구조다. 여기는 다른 박물관과는 다른 모양이었다. 전시실로 들어가면서 현관 안쪽에 넓은 광장이 있다. 전면에 시안의 대표적인 상징물이 있다. 초대형 그림인 황토고원과 황하의 홍수 장면이 앞을 막으며 눈을 놀라게 한다. 그림 아래에는 큰 사자가 서서 일행을 쳐다본다. 사자는 대안탑 스님 어머니 무덤에서 출토된 것이라는 설명이 있다.

1층부터 화살표 방향으로 보기로 했다. 고대(古代)관을 보았다. 115만 년 전에 고대 화석 인종이 살았던 마을의 모형을 보았다. 옆에는 6,000년 전 모계 씨족사회 마을을 재현해 놓은 것도 보았다. 자식은 어머니 성을 따르고 여자가 돈을 벌어 오고 남자는 집에서 지금 여자들이 하는 일을 모두 했다는 내용이다.

다음 줄에는 하나라 상나라 은나라 주나라 시대의 여러 가지 유물을 전시해 놓았다. 1984년 장안 장기파에서 출토되었다는 서주(西周)시대의 검은 돌로 된 석관(石棺)도 보았다.

진시황릉 근처에서 발굴한 2호 동마차(銅馬車)도 보았다. 각종 토기 철기 청동기등 하(夏)나라 상(商)나라 주(周)나라 진(秦)나라까지 여러 나라에서 발굴한 것도 기록을 보고 알 수 있었다. 여러 나라 전시물들이 전시실의 넓은 면적을 안배하여 차지하고 있었다. 관심 있는 것을 자세히 보았다.

2층 제2전시실을 보았다. 한(漢)나라 때 유품이 많이 전시되어 있다. 한나라 역사 유물은 대부분이 무덤 안에서 발견되었다. 수만 개의 서면 문서가 지금까지 내려왔으며 나무판과 대나무가 대부분이다. 정치 경제 사회 문화 등 다양한 내용들이 간단한 설명과 함께 전시되어 있었다. 복잡한 내용의 정치적 혼란과 전투 후 처형 등의 내용도 있다. 역사의 기록은 수학적 문제와 대규모 인구의 변천도 볼 수 있다. 역대 왕조들의 변화한 제국의 시대상도 볼 수 있었다.

진(秦) 위(魏) 남북조(南北朝) 시대 전시물도 다양하게 전시되어 있다. 북방민족 통일에 대한 많은 자료들과 민족 융합에 따른 각종 전시품들이 다양하다.

2층 북쪽에 제3전시실이 있다. 이곳은 당나라 때 문물 전시장이다. 수나라와 당나라의 장안성 출토무늬 기와가 전시되어 있다. 경제 사회 동물 모형 농기구 등 각종 조각품들도 여러 가지가 전시되어 있다. 당삼채(唐三彩)와 당대 자기(磁器) 분포도 및 삼채(三彩) 건축모형도 있다. 당나라 때 유적과 진나라 때 유굴 등은 1959년 시안시 서교중보촌 당묘에서 출토된 것을 포함해서 많은 것을 볼 수 있었다.

문화 오락 내용들도 전시되어 있고 당나라 때 외교 교통도로도 설명해 놓았다.

끝쪽에는 송원명청(宋元明淸)을 한데 묶어 전시하고 있다. 천년의 사회생활 중 변화된 복장 종교 골동품 등 각종 전시물을 많이 보았다.

시안지방에서 출토된 하(夏)상(商)주(周)시대부터 청나라에 이르는 5,000년의 역사 동안 묻혀 있던 보물들을 찾아 출토한 것 중 귀중한 것만 골라 전시해 놓은 소중한 자료실이라고 한다. 시안 박물관은 중국 역사의 축소판 같이 느껴졌다. 규모는 작지만, 내용은 짭짤하다고 생각했다.

2021. 12. 31.

대국에서 강국으로

상하이 엑스포에서 중국관을 구경했다. 전시한 전체 국가 중 최대 규모다. 건물도 특이한 건축 양식이다. 중국 본토 지방관 및 홍콩 마카오 타이완관으로 구분되어 있다.

1층 현관에서 중국관 관장이 안내를 하며 간단한 설명을 해 주었다. 제한된 시간에 모두 볼 수가 없어 중요한 것만 골라 안내자의 설명을 들으면서 다녔다. 입구 정면 쪽에 진짜 금으로 만든 해바라기 꽃과 다른 꽃이 섞여 있는 화단을 보았다. 중국의 화합을 뜻하는 두 종류 이상의 꽃이라고 한국어로 설명했다.

본관에서 거대한 영화관으로 들어갔다. 중국 근세 몇십 년을 엮은 영화를 관람했다. 대형 화면을 통해 근세 농촌에서 도시로 이동하여 발전되는 모습을 입체적으로 보여주었다. 가난했던 수십 년 전에서 건설업으로 발전해 가는 20년 전까지를 역동적으로 보여 주었으며, 10여 년 전 IT와 자동차로 이어지는 발전상도 잘 묘사하고 있었다. 1970년에서 2005년까지 농경사회, 공업사회, 제3의 물결 등 구분하여 그때그때 일어났던 큰 사건들을 영상화하였다. 1993년 인공위성을 띄웠던 것과 미래 2030년까지 각 분야의 상상도 상영으로 보여 주었다.

녹색성장관에서는 1년에 243제곱미터에서 쌀 100kg을 생산하는 실내재배 과정을 볼 수 있었다. 전기와 불을 이용한 인공 햇빛과 물을 주고 비료는 소량을 준다는데 잘 자라고 있었다. 햇빛 없이 식물을 재배하는 첨단 농사 기법을 개발한 것이다. 옆에 있는 생화와 수묵화 전시실을 보고 그들의 뛰어난 묵화 재즈에도 감탄했다.

맞은편에 9세대가 사는 3층 연립주택이 평범하게 보이더니 갑자기 영상으로 바뀌면서 엑스포를 기념하는 210명의 유명인 얼굴로 변했다. 카드섹션 하듯이 여러 형상이 바뀌면서 여러 가지 많은 것을 보여준다. 종합하면 유구한 중국 문화의 잠재력을 나타내는 동방의 으뜸 발전을 거듭하는 중화, 천하의 곡창지대, 부유한 백성이라는 심오한 뜻을 내포한 관과 녹색성장, 환경보호, 차별화된 혁신 프로젝트로 대별할 수 있었다.

상하이 엑스포의 의의와 효과를 생각해 보았다. 개도국 최초 최대 공인박람회와 도시를 주제로 하는 녹색환경올림픽이라고 설명했다. 여러 곳을 보면서 중국 정부의 역량을 총 집결하여 추진

하는 국가 시책으로 요약한 것임을 느낄 수 있었다. 효과로는 국가 브랜드 제고로 미국과 함께 G2로 부상한 중국의 경제 외교력을 세계에 과시하며 국가계획과 산업조정을 전 세계에 소개하고 있다는 생각을 했다.

건축 물류 호텔의 다양한 산업 발전과 수천만 명의 고용 창출을 기대하며 장강 삼각주의 고정 자산 투자 증가를 기대하고, 엑스포 관람객의 상하이 및 주변 도시의 관광을 기대하고 있음도 짐작할 수 있었다. 태양에너지 친환경 분야 전기자동차 수소자동차 등 에너지 사용기술 홍보의 효과를 기대하고 있는 것도 박람회의 숨은 목적이 있는 것으로 판단했다.

엑스포 관람인들은 모두 자유분방하고 밝은 표정으로 가족 단위로 구경을 하고 있었다. 옷도 깨끗하고 행동도 세련돼 보였다. 인구 14억 명에서 7천만 명이 관람하면 인구의 1/20이 된다. 입장료는 한화로 3만 원인데 중국 경제 수준으로는 비싼 가격으로 생각했다. 필자는 중국관과 상하이관을 관람한 후 점심시간인데 주변 식당을 찾았으나 모두 만원이라 할 수 없이 차에서 도시락으로 점심을 해결하였다.

하루 종일 한국관, 조선관, 일본관, 미국관을 구경하면서 여러 가지 생각을 했다. 지금의 중국이 대국에서 강국으로 변하고 있음을 확인할 수 있었다.

2022. 1. 2.

마음대로 외국 여행은 언제일까?

홍콩이 세계적인 관광도시로 널리 알려진 것은 100여 년간 영국이 통치하면서 무역 금융의 중심지로 만든 것이 이유라고 생각한다. 관광의 활성화도 한몫을 했다고 판단된다. 좁게는 높은 산 위에 있는 해양공원을 널리 알려 관광객을 모으는데 크게 기여한 것 같다.

공원의 위치를 보면 악산 중에 악산 꼭대기에 있다. 풀 한 포기 나무 한 그루도 제대로 자랄 수 없는 폐허의 산이다. 섬 전체가 최악의 땅이다. 먹는 물도 부족하고 농경지는 쓸모 있는 땅이 거의 없다. 이렇게 조건이 알맞지 않은 것을 국민들이 합심하여 적절하게 가꾸어 놓은 것이다.

해양공원을 올라가기로 했다. 빅토리아 공원에서 입장료를 내고 주변의 특이한 경치를 감상하며 한참 올라가니 케이블카가 보였다. 탑승 정원이 4명이다. 100여 개가 되어 보이는 케이블카는 밀려드는 관광객을 실어 나르느라 쉴 사이 없이 움직이고 있었다. 케이블카를 타고 홍콩에서 제일 높다는 해발 554미터의 정상으로 향했다. 케이블카 속에서 바라보는 홍콩의 주변 경관이 시시각각으로 변화하는 것을 느낄 수 있었다. 참으로 장관이었다.

아내와 단둘이 타고 15분가량 가는데 손바닥에 땀이 나고 현기증도 약간 나서 바로 아래쪽을 자주 볼 수가 없었다. 아내도 긴장하는 모습이다. 몇 년 전에 같이 왔을 때는 아래 산에 나무가 별로 없었고 풀벌레와 검은 돌과 바위가 많이 보였었다. 지금은 8월 중순이라 그런지 풀도 많고 나무도 제법 자라서 몇 미터 되는 나무도 드문드문 보였다. 먼저 왔을 때는 어지럽거나 현기증이 나지 않았었다. 그냥 멋있어만 보였는데 세월이 가서 조금 어지러운 증상이 나타나는구나 생각했다. 더 늙기 전에 오기를 잘했다는 생각이 들었다.

해발 398미터 높이에 있는 산성역에 내리니 주룽(九龍) 시를 비롯하여 홍콩의 아름다운 전모를 한눈에 바라볼 수 있는 좋은 위치였다. 끝없이 넓게 펼쳐진 홍콩의 앞바다와 올망졸망한 크고 작은 섬들이 보인다. 옆을 보면 빽빽이 들어찬 도시의 빌딩들이 조화를 이루어 자연미를 새롭게 연출하고 있었다. 마치 한폭의 유화를 보는 것 같은 절경에 눈을 뗄 수가 없었다. 해양공원 입구를 향해 계속 올라갔다.

맨 꼭대기에 올라가니 해양공원 입구가 나타났다. 이곳의 명물은 뛰어난 절경 말고도 우리가 구경할 4층으로 된 초대형 수족관이다. 수족관은 지하에 설치되어 있으며 수없이 많은 크고 작은 여러 종류의 고기들이 온갖 묘기를 부리고 있었다. 4층에서부터 빙빙 돌아 내려오면서 수족관을 구경하노라면 어느 사이 1층까지 내려오게 된다. 눈에 익은 고기도 보였지만 대부분 처음 구경하는 신기한 고기들이다. 눈에 잘 보이지도 않은 작은 고기도 있다. 상어, 악어 같은 무서운 고기도 보인다. 바닷속 깊이 들어와서 해저탐험을 하고 있는 듯한 착각 속에서 지하 수족관을 구경했다. 지하지만 실제는 높은 산 정상에서 파서 만든 산꼭대기에 있는 지하다. 각 층별로 특징을 살려 최신형으로 꾸민 수족관의 거대함과 화려한 네온 빛은 몇 번을 보아도 볼 때마다 감탄하게 했다.

몇 년 전 오키나와를 갔었는데 제일 크다는 수족관을 방문했었다. 규모가 그리 크지는 않았으나 맨 아래 칸에 4층 높이의 큰 수족관을 보았다. 상어같이 사람도 잡아먹는다는 큰 고기를 보았다. 길이가 12미터가 넘는다는 큰 고기인데 한 마리에 10억 원이 더 간다고 설명한다. 오래 살아야 두 달 산다고 한다. 그래도 비싼 돈을 주고 사 오는 이유는 그 고기가 있으면 관람객이

30% 증가하여 흑자를 내지만 없으면 수족관 운영이 어려울 정도로 적자가 난다고 한다. 큰 바다 어디에서 잡아 온다는데 두 마리가 한 쌍이 되어 같이 다닌다. 25년 전에 갔을 때는 보지 못한 고기다.

인기 있는 어종이라 홍콩 해양박물관에도 지금은 있는지 모르겠다. 중국으로 반환된 후에는 수족관을 가 보지 못했다. '코로나 19' 사태 이후 얼마나 지나야 해외여행을 자유롭게 할 수 있을지 알 수가 없다. 세계여행을 마음대로 다녔던 그때가 그리워 오래된 여행 경험을 생각해 보았다. 세계 여러 나라를 마음대로 다닐 수 있을 때는 언제일까?

2022년 1월 4일

서태평양의 낙천적인 나라

최근 몇 년 동안 태평양 한가운데 있는 괌이 젊은 가족 단위로 각광을 받았던 여행지였다. 미국령인 괌은 기원전부터 원주민인 차모로(chamorro)족이 살아온 땅이다. 원주민은 뼈대가 굵고 키가 작으며 옆으로 퍼져 뚱뚱하다. 동남아시아 인과 비슷한 점이 많다. 어업에 종사하는 어부들도 많다. 판매하는 상품을 보면 정교한 공예기술과 도예 기술이 뛰어난 종족으로 보였다. 몇 년 전에는 사이판으로 골프여행을 하고 괌에 와서 관광을 하고 귀국할 때도 있었다.

지난 몇 세기 동안 외인의 침략을 받고 살아서인지 생활 습관과 행동을 보면 많은 변화를 겪었음도 짐작할 수 있었다. 최초의 정복자는 스페인의 마젤란이다. 차모로족은 웃기도 잘하고 노래도 잘 부르고 춤도 잘 추었고, 사냥과 낚시도 즐기는 사람들이라고 평한 기록도 있다. 큰 돌 위에 집을 짓고 살았던 옛 유적도 곳곳에서 보았다. 넓게 보면 필리핀과 멕시코 사이에 위치해 있으므로 금과 상품을 실은 스페인 선박들이 정기적으로 정박하는 간이 정박지가 되었다고 설명했다. 그 영향으로 스페인의 가치관 즉 정치조직 경제 등이 자연스럽게 차모로족 생활문화에 혼합되는 계기가 된 것으로 추정할 수 있었다.

괌은 마이크로네시아에서 가장 국제화된 나라로 볼 수 있다. 차모로 원주민이 반 가까이 되고 필리핀 사람이 25% 백인 10%, 미국 본토 사람 외에도 만여 명이 넘는 한국인과 중국 일본인이 살고 있다고 한다. 주변 군도 주민과 소수이지만 월남인 인도인 유럽인들도 살고 있다는 설명이다.

괌의 전통문화는 정복자가 여러 차례 바뀌면서 부수적으로 따르는 문화의 파란에도 불구하고 꾸준히 그 맥을 이어왔음을 느낄 수 있었다. 괌 주민의 90% 정도가 가톨릭 신자라고 하는데 이는 스페인 지배의 영향이 큰 것으로 생각했다. 개신교 신자도 있으나 그 수는 미미하다고 설명했다. 17세기 이래 가톨릭 성당들은 마을의 중심이 되어왔다고 했다.

지금도 마을마다 그들이 존경하는 성자가 있고 그의 기념일에는 전체 섬 주민이 초대되어 성대한 잔치를 베푼다고 한다. 가족들은 지금도 세례 파티, 결혼식, 9일 기도, 장례식, 추모 기도 등 스페인식의 의식을 행한다고 설명했다. 스페인과 필리핀의 영향은 남부의 건축물이나 필리핀 여성의 전통 의상인 메스티자라는 여인들의 옷에서도 볼 수 있다.

차모로족의 생활에서 빼놓을 수 없는 것이 음식과 음악이다. 뛰어난 음악은 호리병박과 팽팽한 밧줄로 만들어진 벨렘파오투얀(Belemfaotuyan)이란 전통 악기의 연주이다. 아름다운 세상 만들기란 의미의 칸탄 차모리타식 노래는 수세기 동안 가장 즐거운 대표적 오락이 되어 오고 있다고 자랑했다. 전통적으로 이 노래는 수직공예, 옥수수 껍질 벗기기, 망 낚시 등 장시간 단체 작업 때에 흥을 돋우고 지루함을 없애기 위해 불리던 노래란다.

현대음악도 축제 결혼식 또는 가정파티 등 사교 모임에서 중요한 역할을 하고 있다고 설명했다. 이때 불리는 노래는 차모로, 아메리칸, 필리핀, 일본가요 등이 다양하게 등장한다고 설명했다. 전통예술도 현존하고 있으며 열대식물 판다누스(Pandanus)나 코코넛 나무껍질 등 천연직물로 짠 여러 가지 크기의 바구니, 지갑, 바닥깔개, 벽걸이 등을 만들어 전통을 이어가고 있다고 자랑했다.

조각공들은 이필나무 망 그로브 코코넛 파로나무 등의 재료로 테이블 기념패 사람 및 동물상 기타 가구용품을 만들어 판매도 한다. 축제일은 설날 괌 발견의 날, 부활절과 괌 해방 기념일, 7

월 4일 미 대륙 발견의 날 추수감사절이 있다. 해방의 날 기념행사에는 특별히 관광객이 많이 모이는데 암울했던 억압 당시를 떠올리기보다는 기쁨에 찬 축제일로 즐긴다고 한다. 낙천적인 그들의 정서와 축제를 통하여 먹고 마시고 즐기면서 일상을 벗어난 특별한 감을 느끼는 특유의 습성에 기인한 것 같다. 해방 기념축제의 주제는 매년 바뀌는데 그 주제에 따라 운행열차의 디자인 축제 분위기의 빛깔 등이 달라진다는 설명이다.

그밖에도 괌 사람들은 거의 매일 피에스타라고 하는 크고 작은 축제가 있다고 한다. 탄생축제, 결혼축제, 장례축제, 이사축제 등 기회만 있으면 축제를 열어 함께 어우러지고 즐긴다고 설명했다. 축제에는 많은 음식들이 준비되고 찾아오는 사람도 누구나 함께 먹고 마실 수 있게 후한 인심을 쓰기 때문에 이곳에서는 굶는 사람이 없다고 한다. 음식의 대부분은 초대하는 사람이 준비하는 것이 아니고 초대받은 사람이 한 가지씩 준비해 오게 되어 있다고 한다. 결혼식 행사도 피로연 때 집에서 음식을 준비해 가지고 가서 결혼식장인 성당에서 함께 음식을 먹는단다. 파트럭(Potluck)이라 해서 하객 각자가 가져가는 때도 있다는데 주최 측의 부담을 덜어주기 위한 관습으로 생각된다.

괌은 특이한 역사와 독특한 축제 문화와 음식 문화를 가진 건전한 미국의 자치령이다. 지루하지 않게 관광을 즐길 수 있는 좋은 곳으로 보였다. 지금 가면 전통적인 축제도 거의 볼 수 없다. 30여 년 전 필자가 갔을 때는 안내자가 민속행사 하는 곳을 찾아가서 여러 가지 장면을 볼 수 있었다.

괌은 거제도와 비슷한 크기다. 크지 않은 면적인데 북쪽에 군기지가 있고 좁은 남쪽에 관광지가 몰려 있다. 그래도 많은 민속행사를 볼 수 있다. 지금도 젊은 부부들이 많이 좋아하는 관광지라고 설명했다. 지난해 딸네 식구들이 며칠 다녀와서 손자들이 만족해하는 얼굴을 보고 흐뭇한 시간을 보내기도 했다. 축제와 음식과 음악을 즐기는 낙천적인 사람들로 보였다. 골프여행과 관광으로 아내와 몇 번 다녀왔으나 또 가 보고 싶은 관광지이다.

2022. 1. 6.

어떻게 이런 일이

가랑비가 오락가락하는 오후였다. HDI 인경회 친선골프대회가 제주에서 열렸다. 본 대회 하루 이틀 전에 주최 임원들과 선수들이 현장답사를 겸해 프로암 경기 비슷한 경기를 했다. 처음 가본 골프장이다. 시합에 대비해 홀마다 공략 포인트를 찾아 머리에 메모했다. 대체로 까다로운 코스로 보였다. 특히 핸디캡 홀은 유심히 살폈다.

회장 배 친선골프 시합이라도 미리 준비를 단단히 했다. 시합 2주 전부터 매일 퍼팅을 200개 이상 연습했다. 골프공도 30여 년 동안 한 가지만 사용했는데 제주 가서도 연습한 공만 사용했다.

시합 날이 왔다. 참여한 선수들은 연령층도 30대부터 80대로 다양해 보였다. 80이 넘은 몇 명도 출전한 것이다. 특유의 제주

날씨는 전전날 비가 와서 자기 거리내기가 힘들었다. 두 번째 샷이 넓은 물을 건너야 하는 홀이 있다. 세컨에서 그린이 안 보이는 파4 홀은 더욱 어려워 보였다. 속칭 개미허리 홀은 샷 하나하나가 정교함을 요구했다.

주최 측이 편성한 조별로 모였다. 상대를 보니 막강해 보였다. 전전 회장은 몇 년 전에 함께 한 번 운동한 경험이 있는 젊은 실력자다. 함께한 현 회장은 조찬모임에서 어쩌다 만나도 먼발치에서 목례 정도 하는 사이다. 당일 명함을 건네고 다시 인사를 했으니까. 좋은 체격을 가진 후배는 5년의 경력자라고 소개했다. 운동을 시작했다. 비는 안 왔으나 날씨는 흐렸다. 전전날 온 비로 그린 조건이 별로 안 좋았다. 아웃코스는 공격적인 게임보다 안전 위주로 운영했다. 대형사고 없이 나인 홀을 마쳤다. 60대

장타자를 보면 기가 죽기도 했다.

인코스인 데일리 코스 2번 홀에 왔다. 속칭 개미허리 홀이라고 하는 곳이다. 파5의 어려운 홀이란다. 드라이브를 목표대로 잘 보냈다. 두 번째 샷은 코스 매니저가 앞에 보이는 큰 나무 우측을 보고 공략하란다. 두 번째 샷이 약간 오른쪽으로 갔다. 정타를 맞지 않고 약간 슬라이스가 나면서 거리를 손해 보았다. 급히 낮은 언덕을 넘어 아래를 보니 공이 산 밑 내리막에 걸려 있다. 직감으로 위기라는 생각이 들었다.

볼 앞에 와서 공략 방법을 찾아야 했다. 일단 내리막 샷이니 제 거리를 낼 수는 없다. 그린의 핀은 보이는데 핀 방향으로 공략하려면 100미터가 넘는 물을 건너야 한다. 대단히 위험한 방법이다. 바로 앞 그린 중앙으로 치려니 아름 들이 큰 나무가 많은 가지를 거느리고 앞을 막고 버티고 서 있다. 바로 나무를 넘기기는 어려운 상황이다. 나무 왼쪽을 보고 공략해야 되는데 개미허리 가운데 쪽 지형이 여유가 없는 비탈에 OB지역 같았다. 나무를 용하게 넘겨도 뒤쪽에 벙커가 입을 벌리고 있다. 공략 방향이 마땅치 않았다. 벙커는 핀에서 30여 미터 왼쪽으로 큰 나무 바로 뒤쪽 방향이다.

짧은 시간에 내 실력에 맞는 정확한 판단을 해야 하는 순간이다. 우드 9번을 선택했다. 공은 큰 나무 왼쪽 끝 1미터 방향으로 가볍게 날아 좌측 개미허리 안쪽으로 향했다. 대성공이다. 40여 년의 경험을 살려 부드럽게 샷 한 대로 나무 좌측 가지 옆을 통과해서 벙커 앞에 안착했다. 핀까지 남은 거리는 50미터 정도, 4타를 핀에 붙이면 파는 무난할 것 같았다. 피칭웨지로 젖은 풀을 쓸면서 가볍게 친 샷이 1미터 이내 붙어 무사히 파 세이프를 했다. 이 홀이 오늘 시합의 승패 갈림길로 판단했다.

점심이 끝나고 시상식이 진행되었다. 니어 홀에서 가까이 붙여서 근접상이나 해당되나 생각했다. 하지만 시상자 호명에 근접상은 박 회장 부인이 수상했다. 모든 상이 거의 끝나고 우승만 남은 상황이다. 기대 없이 옆 사람과 작은 소리로 대화를 나누는데 우승자를 호명했다. "이번 대회 우승은 79타를 기록한 윤백중 회원입니다." 장내는 놀라는 기색이 보였다. 여기저기서 수군수군하는 소리가 들렸다. 홀은 잠시 어수선했다. 80이 넘은 노인이 우승이라니! 우레와 같은 기립 박수도 받았다. 푸짐한 상품도 받고 여러 사람들의 축하도 받았다. 서귀포 일정은 대만족이었다. 심사는 신 페리오 방식이었다. 어떤 방식이든 잘 친 선수가 유리하다.

어떻게 이런 일이….

2022. 1.

양귀비 춤

시안은 중국 7대 고도(古都) 중에서 으뜸으로 꼽는다. 로마 아테네 카이로와 더불어 세계 4대 문명지로 불린다. 지금까지 발굴한 관광 자원도 풍부하다. 시급 이상 중점 문화재 보호 단위가 100여 곳이며 진(秦)유적과 고 능묘(陵墓)가 수천여 개소, 출토된 문화재만도 10만여 점이 넘는다. 많은 유물이 국내 최초이고 유일하다. 세계에서도 보기 힘든 진귀한 보물들이 많다고 시안박물관 안내인이 설명했다.

하지만 시안은 아직도 빈곤 도시 중 하나다. 일할 때 너무 더워서 일을 못하기 때문에 가난하다고 한다. 넓은 평야에는 밀과 옥수수를 심어서 10월에 거두고, 또 밀을 심는 2모작 농업을 한다. 여러 해 전 북한에 옥수수를 보낸 것도 이곳에서 수입하여 보낸 것이라고 자랑했다. 시안의 북쪽 지역은 한중분지라 부르는데 이곳에는 연 강수량이 벼농사에 적합한 수량이라고 한다. 우리나라같이 벼가 주종이다.

몇 년 전 구정 때 시안을 갔었다. 시안은 내륙 지방이라도 연중 눈이 별로 오지 않는 곳이라고 한다. 그해 구정 때 눈이 제법 내려서 즐거워하는 사람들을 많이 보았다. 몇십 년 만에 많이 내린 눈이란다. 시내 번화가는 야경이 홍콩에 비길 만하다. 그런데 교통 질서가 엉망이다. 교통순경만 없으면 신호등이 필요 없다. 건널목이 따로 없고 아무 곳으로나 차 사이로 건너다닌다. 지금은 질서가 많이 잡혔다고 한다. 이곳에도 자전거는 다른 중소 도시와 다를 바 없이 많다. 시안은 지금도 실크로드의 출발점이다. 실크로드를 통하여 여러 가지 상품이 드나드는 도시다.

진시황제의 많은 유물 중 병마용을 가 보았다. 1974년 시안 동쪽 교외에서 발굴한 진시황제 병마용을 처음 발견한 농부 양지발 씨와 전시장에서 만나 같이 사진도 찍었다. 함께 발견한 동 마차(銅馬車) 1호 2호는 세계 8대 기적으로 꼽힌다는 기록도 보았다.

시안 성벽은 13개 왕조의 도읍지 중 유일한 성벽이다. 650여 년이 지났어도 깨끗하게 잘 보존되어 있다. 이 성은 명나라 주원장이 쌓았다고 한다. 주원장의 큰아들이 시안시 왕이었다고 한다. 성곽은 74개의 계단을 올라가 위에서 사방을 볼 수 있다. 큰 벽돌과 석회, 진흙을 쌀뜨물로 반죽하여 만든 장방형 성곽으로 8년 동안 공사를 해서 완성했다는 설명이 있다. 성에는 동서남북에 문이 하나씩 있다. 성을 쌓았던 명나라 때는 4대문이 역할을 분담했다고 설명했다.

남문은 황제만 다니는 문이었다. 동문은 생활필수품을 들여오던 문으로 일명 조양문(朝陽門)이라고 불렀다. 지금도 동문 위에는 조양문이란 현판이 걸려 있다. 방직성이라고도 부른다. 북문은 제일 한산하고 널찍한 공간이 있어 관광객이 모두 이곳에 와서 성곽을 관광한다. 북문은 옛날에는 외교 사절들만 다니던 문이라고 한다. 지금 문의 이름은 안달문(安達門)이다. 현판 위쪽에는 고성제일문(古城第一門)이란 현판도 보인다. 또한 북문은 빈곤성이라 부르며 가난한 사람들이 사는 지역이다. 서문은 실크로드로 가는 문이다. 서구의 문물이 이곳을 통해 나가고 들어온 무역의 통로라고 할 수 있는 문이다. 전자성이라고도 하며 현재 수백 개의 외국 기업들이 입주해 있다. 지금은 남문 근처가 제일 발전되고 잘사는 사람들이 많다고 설명했다.

지금은 우리나라도 여러 기업들이 시안에서 사업을 하고 있다. 이곳도 빈부 격차가 점점 심화되고 있다고 걱정하고 있다. 외국인을 포함하여 자국민도 모두 교육비는 자부담이다. 국가는 무상교육이 없다. 돈이 없으면 공부를 못 한다. 이곳도 차츰 남녀가 평등해지고 부부는 더욱 평등해지고 있다. 남자가 직업이 없으면 시장 봐 오고, 애 보고, 집안 청소, 빨래도 해야 한다. 그래서 직업이 시원치 않은 중국 남자는 조선족 여자를 좋아한다. 조선족 여자는 남자가 놀아도 여자가 해야 하는 일을 모두 잘한다니까.

시안에도 고층 빌딩이 많다. 중앙 사거리 동쪽은 대단히 번화한 거리다. 네온도 번쩍이고 대형 백화점도 여러 개 있다. 성(城) 주위에 네온이 화려하다. 이 네온은 1년 중 춘절(구정) 때 15일만 밝힌다고 한다. 저녁에 '당악무'라는 연극을 구경했다. 일명 '양귀비 춤'이라고도 한다. 양귀비는 당나라 현종의 비로 중국 역사에 절세미인으로 알려진 사람이다. 양귀비가 나오는 중국의 전통 춤으로 유명한 공연이라고 해서 갔다. 기대의 못 미치는 공연이었다. 재미가 없었다. 자막도 없었다. 긴 옷을 펄럭이며 계속 먼지만 날려 숨쉬기도 불편하고 코가 매콤했다. 여행 마지막 날이라 뒷맛이 꽤 오래갔다.

2022년 1월

뱀을 물리친 여인

역사를 보면 멕시코 시티에는 스페인이 정복하기 전까지는 고대 문명의 수도로 번영하고 있었다. 정복당한 후 300년 동안 식민통치로 고대 아스텍 도시를 폐허로 만들어 버렸다. 그래도 멕시코 사람들은 과거 자기 나라를 빼앗은 스페인계 후손들을 증오하거나 편 가르기를 하지 않는다고 말했다. 3세기 긴 세월 동화가 되어서 같은 민족으로 융합되어 한민족으로 생각하는지 모르겠다. 한일관계와는 전혀 다른 느낌이다.

한국에서 이민(移民) 온 후손들의 사는 모습을 알아보았다. 500여 년 전에 지은 멕시코의 수호신 과달루페 성모를 모시는 사원도 가 보았다.

멕시코에는 한국인 1세대들은 거의 없고 2~4세대들이 살고 있다고 한다. 4세대 대부분은 한국어를 모른다. 멕시코 시티에는 만 명 이상이 거주하고 있는 것으로 추정했다. 멕시코 시티에 있는 한인회에 가서 한국인들의 생활상을 묻고 자세히 설명 들었다.

주거 환경은 좋지 않아 보였다. 높은 지대여서 산소도 부족하고 지진지대에 속해 있어 위험하다는 생각을 했다. 부유한 계층이나 출퇴근에 관계없는 사람들은 외곽으로 나가서 사는 사람들이 많이 있다고 설명했다. 멕시코는 치안이 매우 불안하여 안전한 부유층이 거주하는 지역의 임차료가 매우 비싸다고 한다. 의료는 대부분이 사회보장 보험에 가입하여 병원 진료비는 무료라고 한다. 그러나 외국인도 현지법인 직원으로 사회보장 보험에 가입하지 않았으면 별도의 의료보험에 가입해야만 수혜를 받을 수 있다는 설명이다. 일류 종합병원은 시설이나 의료진도 최고의 수준이란다. 이런 병원은 의료 수가가 대단히 비싸서 1회에 100달러 정도라고 귀띔했다. 하루 입원하면 보통 주사액 포함하여 1,000달러가량 지급해야 된다고 설명했다. 치과도 충치 한 개 치료에 100달러 정도로 비싸다고 말했다. 약품의 매입은 의사의 처방전이 필수이나 가벼운 증상의 경우 약국에서 구입할 수 있다는데 우리나라와 비슷했다.

여가 생활은 외각으로 나가면 온천 등 휴양시설이 많다고 한다. 각종 음악이나 공연은 예술의 전당에서 수시로 열려 자유롭게 볼 수 있다고 말했다. 치안 상태는 불안하여 조심해야 된다고 조언했다. 야간에 도심을 혼자 다니는 것은 위험하다며 주의하라고 알려준다. 한국인 식품점이 많이 있어 식품 조달에는 어려움이 없다고 이야기했다. 공산품은 비싼 편이나 과일 채소류와 고기류는 한국보다 싸다고 한다. 한국인이 운영하는 이발소와 미장원도 시내 곳곳에 있어 생활에 불편이 없다고 설명했다. 공중목욕탕도 있고 구두닦이도 있어 이용에 불편함이 없단다. 의류나 가전제품은 서울보다 많이 비싼 편이라 한국에서 수입하기도 한다고 말했다. 상품 구매에는 슈퍼 체인이 잘 되어 있어 편리하고 재래시장은 한국과 같이 점포들이 밀집되어 있는 도매상과 소매시장으로 구별되어 있다고 한다. 이런 시장들은 저가품을 취급하기 때문에 서민들이 애용하고 있다는 설명이다. 이곳에도 도깨비시장이 있다. 재래시장과 비슷하나 상품 중에는 밀수품이나 장물인 경우가 있어 정상가격보다 낮은 품목도 볼 수 있지만 조심하란다. 모두 현금을 요구하고 반품은 받지 않는다고 설명했다.

보통 165제곱미터 크기 아파트의 월 임차료가 3,000달러 정도 된다고 말했다. 주택을 임차할 때 부동산 수수료는 전액 임대 업자가 부담하고 소개비는 보통 한 달분 임차료를 지급한다고 말했다. 임대료 인상은 물가 상승률을 참작하고 우리와 같이 양자 합의로 조정하는 방법이 일반적이라고 했다. 주택 임차 시 한 달분 선금을 내고 해약할 때 계산하는 식이다. 가구가 없는 주택이 대부분이며 있으면 15% 정도 임차료를 더 지급하는 것이 관습

이라고 한다. 교육은 정식으로 한인 학교는 없었으나 한인 사업가의 성금으로 건물을 매입하고 이곳에서 한국어 교육을 실시하고 있다고 말했다.

멕시코 시티 북쪽에 있는 멕시코의 수호신 과달루페 성모를 모시는 사원이 있다. 이 사원은 지금도 매일 수많은 신자가 모여 예배를 드리는 곳이라고 안내했다. 필자가 방문했을 때도 추기경이 집전하는 예배가 엄숙하게 진행되고 있었다. 이 성당 자리는 1500여 년 전 한 농부가 이곳에서 금으로 장식한 푸른 외투를 입은 여자의 형상을 보고 신부에게 이야기하여 건립하게 된 성당이라고 설명했다. 수세기 동안 많은 순례자들이 방문했고 1533년에 완공되었다는 기록을 볼 수 있다. 구건물이 낡아서 옆에 새로운 건물을 지었다는데 새로 지었다는 건물도 낡아서 우중충해 보였다.

매년 12월 12일에는 과달루페 성모의 날로 많은 순례자들이 방문하는 날이라고 설명했다. 요한 바오로 2세는 이곳을 다섯 번이나 방문했다는 기록도 보았다. 과달루페란 사원 이름은 '뱀을 물리친 여인'이라는 뜻이라고 한다.

사원 여러 곳을 구경했는데 마침 주일날이라 교인들이 구름같이 모였다. 수천 명은 되어 보였다.

사원 내부를 한 바퀴 돌아보았다. 복도마다 유명한 그림들이 많고 과달루페란 사원을 뜻하는 '뱀을 물리친 여인상'도 보기 좋은 위치에 있어 자세히 보았다. 멕시코는 한국과 비슷한 것이 많은 것 같다. 멕시코를 다녀온 지 10년이 지났으니 변한 것도 있는지 모르겠다.

2022년 1월 25일

소계림(小桂林)

명 청대(明清代)부터 풍경이 절경으로 소문난 곳이 있다. 1990년대에는 만리장성 팔달령을 지나 높은 산을 돌고 돌아 넘어갔는데 2013년에 갈 때는 2,825미터의 긴 터널이 생겨 쉽게 갈 수 있었다. 팔달령 장성에서 40분 정도 북쪽으로 가면 심산유곡에 협곡이 나온다. 근처 산 중턱에 한자로 '용경협(龍慶峽)'이라는 큰 글씨가 보인다. 연경현 동북 10킬로 거리에 위치한 용경협은 작은 리강, 작은 삼협이라는 호칭을 가지고 있다. 우리나라 소양강 댐과 비슷한 높이의 125미터 높은 곳에 있다. 계곡물을 막아 큰 호수를 만든 것이다. 저수량은 소양호와 비교가 안 될 만큼 적은 양이다.

차로는 올라갈 수 없고 걸어서 올라가야 한다. 높은 언덕길을 5단의 에스컬레이터를 건설하여 올라가게 만들었는데, 상상 동물인 용의 모습을 한 건축물 속을 통과하여 구불구불 돌아 올라가게 만들었다. 하늘을 가로질러 세상에 우뚝 솟아 있는 듯한 창용(蒼龍)이 설치되어 있다. 백화동(百化洞) 출구로부터 호심취도(湖心翠島)까지 전체 길이는 450미터이며 쌍체병행식(雙體幷行式)이고 물의 낙차는 38미터이며 한 시간에 600명의 관광객이 올라갈 수 있다.

백화동(百花洞) 입구 해타산(海陀山) 중턱의 용 다리(龍梯) 앞 비취색 협곡 사이에 걸쳐 있는 두 개의 다리는, 그 형세는 마치 창용이 물놀이를 하는 듯하고 그 무늬는 비단이 산을 감싸는 듯 아름답다. 또한 신선만이 느낄 수 있는 구름 속으로 들어가는 것 같다. 절벽을 비상하는 듯한 감동을 받기에 충분하다. 길이가 60미터인 쌍곡 대교는 남북으로 두 개의 무지개가 걸쳐 있는 듯한 모양을 하고 있다. 옆에 있는 현수교는 동방의 거인이 관광지의 안전을 수호하는 것 같다. 구불구불한 철골 구조는 창용처럼 보이며, 비단의 무늬를 띠면서 산속에서 꿈틀거리는 것 같다.

소(小)계림으로도 부르는 용경협은 두 시간과 한 시간에 돌아올 수 있는 관광 코스가 있다. 필자는 일행과 함께 한 시간 관광 코스를 돌아왔다. 15년 전에 와서 탔던 같은 배와 비슷하게 생겼다. 조금 깨끗해진 유람선을 타고 계곡을 또 한 번 돌아온 것이다. 탈 때마다 맛이 조금 다른 느낌이다. 어떤 계곡에는 안개비

용경협의 절경

가 오고, 어떤 계곡은 햇빛이 쨍쨍 나는 변화무쌍한 기후에 볼거리도 많다. 계속 보이는 기암절벽과 수없이 많은 계곡이 어우러져 한 폭의 산수화를 보는 것 같았다. 협곡에는 많은 산봉우리가 있다. 아름다운 이름도 많다. 잘 보이는 이름도 있고 안개 속을 지날 때는 잘 보이지 않는 봉우리도 있다. 어떤 봉우리는 촛대같이 보이는 절벽 면에 한시를 써 놓은 봉우리도 있다. 보이는 대로 카메라에 담았다.

진산여래(鎭山如來) 종산(鍾山) 봉관도(鳳冠島) 동대채(東大寨) 월양만(月亮灣) 작교석(鵲橋石) 대파웅림(大坡雄林) 고성연수(古城煙樹) 천

불신감(千佛神龕) 선인대혁(仙人對奕) 마요고수(磨腰古樹) 금강고찰(金剛古刹) 옥황정(玉皇頂) 신선원(神仙院) 등 40개도 더 된다고 한다. 봉우리에 얽힌 사연도 많았다. 많은 설명을 들었다.

올망졸망한 계림의 낮은 봉우리들보다는 깎아 세운 듯한 산 하나하나의 규모와 크기가 다르고, 웅장해 보이는 면은 계림을 능가하는 느낌을 갖게 한다. 용경협의 겨울 등반은 1987년에 시작하여 현재 북경 지역 및 화북 지역에서 겨울철의 필수적인 등반코스가 되었단다. 초봄에는 얼음꽃이 만발하고 여름에는 시원한 바람이 불어 피서지로 많은 사람이 모인다고 한다. 가을에는 단풍잎으로 물들어 단풍 인파가 산을 덮고 있고 겨울에는 스키어들의 빙설 낙원이 된다고 설명했다. 4계절 모두 건강 관광에 적합한 곳이다.

이곳은 1990년대에 개발되어 많은 관광객이 찾아오고 있는데 북경에서 거리가 먼 것이 흠이지만 거용관 만리장성을 보고, 내친김에 한번은 가 볼 만한 곳이다.

2022년 1월 28일

봄의 정경

중국 쓰촨성 청두에서 두보의 생가를 보았다. 정문을 들어가니 궁궐 문을 들어가면 꼭 있는 해자의 축소판같이 작은 개울물이 흐른다. 다리를 건너 조금 가니 두보의 동상이 보였다. 바짝 마른 전신 동상은 볼품이 없었다. 동상 옆 뒤로 들어가니 두보의 모든 것이 여러 방에 꽉 차 있었다. 순서대로 모두 보았다. 거의 한문으로 되어 있었다. 그중 유명한 내용들이 한글로 번역된 것이 있었다.

기록을 보면 당나라 시인 두보(杜甫)는 나라의 번영 성쇠와 통일에서 붕괴로 이어지는 격동기에 살았다. 민중의 참상과 시대의 실상을 작품으로 표현했다. 한때 당 현종의 신임을 받았으나 생업이 없어 어렵게 살기도 했다. 늦은 나이에 미관말직을 얻었으나 안녹산(安祿山)의 난으로 실업자가 되었다. 숙종(肅宗) 때 직업을 얻었으나 얼마 안 되어 관직을 버렸다. 생가인 쓰촨성 청두에 있는 완화초당에서 잠시 행복하고 안정된 삶을 살 때도 있었다. 내전 시대에 살았으므로 신변의 안전을 위해 거처를 자주 바꾸었다고 한다. 어려운 생을 살아서 항상 우울했다는 기록도 있다.

양양이 고향인 두보는 집안이 모두 관리 생활을 했다. 어려서는 어머니가 일찍 사망하여 고모 집에서 살았다. 7세에 시를 썼고 서예에도 재능이 있어 20세에 유명세를 탔다. 독서파만권(讀書破萬卷) 하필여유신(下筆如有神) 했다는 그도 벼슬 운은 없었다. 35세에 미관말직을 얻어 시안에 왔다. 조실부모 등 어려운 환경에서 자란 탓인지 우울하고 부정적 생각이 많은 것 같다. 장안에서 지은 여러 편의 시(詩)도 우울한 내용이 많다는 설명도 있다.

천보 13년에 홍수로 추수를 못한 장안의 백성들은 자식을 팔아 곡식을 구했다는 기록도 보인다. 가난했던 두보는 벼슬 전 자식이 굶어 죽는 시련도 겪었다. 처자식을 고향 근처 봉선에 보내 구걸도 시켰다. 다음 해 겨울 어느 날 가족을 보려고 장안을 떠나 봉선현으로 향했다. 겨울밤인데도 길에는 온통 전쟁 난민들로 붐볐다. 여산(驪山)을 지날 무렵 산 밑 화청궁(華淸宮)에서는 음악 소리가 끊이지 않고 고기 굽는 냄새가 코를 찔렀다. 현종과 양귀비가 밤낮을 잊고 환락에 빠진 현장이다. 화청궁에서 주색을 즐기던 사람들은 모두 귀족인데 그들이 입은 옷은 모두 가난한 백성들이 한 올 한 올 짜낸 것으로 만든 옷이다. 남자들은 모두 전쟁터로 내몰고 모든 재물은 통치자에게 바쳤다. 이렇게 불공평한 사회를 묘사한 시를 지었다.

아주 낮은 벼슬인 팔품하(八品下)에 속하는 우위솔부참군(右衛率府叅軍)이란 벼슬을 얻고 가족을 데리러 봉선을 가다가 화청궁 앞을 지날 때 자기의 신세를 한탄하면서 시 한 수를 지은 것이 있다.

「봉선으로 가면서」

-두보

귀족들 집안에는 술과 고기 썩는데
朱門酒肉臭(주문주육취)
길가엔 얼어 죽은 사람들의 시체들
路有凍死骨(노유동사골)
지척에서 부귀와 가난이 이처럼 다르니
榮枯咫尺異(영고지척이)
슬프도다 더 이상 말을 잇기 어렵구나
惆悵難再述(추창난재술)

인구의 반 이상이 사망했다는 안사의 난은 서기 755년에 시작하여 9년 후인 763년에 끝난 당나라 때 전쟁이다.

아래의 시는 당나라 6대 현종(玄宗) 때인 천보 11년에 전쟁터로 끌려가는 전사들이 청해(靑海)고원에서 흉노와 싸우면서 죽어갈 때 계속 군대에 끌려가는 가족과 병사의 전송 장면을 본 두보가 시로 표현했다.

「**병거행**」(兵車行)

–두보

수레는 삐걱삐걱 말은 씩씩
車轔轔馬蕭蕭(거린린마소소)
출정하는 병사의 허리에 찬 화살
行人弓箭各在腰(행인궁전각재요)
부모처자 총총걸음 뒤쫓으며 전송하니
耶孃妻子走相送(야양처자주상송)
먼지 날려 함양교 잘 안 보이네
塵埃不見咸陽橋(진애불견함양교)
옷 잡고 발 구르며 길 막고 통곡하니
牽衣頓足攔道哭(견의돈족각도곡)
통곡소리 구름 뚫고 하늘을 찌르네
哭聲直上千雲霄(곡성직상천운소)
(중략)

전쟁으로 함양은 함락되었다. 현종은 양귀비를 데리고 서촉 지방으로 도망갔다. 현종 이후 즉위한 숙종(肅宗)을 알현하려 했으나 반란군에 여덟 달을 잡혀 있던 두보는 운 좋게 석방되어 장안으로 갔다. 전쟁은 계속되었다.

폐허로 덮인 장안 궁성에도 어김없이 봄은 찾아왔다. 파릇파릇 싹이 나오고 꽃이 피는 정경을 보고 희망을 읊으려 했으나 봄의 풍경과 어지러운 나라와 자신을 생각하는 시를 썼다. 이 시는 역사에 남은 유명한 시다. 우리나라에도 널리 알려져 5~60년대에는 대학입시에 거의 단골로 등장했다. 매년 두보의 춘망에서 문제가 나와서 필자도 열심히 공부했던 생각이 지금도 생생하다. 덕분에 지금도 춘망은 달달 외운다. 역사적 의미를 포함해서….

봄의 정경 춘망(春望)

–두보

국파산하재(國破山河在) 나라는 깨어져도 산하는 그대로 있고
성춘초목심(城春草木深) 도성에도 봄이오니 초목이 무성하다
감시화천루(感時花濺淚) 시절을 아는지 꽃조차 눈물 쏟고
한별조경심(恨別鳥驚心) 이별이 한스러워 새들도 놀라는구나
봉화연삼월(烽火連三月) 봉화가 석 달 동안 계속 이어지니
가서저만금(家書抵萬金) 집에서 온 편지는 만금같이 소중하다
백두소갱단(白頭搔更短) 흰머리는 긁는 대로 짧아져서
혼욕불승잠(渾欲不勝簪) 도무지 비녀도 못 이길 지경이구나

두보는 우울한 사람이지만 인간적인 면이 있다. 만년에 자연현상을 좀 더 가깝게 글로 표현한 것을 보면 알 수 있다. 만년에 자연을 노래한 시 한 수 적어 본다.

양개황리명취류(兩箇黃鸝鳴翠柳)

−두보

꾀꼬리 두 마리 푸른 버드나무에서 울고
양개황리명취류(兩箇黃鸝鳴翠柳)
백로는 줄지어 푸른 하늘 날아간다
일행백로상청천(一行白鷺上靑天)
창문에 박힌 듯한 서령의 천년설
창함서령천추설(窓含西嶺千秋雪)
문 앞에 머문 만 리 밖 동오의 배
문박동오만리선(門泊東吳萬里船)

시성 두보의 일생을 4기로 나누어 보았다. 1기는 시성으로 평가를 받으면서도 직업을 못 구하고 자식이 굶어 죽는 어려움을 겪은 시대로 부정적이고 우울증을 심하게 겪던 시대다. 2기는 부정과 부패가 만연하던 시대를 살면서 「봉선(奉先)으로 가면서」 「병거행(兵車行)」 같은 시를 썼던 시기다. 3기는 안녹산의 난 등으로 세상이 불안하고 자신의 근심을 노래한 「춘망(春望)」이란 시를 발표했다. 이 시는 여러 가지 역사적 의미를 가지고 있다. '봉화 연삼월 하니, 가서 저 만금' 전쟁이 계속되니 집에서 온 편지는 금보다 소중하다는 가족 사랑은 두보 시의 백미(白眉)이다.

4기는 본인의 정신적 여유를 준 시기로 자신과 인간의 선(善)을 글로 썼던 시기다. 인생을 정리한 때로 볼 수 있다. 안녹산의 난으로 국민의 반 이상인 3600만 명이 사망했다는 전란을 겪으면서 시인의 이름도 한때 반짝하고는 별로 알려진 것이 없었다. 서기 770년 59세에 생을 마감하면서 그의 존재는 역사 속으로 사라지고 말았다. 200년이 지난 11세기 북송대에 와서 그의 존재가 높이 평가되면서 유명한 시성(詩聖)의 지위를 얻게 되었다고 한다.

두보는 우리나라에도 널리 알려진 인물이다. 성종 때 유윤겸(柳允謙)이 그의 시를 우리말로 번역한 두시언해(杜詩諺解)가 있다. 조선시대 그의 작품이 높이 평가되었다. 중국을 대표했던 시성 두보는 이태백과 동 연대 살면서 두 사람을 이두라고 부르기도 했다. 한 국가를 대표했던 시인이 국난으로 어려운 시대에 활동하면서 힘든 생을 산 것을 보면 운명으로만 보기에는 너무나 안타깝고 허무하다는 생각을 하면서 두보가 살았던 허름한 옛집을 나왔다.

『성동신문』 2022년 2월

토끼섬

토끼섬을 들어가려면 동쪽에 있는 2개의 다리를 통과해야 된다. 동쪽 문인 '이바노프의 문'을 들어가면 50미터 거리에 정면으로 마주 보이는 문이 있다. 이 문이 바로 '표트로프스키의 문'인데 1700년 초에 트레지니가 설계해서 지은 대표적인 바로크 건축물이라고 한다. 이 문은 고대 로마의 개선문처럼 아치 모양이며 성서를 상징하는 내용과 비유 풍유의 언어로 장식되어 있다고 설명했다. 이 개선문 정중앙 위에서 러시아 황실 문장인 쌍두 독수리가 출입자를 감시하듯 내려다보고 있다.

상트페테르부르크에 있는 토끼섬의 페트로파블로프스키 목조사원을 건설하는 데 많은 자금과 인원이 동원되었다고 한다. 목조사원은 화재와 번개의 피해로 얼마 후 석조 사원으로 개축했다는 설명도 있다. 사원의 이름도 성자의 이름을 본떠서 지었다고 한다.

쌍두 독수리 문장은 이미 동서 로마로 분리되기 전인 로마 제국에서도 황제의 권위를 상징하는 표상으로 사용되었다고 한다. 쌍두 독수리는 이 도시가 200년(1712~1918) 이상 러시아 수도였으며, 러시아 황실이 있었음을 의미한다. 15세기경 이반 3세 때부터 이 쌍두 독수리 문장을 사용하기 시작했다고 하는데, 쌍두 독수리 가슴에는 모스크바 공후의 문장인 말 탄 성자 게오르기가 창으로 뱀을 찌르고 있는 모습이 새겨져 있으며, 왼손에는 황제의 위엄을 상징하는 지팡이를, 오른손에는 십자가가 달린 황금구(救)를 들고 있다고 한다. 잘 보이지 않지만 자세히 보면 쌍두 독수리 문장에는 성 베드로를 모욕했던 시몬이 하늘에서 요새로 떨어지고 있는 모습도 새겨져 있다고 설명했다. 또한 성 베드로가 기도를 통해 악마를 내쫓는 형상이 백색으로 조각되어 있다.

표트로프스키의 문을 지나서 안으로 들어가 서쪽 방향으로 가서 표트르 대제의 모조 목선을 전시해 놓은 방과, 화폐를 만들던 조폐국의 방을 보았다. 페트로파블로프스키 사원 맞은편으로 들어가면서 정문에서 200미터 쯤 거리 왼쪽에 표트르 대제의 동상이 있다. 청동 좌상으로 된 표트르 대제의 데스마스크를 본뜬 이 동상은 세계적 현대조각가 미하일 셰마킨이 1991년에 만든 작품이라고 하는데 관람용같이 보였다. 얼굴은 잘생겼으나 양 손가락이 징그럽게 길다. 키는 2미터가 넘어 보였다. 실제로 표트르 대제는 미남이었다고 하는데 동상 전체가 우스꽝스럽게 생겼다. 손가락이 긴 것은 대국으로 뻗어가는 뜻을 상징한 것이라고 설명했다.

표트르 대제의 청동상은 두 무릎과 손목 손가락이 반질반질하게 되어 있다. 이곳을 만지면 소원이 성취된다는 안내자의 속설 설명 때문인 것으로 보였다. 이런 속설은 동서양을 막론하고 여러 곳에 있다. 필자도 손목과 손가락을 만져 보았다. 여기서 좌측으로 돌아 남쪽으로 100미터 정도 가면 네바강으로 나가는 큰 문이 있다. 이 문은 이 섬이 감옥으로 사용되던 시절 죄인을 사형시켜 그 시신을 네바강에 버릴 때 사용했던 문이라고 한다. 이 문 우측엔 홍수 때 물의 수위를 표시하는 A-B선이 있었고 설명과 함께 실제 홍수 때 물높이를 표시한 것도 보았다.

가장 최근에 있었던 홍수는 1999년 핀란드만에서 불어온 태풍이 네바강을 역류시켜 발생한 것으로, 발트해 수면보다 2.66미터 높은 수면을 기록하고 있다. 1975년 9월의 홍수 물 높이와 비슷했다. 섬 전체가 물에 잠긴 것은 백 년 동안에 네 번 있었다고 한다. 이곳 큰 문을 지나 네바강과 마주치는 미니 선착장같이 된 물가에는 성벽 밖 서쪽 담으로 돌아가는 길이 있다. 이 길을 따라 담 모퉁이를 도니 모래사장과 야외 수영장이 나왔다.

이곳에는 젊은 남녀들이 거의 나신으로 햇볕을 쬐고 있었다. 이곳도 북유럽과 같이 햇볕이 부족하여 일광욕을 즐기고 있는 장면이라 생각했다. 처음의 나무로 만든 요새를 대리석 성벽으로 수리한 것이 1780년이라고 음각(陰刻)한 대리석 표시가 성곽 바깥쪽 성벽 한곳에 붙어 있다. 개방된 나라의 사회는 사원도 일반화되었음을 알 수 있었다.

하늘로 높이 솟은 황금빛 첨탑의 위용을 자랑하고 있는 이 정교 사원은 필자가 갔을 때는 사원 전체를 수리하느라고 일반인의 입장을 막았다. 가이드의 섭외로 어렵게 들어갔다. 탑도 전체를 보수 중이라 제일 높은 산의 높이가 70미터인 이 지역에 121.8미터 높이의 황금빛 첨탑이라고 설명하는 안내자의 말이 실감이 나지 않았다. 도메니코 트레지니라는 이탈리아 건축가가 1700년 초부터 21년 동안 건축했다는 이 사원은 반원 모양의 전통적인 러시아 정교회 사원과는 달리 눈과 비바람에 잘 견딜 수 있게 실용적이고 상징적인 첨탑 구조로 설계했다고 설명했다. 사원 내부도 커다란 창을 통해 빛이 밝게 비쳐들게 하여 황금빛 장식들과 잘 어울리게 했다.

이곳은 첨탑 중간 아래쪽 종루 밑에 커다란 시계가 걸려 있어 18세기부터 요새의 명소로 알려져 있다. 교회가 종소리로 시간을 알리던 중세의 방법이 시계로 바뀌었는데, 이것은 당시 파리, 로마, 런던에서나 볼 수 있던 사원 외벽의 시계가 러시아의 새 수도에도 나타난 것이다. 첨탑 종루 윗부분에 달려 있는 철재 천사 조각상을 이곳 사람들은 '날아다니는 성처녀'라고 부른다고 설명했다. 이 첨탑은 1800년 초 스웨덴과 전쟁할 때 스웨덴을 꼭 이겨달라고 기원하는 의미로 지은 사원이라고 한다.

수도가 상트페테르부르크로 정해진 뒤 토끼섬 안의 사원은 로마노프 왕조의 황실 납골당으로 이용되었다는 설명이다. 알렉산드르 3세와 상트페테르부르크를 건설한 표트르 대제의 유해도 이곳에 잠들어 있다고 말했다. 현재 상트페테르부르크 역사 박물관이 있는 이 성당의 내부는 성상벽(聖像壁)과 성모의 탄생을 그린 귀중한 그림들이 있다고 설명했다.

토끼섬은 유럽의 성곽 도시처럼 견고하게 화강암으로 쌓아올린 울타리로 되어 있다. 요새는 원래 전쟁 때 방어 목적으로 설계되었으나 전쟁에 사용된 적은 없고, 18세기 후반에는 정치범들을 수용하는 교도소로 사용되었다고 한다. 표트르 대제의 아들 알렉세이도 아버지의 개혁을 반대하다가 죽임을 당하기 전에 갇혀 있던 곳이라고 한다. 19세기 중엽 도스토옙스키가 페트라셉스키 사건에 연루되어 반년 이상 동안 옥고를 치른 곳으로도 알려진 곳이다.

네바 강변에 걸쳐 있는 작은 토끼섬이 러시아 로마노프 왕조 제4대 황제 표트르 대제의 유해가 잠들어 있는 러시아 제국의 중요한 역사의 현장이었음을 확인하면서 깜짝 놀랐다. 무인도일 때 토끼가 많이 살아 토끼섬으로 불렀다고 한다.

2022. 2.

문학의 위력

한산사는 쑤저우 시내 서쪽 약 10리 지점 시가지에 있다. 사찰은 대부분 깊은 산속 명당에 있는데 이 절은 시내 변두리 평평한 개울(인공운하)가에 있다. 1500년의 역사를 가진 서기 502년에 묘리보명탑원(妙利寶明塔院)이라는 이름으로 창건되었다는 설명이 있다. 당(唐)나라 원화 연간에 기승(奇僧) 한산이 이곳에 초암(草庵)을 짓고 후에 법사(法嗣) 희천 선사 석두(石頭)가 가람(伽藍)을 창건하여 한산사라고 불렀다고 전해진다.

한산은 당시 습득(拾得)이 머물고 있던 천태산국청사(天台山國淸寺)에 드나들었으며 습득과 함께 전설적인 불자(佛者)이고 시승(詩僧)인데 그 한산의 이름을 따서 한산사라고 지었다고 하나 사적(事跡)은 거의 없다고 한다. 송(宋) 가우 연간(嘉祐年間)에 보문선원(寶門禪院)이라 개칭했고, 명나라 때는 칠당가람(七堂伽藍)도 갖춘 명찰(名刹)이었다고 전한다. 그 후 몇 번의 전란으로 다섯 번이나

쑤저우 한산사

불에 타고 현재의 건물은 청(淸)나라 말엽에 재건된 것이라고 한다.

정문에 들어가면 가까운 곳에 대웅전이 나오고 대웅전에서 들어온 정문 쪽을 보면 대웅전을 바라보고 있는 불상이 있다. 이 불상은 대웅전의 주불상을 지키는 일을 하고 있다는데 주불상은 석가모니 상이라고 설명했다. 대웅전 왼쪽에는 오백 나한당(羅漢堂)이 있다. 이는 부처님이 되고 싶은 신도 500명의 화상을 모신 곳이다. 대웅전 바로 앞에는 큰 향로가 있는데 불공드리러 온 신도들은 향을 한 묶음씩 태운다. 옆을 지나는데 향냄새가 코를 찌르고 눈이 따끔따끔했다.

대웅전 옆 뒤쪽으로 가면 8각형 2층 건물 위에 종이 있는데 한 번 치는데 천 원이다. 한 번 치면 10년이 젊어진다고 전해온다. 사람들이 많아 기다려야만 칠 수 있다. 줄을 서서 기다려 한 번 쳤다. 청종석(聽鐘石) 앞을 지나 골목길로 10미터 가면 삼장법사 불상이 있는 작은 사당이 있다. 명말(明末)의 4대 기서인 『서

유기』를 보면 당나라 때 삼장법사가 이 절에 와서 하룻밤 자고 갔다는 기록이 있다. 그런 연유로 절 한쪽 사당에 삼장법사의 불상을 모시게 되었다고 한다.

3인의 불상이 있는데 가운데 것이 삼장법사이고 왼쪽은 일본 삼덕 스님이고, 오른쪽은 중국인이란다. 마당에는 네 개의 종이 있다. 무게가 무거운 것은 5톤부터 3톤, 2톤, 1톤의 순서로 달려 있다. 종을 만지면 장수한다고 하여 만져 보았는데 손이 닿는 부분은 매끈매끈하다. 이 종은 일본 제품이라고 한다. 일본 침략군이 원래 있던 이 절의 큰 종을 군사 목적으로 쓰려고 일본으로 가져가다가 물에 빠뜨리고 말았다. 얼마 후 대안으로 운반하기 쉬운 작은 종 4개를 만들어 보냈다고 한다.

한산 스님은 어려서 부모님이 돌아가셔서 어렵게 살다가 8세 때 노스님을 만나 한산사에 들어오게 되었고, 후에 한산사의 주인이 되었다고 설명했다. 정문 앞에는 호성하(滬城河) 같은 물이 흐르는 운하의 실개천이 있는데 다리가 두 개 있다. 풍교와 장충교가 그것이다. 50미터가량의 두 다리 사이에 배를 타는 작은 선착장이 있다. 현장에 가서 만져 보았다. 이 선착장에 장계(張繼)라는 나그네가 장안(지금의 시안)으로 과거시험을 보러 갔다가 세 번째 고배를 마시고 고향으로 가던 중에 그가 탄 배가 이곳에 머물렀을 때, 한밤중 한산사의 종소리가 들려 수심에 찬 그에게 시상을 일으켜 시를 지었다고 한다.

이 시가 유명한 장계의 「풍교야박」(楓橋夜泊)이다. 이 시는 너무나 유명하여 지금도 한산사 앞 상점에서 판매되는 대표적 상품이다. 필자도 원문을 샀다. 값도 비싸다. 절 정문 입구 좌측에 묵필로 잘 써서 액자에 넣어 세워 놓고 돌 비석에도 음각으로 새겨 놓았다.

한산사는 중국 6대 고찰의 하나이다. 창건 연대가 502년이라 하지만 정확하지 않다. 한산사와 영은선사를 보면 불교문화가 상하이 남쪽 도시에 융성했음을 알 수 있다. 한산사와 장계가 유명한 것은 장계의 「풍교야박」 때문인 것 같다. 이 시는 지금도 중국 국정교과서에 실려 있다고 한다. 당송팔대가의 소동파를 비롯한 유명한 시인이 많은 중국에서 당나라 미물 시인이 지금도 유명세를 타는 것도 「풍교야박」 시 때문으로 보인다. 시 한 수만 유명해도 천년이 넘도록 이름을 날리는 세상에 살고 있다. 문학의 위력을 실감하게 하는 대목이다.

2022. 2. 7.

16세 과부의 아들
찬드라 바르만 왕의 효심

인도 중부에 있는 카주라호(Khajuraho)는 작은 도시다. 이곳에는 인도를 대표할 만한 유물이 많은 곳으로 소문나 있다. 이곳에 있는 여러 사원군은 분델칸드 지역에 왕국을 세운 칸델라 라지프트족의 왕들이 시바신과 비슈누 신, 자이나교의 대사제들에게 봉헌한 유명한 사원들로 지금까지도 여러 개가 남아 있다고 설명했다. 이들은 몇 개를 제외하고는 모두 사암으로 지어졌으며 건축 연대는 서기 1000년 즈음으로 추정하고 있다. 동쪽과 서쪽으로 구분해 동쪽 사원, 서쪽 사원으로 부른다고 한다.

찬델라 왕조는 한때는 마드야 프라데쉬의 전역을 통치하던 세력이었지만 500년 왕조가 인도 전역을 휩쓴 회교 세력에 의해 멸망한 것으로 알려져 있다. 이 왕조는 역사에는 크게 알려지지 못했으나 100년 동안에 무려 85개나 되는 사원을 만들었다는 기

록이 있다. 지금 남은 22개도 다른 지역의 힌두 사원들에 비하면 많이 남은 것이라고 생각했다. 현재 카주라호 사원의 내부와 외부를 장식한 훌륭한 조각들은 거의 성적인 내용을 주제로 하고 있다. 이들 가운데 돌출 현관과 작은 탑들이 모여서 35미터의 뾰족탑을 형성하고 있는 칸다리야 마하데브 시바신전이 가장 유명하다고 설명했다.

왕조가 남긴 많은 사원군은 대부분 서쪽 사원인데 남녀의 교합상이 새겨져 있는 미투나상이 가장 많은 곳이라고 한다. 주변에 많은 상점에도 성과 관련된 여러 가지 책자와 기묘한 모양의 성교 상품들을 판매하고 있는 현장도 보았다. 카주라호는 지금의 분델칸드 지역에 있었던 카북티 왕국의 수도였다고 알려져 있다. 그래서 이곳에서 발견된 비문들은 귀중한 역사의 자료가 많다고 한다. 카주라호의 명칭은 카주르(대추야자)에서 유래되었는데 이 지역이 대추야자의 집산지라고 한다.

유명한 사원을 몇 개 설명해 본다. 서쪽에 있는 태양신 수르야를 모셨던 신전 안에는 7마리의 말이 끄는 수레를 모는 신상과 함께 11개의 화신 얼굴을 지닌 비슈누상이 있다. 데비 자가담바 사원은 처음에 비슈누를 모셨으나 나중에는 시바의 동반자인 파르바티를 모셨으며 이곳에도 보기 민망할 정도의 미투나상이 많이 보였다.

서부 사원의 건축물은 1000여 년 전에 만들어졌는데 벽면에 1000여 개가 넘는 조각을 장식해 놓았다. 이곳의 미투나상들은 예술적으로나 건축미로 보나 가장 뛰어난 조각으로 인정받는 사원 조각들이라고 한다. 남녀의 온갖 순간을 묘사하고 있으며 남녀 교합상 중 제일 유명한 것이 모두 이곳에 있다고 설명했다. 그 외에도 서부 사원에는 900년경 건축된 것으로 추정되는 규모가 작은 비슈누의 세 번째 화신인 멧돼지를 모신다는 신전도 보았다.

비슈바나트 사원 안에 있는 난디상은 시바를 모셨던 것으로 기록되어 있다. 동부 사원에도 많은 조각상이 있다. 3개의 자이나교 사원 중에서 가장 큰 사원이라고 한다. 여기에는 눈 화장을 하는 여인, 발에서 가시를 빼는 여인, 몽골리언 얼굴을 한 여인상 등 많은 조각을 보았다.

락시미나 사원은 900년경에 건축되었다는 규모가 큰 건물 조각상이다. 요정 압살라들의 조각과 함께 사원을 받치고 있는 기단 주위에 눈높이 위치로 성적 표현을 한 작은 조각들이 남녀노소의 시선을 끌고 있다. 서부 사원 중 제일 먼저 만나는 좌측 힌두 사원은 락시만 사원으로 지붕에 원형기둥이 4개 있다. 가마(섹스), 아르트(돈)을 상징하는데 970년부터 25년에 걸쳐 완성된 사원이란 기록이 있다. 사원의 미투나 조각상과는 어울리지 않았다.

카주라호는 힌두교 및 자이나교 사원이 있는 순례지이자 동시에 관광지이다. 자인 사원군으로 불리는 동부지역 사원은 시내에서 동쪽으로 5리 떨어진 곳에 있으며 더 남쪽으로 가면 남부 지역 사원군이 나온다. 동부 사원 지역은 사원마다 국기가 게양된 사원이 있고, 없는 사원도 있다. 국기가 걸려 있는 사원은 사람이 사는 사원이고 없는 사원은 살지 않는 사원이라고 안내자는 설명했다.

비행장도 있어 1일 1회 운항하고 있다. 이곳이 유명한 것은 세계적으로 볼 수 없는 유명한 에로틱한 사원이 많이 있기 때문이라고 설명했다. 이곳에는 많은 의문점이 있는데 아직도 해석하지 못하고 있다. 이 신성한 사원 외벽에 남녀노소 누구나 볼 수 있는 곳에 왜 농도 짙은 미투나상(남녀 성교 장면 상)을 헤아릴 수 없을 만큼 많이 조각해 놓았을까? 알 수 없는 카주라호 사원 조각의 내용을 추정해 보았다.

카주라호 사원들이 세워진 시기는 힌두 미술이 융성하던 9세기로 달 신의 후예라는 찬델라 왕조 때 세워졌다고 전해진다. 처음 세울 때는 80여 개의 사원이었는데 이슬람교가 지배하면서 우상숭배를 금하는 교리에 반한다고 하여 파괴하고 지금은 20여 개만이 남아 있다고 한다. 전설에는 찬델라 왕조의 해바마티(Hemavati)라는 여인이 인드라(Indra: 공기의 신) 신의 저주로 16세 때 과부가 된다. 그가 어느 날 밤 연못에서 목욕을 하는데 달의 신 찬델라가 그녀의 아름다움에 반해 지상으로 내려와 그녀와 인연을 맺고 아들을 낳으니 그가 찬드라 바르만(Chundra Varman)이다. 찬델라는 그에게 왕위를 주고 축복해 주었다. 무럭무럭 자란 찬드라 바르만은 타고난 용맹성과 신의 도움을 받아 영토를 넓혔고 어머니 해바마티의 승천을 위해 어머니의 소원에 따라 성 결합의 묘사들을 사원 외벽에 조각하고 주위에는 저수지와 공원을 만들었다는 설이다.

이 사원들은 시바 사원, 비슈누 사원 등 사원이 정하는 신을 주요 위치에 봉안했으나 벽에는 봉안된 신과는 관계없이 여러 신들이 조각되어 있어 사원 이름과 연관해 해석하기에는 무리가 있다. 사원의 형태로 보면 비슈누파와 시바파, 자이나교 사원이 비슷하고 그동안 사원이 파괴되면서 조각들도 파괴되고 도난을 당하기도 한 것을 후에 비전문가들이 아무 신이나 아무 사원에 배치해 수리했으므로 사원의 성격을 파악하는 일이 대단히 어려웠을 것이다. 더욱이 사원을 재보수한 기록이 없어 현재의 상태를 보고 설명할 수밖에 없다. 여러 사원들을 보면 울타리격의 담벽은 없고 2.3미터 높이의 축대 위에 사원을 세웠으며 외부의 조각상을 감상하기 좋을 만큼 넓은 길을 확보해 놓고 있다.

사원 하나를 예로 들면 현관(Ardh Mmandoph), 홀(Mandap), 연랑(Antral), 성소(Grabhriha) 등으로 구분된다. 이 사원들은 서북 방향으로 한축을 따라 서로 연결되어 있고 큰 사원에는 발코니 식 창문이 달린 회랑들이 홀에 부속되어 있다. 주위에는 통로를 위한 공간이 있다. 또 다른 가장 큰 사원인 칸다리야 마하데브 사원을 보면 동향으로 높은 기단이 지어졌고 그 안 길이가 길고 평면에는 십자형을 2개 짜 맞춘 쌍 십자형이다. 계단을 올라가 현관으로 가면 세로로 긴 2개의 장방형 방으로 구성되어 있다. 그리고 세부장식이 풍부한 기둥이 4개 서 있다. 큰 객실은 여러 명이 앉을 수 있게 넓고 중심에는 신상에 예배하는 사당이 있다.

사당 깊숙한 곳에는 보통 힌두 사원에 있는 시바신의 링가(남자 성기)와 샥티의요니(여자의 성기) 교접상이 안치되어 있다. 외벽에는 기단 부위에 작은 무늬 띠 조각도 가끔 보이지만 단순한 편이고 중간쯤 위에는 섬세하고 크고 작은 여러 문양이 꽉 차 있다. 인체의 중간 부위 조각이 요철을 반복하면서 교합 등의 조각들로 눈을 민망하게 했다. 이 묘한 그림자들도 환상적으로 변화하면서 관능미가 넘쳐 보이는 조각들이 기묘한 조화를 이루고 있다.

10세기 전 인도의 성문화가 지금도 인도 중심부에 남아 있다는 것이 이해되지 않았다. 더구나 1000년 전 찬델라 왕조 때 왕이 과부 어머니를 위해 지은 사원들이라니! 놀랍다.

2022. 2. 18.

연꽃

자평에서 문산을 다니는 중앙선은 북한강과 남한강이 합류하는 곳을 지난다. 예전에는 양수리라고 불렀다. 지금은 한글로 풀어서 두물머리로 많이 부른다. 물이 합류하는 근처에 '물과 꽃의 정원'으로 부르는 넓은 연꽃 단지가 있다. 중앙선이 지나는 양평역에서 가까운 거리다.

지난여름은 유난히 더운 여름이었다. 무더위를 피해서 8월에 아내와 갔더니 철이 조금 지났다. 제철에 만발한 꽃도 좋지만 2주 정도 지난 때도 좋았다. 정문을 들어가면 흐르는 냇물이 있다. 냇물 가운데 징검다리가 있다. 흐르는 물 가운데 돌로 된 다리를 짚고 조금 내려가면 장독대 분수가 있다. 백 개는 되어 보이는 항아리와 독(櫝)으로 만든 분수대다. 여러 항아리에서는 더위를 식혀 주는 분수가 뿜어 오른다. 낮은 높이, 중간 높이, 높은

세미원 연꽃

높이의 물줄기가 시원하게 뻗친다. 남쪽으로는 연꽃이 만발한 큰 논과 같은 몇 곳의 늪이 나온다. 연꽃을 포함하여 270여 가지나 된다는 식물이 아름다운 풍광을 뽐내고 있다.

흰색 분홍색 붉은색의 주먹만 한 꽃들이 장관을 이룬다. 블록이 여러 군데 있다. 남한강 쪽에는 바다 같은 강물이 연꽃과 조화를 이루어 현란하다.

북한강 쪽은 남한강보다 조금은 좁지만 끝이 안 보일 정도로 멀리 보이고 운길산 쪽에는 많은 나무와 민물장어 양어장이 어렴풋이 보인다. 별채로 된 공간에 세한정(歲寒庭)도 있다. 추사(秋史) 김정희 선생의 세한도를 입체적으로 재현한 긴 설명의 세한도(歲寒圖)도 볼만하다. 세미원과 두물머리를 연결하는 샛강에는 52척의 나룻배를 이어 만든 배다리가 있다. 건너면 두물머리를 상징하는 키 큰 나무 쪽을 가게 된다. 느티나무는 수령이 400년이라는 팻말이 있다. 두물머리를 상징하는 이 느티나무는 버스를 타고 가도 보이고 열차를 타도 잘 보인다. 이곳에도 많은 연꽃이 있다. 길옆에는 노점상들도 많이 있고 영업하는 사진사들드 있다.

연꽃이 만발한 광장에는 볼거리도 많다. 여러 유형의 인형도 있고 예술 가치가 있는 조각품도 볼 수 있다. 연꽃 박물관도 들어가 구경했다. 연꽃에 대한 유래도 많은 공부가 되었다. 연꽃과 관계있는 자료도 많이 보았다. 고대 인도에서 시작된 신화가 중국을 거쳐 고구려 17대 소수림왕(小獸林王, ?~384)때 들어온 불교는 연꽃과 많은 인연을 갖고 있는 것 같다. 연꽃은 영원한 불멸의 생명과 내세의 무한한 생명을 상징하는 꽃으로 알려져 있다. 해가 뜨고 질 때마다 피고 지기를 반복하는 연꽃은 생명의 근원인 빛과 회생(回生)을 연상하게 했다 불교에서는 관음보살이 중생의 괴로움을 해결해 주는 것을 상징하는 의미로 손에 연꽃을 들고 있다고 한다.

연꽃도 빛을 좋아하는 식물로 생명의 원천인 물과 태양과는 필연적인 관계를 맺고 있다고 생각했다. 고대 이집트인들은 태초 세상에는 물만 있었고 그 물속에 연이 있다고 생각했다고 한다. 맑고 깊은 물을 생명의 근원으로 생각했고 연꽃은 생명과 부흥을 의미했다고 믿었다. 물에 핀 연꽃에서 황금처럼 빛나는 태양이 떠오른다고 생각했다. 연꽃과 태양신을 연관시키는 것은 태양이 떠오르면 연꽃도 피고 해가 지면 연꽃도 시드는 것으로 생각하고 태양이 뜨면 연꽃도 같이 피는 것으로 태양과 연꽃은 밀접한 관계라 믿었다고 설명했다.

진흙 속에 있는 뿌리는 지하의 세계, 물 위에 있는 줄기를 지상의 세계, 꽃은 대기 중에 자라는 하늘에 세계라고 믿었다고 한다. 연꽃은 다른 꽃보다 크고 깨끗하다. 요즘 사람들이 속세에 찌듦으로부터 조금 떨어져 살고 싶은 생각을 많이 하고 산다. 인간 세상의 번뇌를 피하고 싶을 때 자연과 가까이하고 싶은 생각을 많이 한다고 생각한다. 백제 무령왕릉에 벽화도 대연화(大蓮花)가 그려 있고 고분에서 출토된 유물에도 연꽃무늬를 볼 수 있었다. 이는 연꽃이 사후 세계에서도 중요한 의미를 지니고 있다는 증거로 볼 수 있다. 연꽃은 꽃만 예쁜 것이 아니고 잎도 모든 식물 잎의 대부 격으로 보인다. 어려서 본 담뱃잎과 비슷한 것 같다.

세미원의 연꽃 동산은 속세에 찌든 머리를 맑게 씻어 주는 콜라 같은 느낌을 주는 정원이다. 연꽃은 서울 근교에서도 흔하게 볼 수 있는 식물이다. 요즘은 신설 골프장에서도 많이 볼 수 있다.

세미원은 몇 년 전부터 매년 아내와 같이 다니고 있는 곳이다. 올여름에는 제철에 활짝 핀 연꽃을 보러 가야겠다.

2022년 4월 17일

경종의 묘(墓) 의릉(懿陵)에서

봄꽃들이 만발한 5월 초 서울 시내 성북구에 있는 왕릉을 구경했다. 따뜻했던 날씨가 구름이 약간 덮이더니 제법 추웠다. 한 많은 경종의 시샘일까?

천장산 동쪽 완만한 경사지에 왕과 왕비의 봉분이 동쪽을 향해 있다. 앞에는 선의왕후 산 쪽 높은 곳에는 경종왕의 능이다.

실록에는 의릉은 1724년 경종이 사망한 후 현재의 자리에 조성되었다. 6년 뒤 선의왕후가 세상을 떠나자 경종의 능 아래쪽에 선의왕후의 능을 조성했다. 이렇게 능을 위아래로 조성한 이유는 풍수지리상 생기가 왕성한 정혈(正穴)에서 벗어나지 않도록 하기 위함이란 설명이 있다. 경종과 선의왕후 주변에는 각각 관복을 입고 왕을 보좌하는 모양의 문인석(文人石), 갑옷을 입고 왕을 호위하는 무인 모습의 무인석(武人石), 어두운 사후 세계를 밝힌다는 뜻의 장명등(長命燈), 왕의 혼이 노닌다는 혼유석(魂遊石) 등의 석물을 갖추었다. 경종의 능에만 봉분의 서쪽 남쪽 북쪽에 둘러놓은 담장이 있다. 통칭 곡장(曲墻)이라 부른다. 의릉의 무석인은 갑옷 아래에 표범 가죽을 두른 모습으로 조각된 것이 특징이다. 표범 가죽은 둥글게 말린 꼬리까지 표현되어 있다. 선의왕후 능의 왕릉을 지키는 호랑이 모양의 석물, 석호(石虎)는 다른 왕릉의 석호와 달리 꼬리가 등 위까지 올라간 모습이다. 제향을 지내는 정자각은 정전 양옆에 한 칸씩 익랑(翼廊)을 추가하였다. 익랑이란 문 좌우편에 잇대서 지은 행랑(行廊)으로 교회 건축에서 볼 수 있는 신랑과 직각으로 교차되어 있는 회랑을 의미한다.

능 입구에는 금천교(禁川橋)가 있다. 능역과 속세를 구분한다는 돌다리로 물은 오른쪽에서 왼쪽 방향으로 흐른다. 조금 들어가면 홍살문이 나온다. 이곳부터는 신선한 곳을 의미하는 붉은 기둥의 문이다. 주로 왕릉의 정문 격이다. 정자각까지 직선으로 두 길이 있다. 왼쪽 길은 향로이다. 제향을 지낼 때 제관이 향과 축문을 들고 가는 길이라고 한다. 오른쪽에 붙은 길은 어로라 부르며 왕이 제향을 올리러 올 때 다니는 길이란 설명이 있다. 홍살문 바로 앞 우측에는 왕이 능이 있는 구역에 들어서면서 경건한 마음으로 기다리는 자리가 있다. 판위(板位)라고 부른다. 어로 왼쪽 중간쯤에는 제향에 올리는 음식을 준비하는 건물인 수라간이 있다. 의릉에는 수라간 건물과 우측 중간 지점에 있는 능지기가 머무는 수복방(守僕房)이 있는데 건물이 없다. 직선으로 가면 정자각(丁字閣)이 있다. 제향(祭享)을 지내는 건물이다. 규모가 제일 큰 집이다. 입구에 제사상의 견본도 전시해 놓았다.

왼쪽 뒤에는 제향을 지낼 때 사용한 축문을 태우는 곳인데 예감(禮監)이라 부른다.

정자각 바로 뒤에는 신로가 있다. 정자각 뒤에서 능상으로 향하는 왕의 혼이 다닌다는 길이라고 한다. 우측에는 비각이 있다. 비석은 단칸 기와집인데 안에 비석이 있다. 내용은 중앙에 '조선국경종대왕의릉(朝鮮國景宗大王懿陵)' 왼쪽에 '선의왕후비(宣懿王后裨)'라고 쓰여 있다. 능 쪽으로 조금 가면 산신석(山神石)이 있다. 왕이 있는 산신령에게 제사를 지내는 곳으로 보통 산신제 지내는 곳이라고 말한다.

능의 여러 이름이 있다. 왕이 잠들어 있는 곳을 봉분(封墳)이라 부른다. 봉분을 보호하기 위해 봉분 둘레에 둘러놓은 돌을 병풍석(屛風石)이라 한다. 봉분을 둘러싼 울타리 돌을 난간석(欄干石)이라 부른다. 왕릉을 지키는 양모양의 돌을 석양(石羊)이라 한다. 왕릉을 지키는 호랑이 모양의 석물을 석호(石虎)라고 부른다. 왕의 혼이 노니는 곳을 석상(石床)이라 한다. 멀리서도 능을 알 수 있게 봉분 좌우에 세우는 돌기둥을 망주석(望柱石)이라 한다. 문인석이나 무인석 뒤나 옆에 두는 말 모양의 석물을 석마(石馬)라고 한다.

의릉은 1960년대 7.4 남북공동성명발표 장소였던 건물의 위치가 능과 걸쳐 있어 일반인의 출입이 금지되어 있었다고 한다. 노인 관람객의 설명이다. 홍살문과 정자각 사이에 연못을 만들고 돌다리를 만들었다는 말도 했다. 이때 왕궁의 원래 모습이 훼손되기도 했었다고 말했다. 후에 인공연못을 제거하고 원래의 능원으로 수리했다고 한다. 금천교도 원래의 모습으로 복원했다는 기록이 있다. 국가등록문화재로 지정된 건물은 벽에 페인트가 벗겨진 곳도 있고 낡아서 볼품이 없어 보였다.

오랜 세월이 흘러 1996년부터 일반에게 공개되었다고 설명했다. 이때부터 외래 수종을 제거하고 전통 수종으로 식재했다는데 나무의 크기를 보니 알 수 있었다. 왕릉 내부를 보면 300년 이상 되는 나무는 거의 볼 수 없다.

왕조실록을 보면 경종은 4년 3개월의 짧은 집권으로 큰 업적을 남기지 못한 왕이다. 남인과 서인의 당파 싸움으로 권력이 바뀌는 어려움도 겪었다. 아버지 숙종은 45년 11개월을 집권했고 21대 이복동생인 영조는 51년 8개월을 집권했으니 사이에 낀 경종은 정책도 없어 존재감이 거의 없었던 같다.

숙종의 원자로 태어나 수많은 반대에도 세자로 봉해진 후 30여 년간을 세자로 있으면서 많은 사건들을 보았을 것이다. 당파싸움과 궁궐 내 남인 노론 소론의 싸움으로 송시열(宋時烈) 같은 원로 학자가 처형당하고 그의 나이 14살 때 엄마 장희빈이 독약을 마시고 죽는 것을 지켜볼 때 힘없는 세자의 심정이 어떠했을까?

야사에는 사약을 받기 전 어머니 장희빈이 세자를 보고 싶다고 애원해 만났는데 전주이씨의 씨를 갖지 못하게 한다면서 세자의 국부를 잡아당겨 아이를 갖지 못하게 되었다는 설이 있다. 드라마에도 그런 장면이 있었다는데 보지 못했다. 믿거나 말거나 하는 설이지만 경종은 자손이 없다고 실록은 기록하고 있다. 장희빈이 지금까지 악녀로 알려진 것이 그녀 자신의 선택인지 생존을 위해 발버둥 친 것인지는 자신만이 알 것이다. 사관이 쓴 짧은 기록으로 여러 가지를 상상하며 유추해 볼 뿐이다.

경종은 애증의 대상이었을 숙종과 이복동생 연잉군(훗날 영조)에 대한 복잡한 심경을 드러내지 않고 스스로 인내한 것으르 생각된다. 저주나 오해보다는 사랑과 화합을 생각하고 사소한 오해가 갈등으로, 작은 불꽃이 큰불로 번지는 것을, 돌아가신 어머니를 생각하며 스스로 삼켰는지 모르겠다. 역사 속에 경종(景宗)을 생각하며 아내와 같이 의릉 너머 서산(西山) 아래로 지는 해를 한참 바라보았다.

2022. 5. 13.

천국에서 만나자고

여러 해 전의 일이다. "얼굴이 왜 반쪽이 되었어?" 갑상선 암 수술하고 반년 만에 찾은 나에게 이발소 주인이 한 말이다. 55년 경력으로 40여 년을 큰 병원 구내 이발소를 운영하는 김 소장은 80이 다 되었는데 아직도 건강한 가장이다.

30년 전 사업이 잘될 때는 이발사 면도사를 두고 규모 있게 영업을 했었다고 자랑도 했다. 요즘은 시대가 변해서 남녀노소 구별 없이 미용실을 찾아가니까 이발소 영업이 잘 안된다면서 조금은 걱정이 되지만 병원의 환자들도 오고 주변 빌딩에서도 찾아준단다. 10여 년 전에는 병원장님도 단골손님이었다고 자랑도 했다. 처음 친구의 소개로 구내 이발소를 개원했을 때는 명의들이 진료한다는 소문 때문에 환자가 많아 입원실 구하기가 어려워 이발소에 와서 입원실 구할 수 있느냐고 묻기도 했다고 한다. 지금은 큰 병원이 많아 손님도 전만 못하고 국가가 관리하는 국립병원이라 어려움도 있다며 씁쓸한 표정을 지었다.

어머니가 병원에 입원했을 때 구내 이발소를 찾은 것이 인연이 되어 근 20년 단골이 되어 계속 다니고 있다. 비슷한 연령대라 서로 말을 놓고 지내는 사이가 되었다. 한번은 이발을 하는데 머리를 깎는 둥 마는 둥 해서 며칠 지나면 또 이발을 해야 되겠다 했더니, 젊었을 때는 머리도 잘 자라고 모발에 힘도 있는데 나이가 들면 머리가 많이 빠지고 자라는 것도 시원치 않아 너무 짧게 자르면 안 된다고 전문가의 입장에서 설명을 해 준 때도 있었다.

이발 후 시간이 좀 날 때면 차를 한 잔 타주며 50여 년간 이발을 하며 아들딸 출가 잘 시키고 면도해 주던 아내도 건강하고 살만한 내 집을 가지고 산다고 자랑도 했다. 얼마 전 이발소를 찾았는데 전화를 하고 있었다. 한참 후에 전화를 끊으며 미안하다고 했다. 무슨 전화인데 거의 싸우다시피 긴 전화를 하냐고 했더니, 장사도 안되는데 임대료를 많이 올려달라고 해서 목소리가 커졌단다. 수십 년 이곳에서 영업을 했는데 하필 이 불경기에 임대료를 많이 올리겠다고 해서 못 드리겠다며 항의하다보니 전화가 길어졌노라고 설명했다.

요즘은 메르스 사태로 병원이 불경기를 맞으며 어려움이 시작되었는데 대형 병원이 아니어서 계속 힘들게 하루하루를 지낸다고 한숨을 쉬었다. 그러면서도 하루 손님이 10명만 와도 좋겠다고 했다. 월세를 안 올리면 한 달 수입이 최저임금 정도의 벌이는 된다며 넉넉하진 않지만 그런대로 두 식구 살기는 어려움이 없다며 근심 섞인 웃음을 웃었다.

어떤 때는 대출을 받거나 친구나 동창 친지에게 돈을 빌려 크게 한번 벌이고 싶은 생각도 있었지만 욕심은 한이 없고 한번 실패하면 재기가 어려움을 알고 분수에 맞는 생활을 하고 있다고 심정을 말하기도 했다. 이발은 제조업과 비슷해서 한 번에 많은 손님을 받을 수가 없는 어려운 직종이다. 그래도 자기가 배운 기술로 매일 일하니 건강도 유지하고 생에 보람을 느끼면서 사니 이것이 행복이 아니겠는가? 부자나 재벌들의 사는 방법과는 천지 차이가 나겠지만 검소한 생활로 자식들한테 의지하지 않고 수입에 걸맞는 생활로 만족을 찾는 생활을 한다는 말이 아름답게 보였다.

오랜 세월 일하면서 보람도 있었고 사고 없이 무난하게 일하고 있는 것이 감사하다며, 기회 있을 때마다 이 나이까지 일할 수 있는 기회를 준 사회와 건강을 주신 부모님께 감사를 드린다고 말했다. 이발을 하러 가서 얼굴을 볼 때마다 즐거운 마음으로 하루하루를 만족하게 사는 모습이 참 보기도 좋았다.

며칠 전 이발을 하고 나오면서 농담으로 “많이 벌어.” 하니 고맙다면서 “한 달 후에 보겠네.” 하고 순진한 표정으로 싱긋 웃었다. 하지만 한 달이 안 되어 전화가 왔다. “임대료를 올려달라고 해서 일 년만 봐 달라고 통사정했으나 거절해서 사업을 접게 되었다.”고 하며 긴 한숨을 쉬더니 “이 세상에서 못 만나면 천국에서 만나자고.” 하며 울먹였다. 코로나 이전 이야기니 지금 생각하면 아주 잘한 것 같다.

2022. 12.

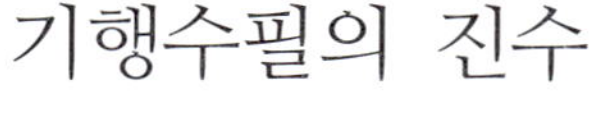

기행수필의 진수

- 『일생 최대의 행복』을 중심으로

오경자
(국제PEN한국본부 부이사장, 평론가 수필가)

1. 들어가는 말

수필작가가 많아지고 독자층도 두터워지면서 모름지기 미래문학으로서의 위상이 어떤 것인지 실감이 날 정도가 되었다고 본다. 자연히 수필의 범위가 한없이 넓어지고 있는 현실이다. 해외여행이 생활화되다시피 하면서 기행수필의 약진이 주목할 만하다. 더욱이 감염병의 세계적 대유행으로 해외여행 발이 묶여 잔뜩 우울하게 지내는 시기에 독자를 찾아가는 윤백중의 『일생 최대의 행복』은 기행수필의 정수를 담고 있는 귀한 글들로 가득하다는 점에서 주목할 만하다.

윤백중은 1988년에 등단한 중견 작가로 그동안 11권의 수필집을 펴낸 바 있는 저력 있는 수필가다. 전문 경영인으로 평생 이 나라 경제 한 축을 붙들고 잘 키워 온 경제인이다. 이제 자신의 사업체를 후배들에게 물려주고 고문으로 물러앉아 뒤를 받쳐주고 있는 훌륭한 경제인의 모본이기도 하다. 코로나19 팬데믹에 지친 독자들에게 위로가 되기를 바라면서 이번 책을 엮는다고 밝히고 있다.

기행수필이란 기행문과 구별되어야 하는데 윤백중의 수필은 그야말로 기행수필이고 그 모본이라 할 만큼 교과서적이다. 여행을 소재로 쓰되 여행기의 기록을 넘어서 다양한 정보를 중심으로 한 본격 기행수필을 주옥같이 써 내려가고 있다. 안내자의 설명, 안내지 등의 현장 자료, 역사서를 비롯한 문헌자료와 여러 사료를 심도 있게 망라한 자료의 보고라 할 만한 글들로 가득하다. 작가 자신이 그런 배경을 서문에서 잘 밝히고 있다.

2. 윤백중 수필의 면모

윤백중 수필이 갖고 있는 강점들을 중심으로 살펴보겠다.

탄탄한 문장력

윤백중의 기행수필은 여행 경로나 누구누구와 어디서 어떻게 만나고 떠나고 하는 시시콜콜한 과정을 과감하게 생략한 굵은 선으로 일관되어 장쾌하다. 여행지에서 만나는 유적들과 역사에 대해 해박한 지식과 자료의 탄탄함으로 유익한 정보를 제공함과 동시에 마치 독자가 그 자리에 서 있는 착각을 느낄 정도로 빨려 들어가는 매력을 느끼게 하는 게 그의 기행수필의 특징이다. 자료의 나열에 그치는 것이 아니라 문장 중간중간에 감칠맛 나게 작가의 관조와 해석이 독자를 무궁무진한 재미의 세계로 안내한다.

인도의 다양한 유적을 만나는 자리에서 그는 아슬아슬한 표현도 마다하지 않고 특징을 과감하게 설명하면서 자신의 해석을 소신껏 담아내며 설파해 나간다. 희귀한 세계의 유적이나 조각품들을 소개하면서도 똑같은 필치로 독자의 호기심을 한껏 끌어올리고 함께 재미에 빠진다.

카주라호 사원들이 세워진 시기는 힌두 미술이 융성하던 9세기로 달 신의 후예라는 찬델라 왕조 때 세워졌다고 전해진다. 처음 세울 때는 80여 개의 사원이었는데 이슬람교가 지배하면서 우상숭배를 금하는 교리에 반한다고 하여 파괴되고 지금은 20여 개만이 남아 있다고 한다. 전설에는 찬델라 왕조의 헤바마티(Hemavati)라는 여인이 인드라(Indra: 공기의 신)신의 저주로 16세 때 과부가 된다. 그가 어느 날 밤 연못에서 목욕을 하는데 달의 신 찬델라가 그녀의 아름다움에 반해 지상으로 내려와 그녀와 인연을 맺고 아들을 낳으니 그가 찬드라 바르만(Chundra Varman)이다. 찬델라는 그에게 왕위를 주고 축복해 주었다. 무럭무럭 자란 찬드라 바르만은 타고난 용맹성과 신의 도움을 받아 영토를 넓혔고 어머니 해바마티의 승천을 위해 어머니의 소원에 따라 성 결합의 묘사들을 사원 외벽에 조각하고 주위에는 저수지와 공원을 만들었다는 설이다.

-「16세 과부의 아들 찬드라 바르만의 효심」 중에서

경제인인 작가는 세계를 돌면서 그곳의 정치, 경제 문화를 한

줄에 놓고 자유자재로 요리하며 독자의 지적 욕망을 마음껏 채울 수 있게 해 준다. 그곳의 여러 특성을 소개하고 우리나라와의 관계를 말하는 것들은 전문성 없이는 엄두도 내지 못할 일이다. 여행안내 자료에 나와 있는 인구, 면적 등등의 상투적인 자료만을 가지고는 그런 깊이 있는 글을 쓸 수가 없다. 경제인의 안목이라는 저력이 깊이 있는 기행수필의 진수를 엮어내고 있는 것이다. 기행수필을 읽으면서 이렇게 깊은 샘에서 길어 올린 것 같은 물맛을 느낄 수 있다는 것은 분명 행운이다.

그의 문장은 간결하고 담박하다. 그 탄탄한 문장력이 여러 갈래의 정보들을 담아내는데 큰 버팀목이 되어 준다. 유려한 문장 덕에 그 많은 정보들이 지루하거나 고답적으로 들리지 않고 재미있게 빨려 들어가는 흡인력을 갖고 있다. 게다가 사경적(寫景的)인 표현은 기행수필의 재미를 더욱 끌어올리는 견인차가 되어 준다.

상하이를 가로질러 흐르는 황푸강의 동쪽 지역은 하루가 다르게 변모하고 있다. 보잘것없던 모래땅에 즐비하게 늘어선 고층 빌딩들은 푸둥개발 10년의 산 증거다. 폭 백 미터의 넓은 길은 21세기를 겨냥한 중국의 도전을 상징이나 하는 듯 이름도 스지다다오, 즉 세기 대도라 부른다. 이 길의 끝에는 중국의 자본주의 실험실인 루자쭈이 금융 무역가가 자리 잡고 있다. (중략)

상하이의 외탄은 휘황찬란한 불빛이 눈을 어지럽게 하지만 그 이면에는 열강에 의한 조차지(租借地)라는 아픈 역사가 숨 쉬고 있는 곳이기도 하다. 그러나 중국은 이제 과거 비극의 역사를 딛고 세계에 우뚝 선 초강대국으로서의 비약을 준비하고 있음이 분명하다. 개혁 개방의 성공적인 20년, 눈앞에 보이는 경공업 제품의 세계 제패, 그리고 IT와 바이오산업 등의 분야에서 첨단 기술 개발로 미래에 던지는 승부수, 이것이 오늘의 중국 모습이다. (중략)

신개발지는 밝은 면만 있는 것이 아니고 어둡고 우려스러운 면도 함께하게 마련이다. 푸둥지구 건설은 중국 GDP의 40%가량 되는 양쯔강 유역 70여 개 도시의 성패와 연결된다고 보아야 한다. 총인구의 40% 가까이가 이 지역에 살고 있음도 성공과 실패의 중요성을 말해 준다. 푸둥이 상하이의 일부이지만 상하이는 경제의 중심지다. 무역과 금융 하이테크 산업이 큰 비중을 차지하고 있기 때문이다. 푸둥의 성패는 국가 전체 산업의 사활이 달린 중요한 사업이 분명해 보였다.

–「경제전쟁」 중에서

체험

여행 중 체험을 담담하게 쓰면서 그 속에 주제를 말없이 담아내고 있는 윤백중의 수필은 행간 속에서 독자가 숨은 뜻을 찾아내는 재미를 안겨주고 있다.

가트 계단을 내려가 간지스강물에 발을 담그면 잠시 인간의 영욕을 초월한 강물이 말없이 흐름을 느끼게 한다. 이 순간 동쪽을 보면 둥근 태양이 떠오른다. 찬란하게 비치는 햇빛은 이곳에 있는 거지나 노인이나 모든 순례자에게 똑같이 비추어준다. 자연은 공평하게 그리고 매일매일 영원히 회전하면서 시간의 흐름을 이어간다. 순간 엄숙함을 느꼈다. 많은 인파 속에서 신발을 벗고 한참 동안 발 목욕을 했다.

–「일생 최대의 행복」 중에서

비유

수도 부에노스아이레스 시내 한복판에 있는 레콜레타 지구에 묘지와 성당이 있다. (중략)

이곳은 수도에서 손꼽는 고급 지역이다. 고층 빌딩이 섞여 있고 1층에 고급 식당과 세련된 카페, 감각적인 매장이 있다. 길 가는 행인도 세련미가 넘쳐 보였다. 도시 한복판인데도 나무들이 많고 녹음이 조화를 이룬 거리 풍경은 볼만했다. 근처에 레콜레타 묘지가 있는 큰 공원이 있다. 수백 년 된 고무나무가 공원 정문의 위치를 알려주고 있다. 우리나라 같으면 상상도 못 할 공동묘지가 압구정동 로데오거리 근처나 시청 옆에 있는 것과 같은 모습이다. 문화의 다름을 실감했다. –「귀신과 같이 사는 태양의 도시」 중에서

관조

역사적인 사실이나 상황을 설명할 때는 자신의 깊은 관조를 통해 인생을 생각하게 함으로써 성찰하는 묘미도 더해 준다. 중국 여행에서 경관 등에만 치우쳐 설명하는 것이 아니라 역사적 배경과 정황, 인간관계 등을 해박한 식견과 경륜으로 재해석하는 구성은 일품이다.

서태후가 정무를 보던 인수전은 그가 생전에 사용하던 각종 집기들이 전시되어 있다. 전용극장인 덕화원(德和園)을 우측 뒤로 하고 남쪽 곤명호로 나오면 장랑을 지나게 되고 서쪽으로 계속 가면 호수에 떠 있는 듯한 돌배(石舟)와 돌다리(石橋)가 있다. 돌배 안에는 상품을 파는 판매원들과 관광객이 뒤섞여서 복잡한 돌배 안을 더 복잡하게 만들고 있었다. (중략)

중국 천하를 50년 가까이 통치한 여걸도, 세월의 흐름을 막지 못하고 역사의 뒤안길로 사라졌다. 그는 1835년 태어나 우여곡절 끝에 권력을 잡고, 대국을 좌지우지하다가 74세를 일기로 아까운 세상을 어쩔 수 없이 하직했다. 세상 떠난 위인의 호화로운 삶을 보면서 유한한 생을 사는 우리는 어떻게 사는 것이 행복하게 사는 삶인지를 깊이 생각하는 계기가 되었으면 좋겠다. -「호화로운 삶」 중에서

근처에 어마어마한 규모의 병마용이 지하에 있다. 인간 세상에 있는 모든 것을 지하에 설치했다고 할 수 있다. 사람이 할 수 있는 것은 모두 만들어 향락의 극치를 맛본 진시황제도 수명(壽命)이란 자연현상은 이길 수 없어 역사 속에 묻히고 말았다.

2,000년이 지난 지금도 모든 사람들이 오래 살고 싶은 욕망은 어느 정도 성취되었으나 영원히 살고 싶은 영생(永生)의 꿈은 실현이 안 되고 미해결의 숙제로 남아 있다. 영원히 살 수 있는 미래는 언제 올까? -「수명의 숙제」 중에서

솔직, 호기심

수필의 주요 요소가 솔직함과 호기심, 유머 등인데 윤백중의 수필은 그것들이 잘 표현되어 있어 읽는 재미를 더하며 감동을 준다.

당나라 현종이 양귀비와 즐겼다는 연못 화정지에 가서 돌아보며 그 감회와 느낌을 윤백중은 솔직하게 표현하는데 주저하지 않으면서 독자의 얼굴에 미소를 피어나게 하고 있다. 그의 호기심은 마치 소년 같아 글을 맑게 해 주기도 한다.

미인 양귀비와 처음 만난 장소이기도 하고 같이 살았던 곳으로도 유명하다. 주나라 유왕(由王)과 진나라 진시황제(秦始皇帝)도 별궁으로 사용했었다는 기록도 있다. 마당 연못가에는 버드나무 가지가 늘어지고 정자 화랑을 배치한 중국식 정원을 만들었으나 오랜 세월 동안 개보수해서 원형이 많이 변화되었다고 안내인은 설명했다. (중략)

여러 건물을 빙글빙글 돌아 계단을 올라가서 오간청으로 가는 화살표가 보여 그 방향으로 갔다. 작은 연못이 보이고 그 옆에 늙은 나무가 있다. 손닿는 곳에 손때가 많이 묻어 있는 나무가 연못 쪽으로 굽어 있다. 이 나무는 석류나무로 수령이 1,300년 된 나무라는 기록이 있다. 이 나무를 남자가 만지면 여복(女福)이 있고 여자가 만지면 남자 복이 있다 하여 지나는 사람은 누구나 다 이 나무를 만져서 매끈매끈하고 손때가 묻어 있다. 필자도 더럽지만 복을 받는다 하기에 한번 만져 보았다. -「화청지」 중에서

사랑, 역지사지(易地思之)

윤백중 수필의 전체적 경향은 나라사랑과 국가의식이다. 그 저변에 사랑이 깔려 있다.

윤백중은 시인이며 수필가인 아내를 깊이 사랑하는 소문난 애처가이다. 큰 수술로 돌보기 시작했다고 하지만 그의 천성이 얼마나 착한 사람인지는 그의 아내 사랑을 보면 알 수 있다. 여러 편의 기행수필에서 아내와 함께 하고 있는 모습들을 보면서 미소 짓게 된다. 그의 그런 선한 천성이 그의 수필 세계 저변을 흐르고 있는 큰 주류이다. 인간을 사랑하고 사물을 긍정적으로 보는 데다가 깊은 신앙심이 순응이라는 가치 하나를 그의 내면에

보태서 그의 수필 세계는 사랑으로 가득 차 있다고 할 수 있다. 자연히 그의 사고는 긍정적이고 순리를 따라 무리가 없다. 세계 여러 곳의 새로운 문물과 문화 유적, 역사들과 마주하면서 그의 일관된 관조 태도는 순리에 바탕을 두고 있다. 자연히 역지사지의 재해석으로 독자를 한없는 상상의 세계로 안내하고 있는 것이다.

깊은 화산 구덩이에서는 쉴 새 없이 짙은 안개 같은 하얀 연기가 계속해서 솟아 나오고 있었다. 이 연기는 바람 방향에 따라 사방으로 휘날린다. 갑자기 우리 쪽으로 올 때도 있었다. 지대가 높아서 여름인데도 추위를 느꼈다. 일본 남쪽 기후에 맞게 입은 아내는 너무나 추워서 쩔쩔매다가 다른 팀으로 관광 온 일행 중 처음 보는 남자가 고맙게 점퍼를 빌려주어서 크지만 입고 추위를 이겨내기도 했다. 고마운 마음을 전한다.

-「활화산」 중에서

사경적(寫景的) 표현

여행 중에 만나는 자연 경관이나 유적, 예술품 등으로 표현함에 있어 윤백중은 사경적 표현을 세심하게 함으로써 독자에게 현장감을 함께 느끼게 한다. 대만 고궁 박물관이나 시안 박물관 등에서 그의 안목과 관찰력은 빛을 발한다.

전시품 가운데 주목할 만한 것은 그림이다. 중국 그림의 특징 중 하나는 동물의 그림 속에는 아무리 작은 짐승이라도 반드시 눈이 그려져 있다는 것이다. 이는 아무리 하찮은 미물이라도 보고 느낄 수 있다는 것을 강조하고 있는 것으로 생각된다. 왕조의 그림은 100년 이상이나 걸려서 그린 것도 있다고 한다. 그래서인지 길이가 무려 30여 미터나 되어 보이는 것도 있다. 이는 왕 행차도, 명인 출경도, 왕 시찰도 등으로 불리는 대단히 큰 그림들이다. (중략)

비계 섞인 돼지고기를 사람이 먹기 좋은 크기로 잘라 놓은 신비한 옥도 눈에 띄었다. 비계와 살의 구분이 너무나 선명하여 마치 날고기를 그대로 전시해 놓은 것 같은 착각을 일으키기에 충분하였다. 옥은 한자로 '임금 왕' 자 옆에 점이 있는 '구슬 옥' 자를 쓰는데 점은 돌을 말하고 점을 빼면 '임금 왕' 자가 된다. 즉 옥은 돌 중 왕이라는 뜻이란다, 옥은 옛날부터 사람의 몸에 닿으면 좋다고 알려져 있다. 몸이 찬 사람은 덥게 하여 주고 몸이 더운 사람에게는 차게 하여 준다고 설명했다. 즉 사람 몸에 알맞게 열을 조절해 주는 기능이 있다고 한다. 대만에는 옥이 많아서 값이 싸다. 세계 생산량의 약 60%를 대만에서 생산한다며 자부심이 대단해 보였다.

-「대만 국립 고궁박물관에는 무엇이 있을까?」 중에서

진솔

여행 중에 만난 상황 속에서 자신의 체험을 아주 진솔하게 표현함으로써 여행의 재미도 배가 시키고 기행수필의 진면목을 보여주는 윤백중의 수필은 독자를 과거, 현재로 마음껏 동행하는데 성공하고 있다.

푸시킨의 대표작으로 꼽기도 하는 짧은 시 한 수를 소개한다.
삶이 그대를 속일지라도 / 슬퍼하거나 노여워하지 말라 / (중략)

모든 것은 하염없이 사라지나 / 지나간 모든 것은 아름다우리

-알렉산드르 세르게예비치 푸시킨

이 시는 필자에게도 큰 영향을 주었다. 60년대 자력으로 의식주를 해결하는 어려운 생활을 할 때 즐겨 외웠었다. 책상 옆에 붙여놓고 미래 희망을 꿈꾸며 열심히 공부했던 친구도 생각난다. 경제개발이 급속도로 진행된 30여 년은 잊고 살았다. 국민들이 생활의 여유를 찾고 교직자들이 은퇴하며 문학 쪽에서 시와 소설, 수필을 쓰면서 유명한 시와 수필에 관심을 가지고 전문 문학인 또는 취미로 글을 쓰는 문인들이 유행을 만들어 가고 있다.

-「푸시킨 동상 앞에서」 중에서

자연사랑

윤백중은 해외뿐 아니라 국내 여행도 많이 하는데 그의 자연사랑이 금수강산을 사랑하는 애국심을 바탕에 깔고 있다.

서귀포시에 있는 삼방산을 갔다. 이 산은 395미터이고, 크기는 이 산을 반짝 들어서 한라산 백록담에 앉히면 꼭 맞는 크기란다. 약수를 마시려고 계단으로 200여 미터를 올라갔다. 전설에 의하면, 약수를 한 모금 마시면 3년 더 살고 두 모금 마시면 6년을 더 살고 세 모금 마시면 9년을 더 산다는데 덤으로 1년을 더 넣어서 10년을 더 산다는 것이다. 그런데 네 모금을 마시면 모두가 무효가 된단다. 약수터에서 남쪽을 보면 끝없는 바다가 눈앞에 펼쳐진다. 산 안쪽에 방처럼 생긴 동굴이 있어 산방산이라 부른다는 속설도 있다. 조면암질 안산암으로 이루어진 종상화산으로 굴 암벽에는 지네발난, 풍난

등 희귀식물이 자생하고 있다. 굴 앞에 있는 큰 소나무는 예나 다름 없이 그 자리에 서 있다. 한번 안아 주었다.

-「탄산온천 그리고 신비의 도로」 중에서

위의 글에서는 윤백중 수필의 절제와 응축의 묘미를 즐길 수 있으며 행간 속에 녹아 있는 말들이 독자에게 많은 여백을 주어 여유롭고 기품이 있다.

타산지석의 교훈

윤백중은 역사적 사실이나 현재 일어나고 있는 다른 나라들의 상황들에서도 우리가 타산지석으로 삼아야 할 교훈들을 마음에 새기게 하는 강한 주제로 수필을 쓴다.

2012년 출범한 일본 내각은 경기 부양책을 적극적으로 시행하고 있었다. 침체된 내수경기를 살리려고 적극적인 방법을 동원하기도 했다. 새로운 모험을 하고 있는 것이다. 미래가 불확실한 상황에서도 양적완화 정책을 포함한 다양한 경제 정책이 현재까지는 성공을 하고 있는 것으로 평가 받고 있는 것으로 보인다. 2020년 새로 탄생한 스가 내각은 올림픽을 치른 후 1년도 못 가고 무너졌다. 우리나라도 정치 외교를 떠나 경제는 전염병으로 인해 중소사업자와 자영업자들의 상상할 수 없는 어려움을 겪고 있다. 경제 선진국들의 위기 대처 능력을 타산지석(他山之石)의 교훈으로 받아들여야 할 것 같다.

-「타산지석의 교훈(教訓)」 중에서

당나라 대장 소정방이 화려했던 백제의 수도 부여를 함락하고 그 전공을 이 탑에 기록해 놓은 것으로 유명해진 탑이다. 소정방은 신라군 5만 명과 당나라 군사 1만 명으로 나당 연합군을 만들어 백제의 수도 부여의 사비성을 함락시켰다. 백제 의자왕을 생포하여 항복 문서를 받은 것으로 기록되어 있다. 항복 문서는 2,000자에 달하는 내용으로 백제 정벌의 당위성을 기록했다. (중략)

가까이에서 보니 나무 탑같이 정교한데 돌탑으로 되어 있다. 그러면서도 창의적 조형미를 보여주고 있으며 탑 전체가 대단히 아름답다. 화강암으로 만든 돌탑의 우아한 조형미, 균형과 절제의 미, 겸손하지만 누추하지 않고 고도의 균형미를 지니고 있다. 조형의 미와 비례의 미도 지니고 있다. 삼국시대 석탑 연구의 대단히 귀중한 자료로 생각했다. 몇 바퀴 돌며 보아도 천 년 된 석탑으로는 볼 수 없고 중간에 몇 차례 미적 감각을 살리기 위한 건축물로 개축한 것으로 생각되었다. 석탑은 사찰 건축의 기본이 된다. (중략)

예술적 가치에도 불구하고 탑을 장식한 글의 내용이 소정방의 승전 기록 탑이 되었으니 역사의 한을 남긴 치욕의 탑이다. 조선 왕조 16대 인조대왕의 병자호란 완패 후 삼전도 치욕의 비석과 함께, 현세의 국내외 정세를 역사 속에서의 타산지석(他山之石)으로 삼아야겠다.

–「치욕의 석탑」 중에서

3. 맺는말

방대한 분량의 저서 전체를 관망하는 작품 세계가 아닌 이번 기행수필집에 한정하는 좁은 범위로 쓰고 있는 글이라 윤백중의 진면목을 다 소개할 수는 없어 유감이다. 「나의 살던 고향은」에서는 진한 그리움과 실향의 아픔을 담아내고 있다.

> 고향을 두고 피난 나온 지도 벌써 70년이 넘었다. 내가 살던 고향 산천은 풍경화의 밝은 그림처럼, 머리에 옛날 그대로 산천 마을이 또렷하게 남아 있다. 서울에서 승용차로 한 시간도 안 걸리는 거리인데, 건강할 때 가 보고 싶다. 생전에 고향 산천을 맨발로 걸어 보았으면 여한이 없겠다!
>
> ―「내가 살던 고향은」 중에서

문명 비판을 담고 있는 「이기(利器)와 흉기(凶器)」, 진한 인간애를 담고 있는 「천국에서 만나자고」 등은 윤백중의 수필 세계를 그대로 보여주는 수작이다. 윤백중 수필의 특징을 굳이 요약하라고 한다면 긍정적 사고와 희망이다. 이번 수필집 『일생 최대의 행복』은 코로나의 우울증을 말끔히 씻어 줄 최상 치료제임을 확신하며 일독을 권하는 바이다. 왕성한 창작욕으로 일관하는 윤백중의 다양한 수필들을 고대하게 될 독자들이 많아지는 계기도 이번 수필집에서 비롯될 것이라고 확신한다.

작가연보

1939년 11월 28일(음) 출생 (출생지: 경기도 연천군 왕징면)

1941년 1월 20일(주민등록상)

교육 약력

서울문리사범대학(현 명지대학교 전신) 국어학과 졸업(중등 2급 정교사 자격 취득)
성균관대학교 국어국문학과 졸업, 문학 학사
고려대학교 경영대학원 연구과정 수료(38회)
고려대학교 경영대학원 최고경영자과정 이수(18기)
연세대학교 산업대학원 고위자과정 수료(1기)
연세대학교 행정대학원 고위정책과정 수료(12기)
서울대학교 공과대학 최고산업전략 과정 이수(4기)
서울대학교 법과대학 법학연구소 사법발전연구과정 이수(6기)
고려대학교 국제대학원 최고국제관리과정 이수(4기)
연세대학교 법과대학 특허법무대학원 수료(1기)
고려대학교 교육대학원 최고위교육문화과정 수료(2기)
고려대학교 언론대학원 최고위과정 수료(8기)
고려대학교 컴퓨터과학기술대학원 최고위 정보통신 과정 수료(6기)
연세대학교 경제대학원 경제학과 졸업, 경제학 석사
한국외국어대학교 인도&미얀마 최고경영자과정 수료(2기)
호서대학교 벤처전문대학원 졸업, 경영학 박사
서울대학교 생활과학대학 웰에이징 / 시니어산업 최고위과정 이수(3기)
한양대학교 사회교육원 〈수맥과 팔 체질〉과정 수료(26기) 총장 이영무

경력

초등학교 2급 정교사 교원자격증 취득(1965년 문교부 장관) 가 제4462호
중등학교 2급 정교사 교원자격증 취득(1961년 문교부 장관) 본제 12583호

영평초등학교 교사 (1966. 3. 25)(전)
삼화사 대표 (1975. 7. 7)(전)
동대문 라이온스클럽 회장 (1989. 7. 1)(전)
㈜삼화비닐판매 대표이사 (1999. 7. 1)(전)
연세대학교 경제대학원 동창회 부회장(전)
호서대학교 총동문회 고문 (전)
삼화PNS(주) 대표이사(1999년~2012년) 회장(2012년~2020년)(전)
고려대학교 경영전문대학원 교우회 지도위원
성균관대학교 총동창회 자문위원
성균관대학교 경영인포럼 자문위원
고려대학교 교우회 상임이사
서울대학교 총동창회 이사
연세대학교 총동문회 자문위원
파평윤씨 대종회 부회장
한국문인협회 회원
국제PEN한국본부 이사
백두산문인협회 고문
한국문학생활회 부회장
삼화빌딩 대표 (1981. 1. 1~)
㈜삼화 P&S 고문 (2021. 7. 1~)

세례: 대한예수교장로회 영암교회(2008년)
등단: 백두산문학 수필부문(2009년)
한국생활문학 시 부문(2016년)
백두산문학 소설부문 신인문학상 수상(2022)

골프 수상

뉴서울CC 사장 배 회원 친선골프대회 우승(1992. 9. 20.)
수원컨트리클럽 대표이사 배 회원 친선골프대회 준우승(1999. 9. 2.)
뉴서울CC 예술코스 13번 홀 우그린 홀인원 (2007. 6. 10) 대표이사 전봉우수원컨트리클럽 회장 배 회원 친선골프대회 LONGEST(시니어) (2009. 6. 14.)
에이지 슛 증서 75타 뉴서울 컨트리클럽(2016. 4. 24.) (사)대한골프협회회장 허광수
에이지 슛 증서 75타 88컨트리클럽(2016. 6. 20.) (사)대한골프협회회장 허광수
성대 아시아 연합 동문회, 발리 총장 배 골프대회 1등(2019. 11. 2.) 총장 신동렬
EAGLE 88컨트리클럽 동 코스 3번홀(2020.10. 19.(81세)) 성대 경영인 골프회

저서

1988년 『동남아로 가는 길』
1989년 『윤백중의 미국기행』
1992년 『세상 끝에 숨겨진 나라』
2001년 『중국을 알면 미래가 보인다』
2003년 『러시아가 움직이고 있다』
2005년 석사학위 논문 『한국의 고용구조 변동과 정책과제』
2006년 『인구 10억 인도를 잡아라』
2008년 『브라질 읽기』
2012년 『한국의 고용구조』
2012년 박사학위 논문
『대학생의 기업가정신과 창업동기가 창업의지에 미치는 영향 요인』
2014년 『사랑의 힘』(수필집)
2015년 『위기를 기회로』(에세이집)
2019년 『신선한 자연향기』(수필집)
2022년 『일생 최대의 행복』 (기행에세이)

2006/03/04